**Alain Kérizo**



# Die UFOs identifiziert!

**Pro Fide Catholica**

**Alain Kérizo**

# Die UFOs identifiziert!

**Pro Fide Catholica**

Titel der Originalausgabe:
*Les OVNI Identifiés.*
*Les Extraterrestres dans le Mystère d'Iniquité*
Éditions Sainte Jeanne d'Arc, F-18260 Villegenon 1997

Aus dem Französischen übersetzt
von Johannes Rothkranz
Übersetzung vom Autor geprüft und autorisiert


Verlags-Programm: Pro Fide Catholica
Postfach 22, D-87467 Durach
Printed in Germany 1999



ISBN 3-932352-26-2

# Vorwort

Seit mehr als einem Jahrzehnt erleben wir, wie die «Medien» ununterbrochen ins Gespräch bringen, was man die **Außerirdischen** nennt, UFOs und andere seltsame Erscheinungen, worüber die Publizisten die Ausgeburten ihrer Phantasie ins Unendliche fortspinnen. Es handelt sich folglich um ein **wohlüberlegtes Unternehmen**, das dazu bestimmt ist, den Köpfen unserer Zeitgenossen eine Neue Religion einzuprägen: der Mensch nicht mehr anbetend vor seinem Schöpfer auf den Knien, sondern terrorisiert von schreckenerregenden Monstern, die ihn zur Ohnmacht verdammen und zur Unterwerfung unter die neuen Götzen veranlassen sollen.

Zuvor kannten wir bereits die Besessenheit der Jugend von den «Rollenspielen»: Bücher, Videos, Clubs, wo man lernte, mit Drachen und mit Schlangen zu spielen, in einer mittelalterlichen Szenerie aus Pappkarton mit Burgen, Wehrtürmen, Zugbrücken, Verliesen, unterirdischen Gängen, agressiven Personen in scheußlichen Masken. Diese Mode setzt sich heute mit ihrer gewollten und provozierten Konsequenz fort: mit immer häufigeren Selbstmorden von Jugendlichen.

Man sagt uns, im Zeitalter der Technik, der Intellektualisierung aller Erkenntnisse, sei die Rückkehr in ein religiöses und abergläubisches Mittelalter niemals mehr möglich; man hat uferlos über den Obskurantismus und die Finsternis dieser Epoche gelästert; und siehe da, heute werden wir Zeugen einer machtvollen Rückkehr des Aberglaubens und der Hexerei. Die Astrologie gewinnt erneut an Boden, die Gurus stellen uns die Auslöschung im Nirvana und im Tod in Aussicht. Man bringt den Druiden-Kult, die Geheimnisse von König Arthurs Tafelrunde wieder in Mode: ein regelrecht wiedererstandenes und mit einer fiebrigen Symbolik entfaltetes Heidentum.

Hier ist ein **erhellendes Buch**: «Die UFOs identifiziert». Sein Verfasser Alain Kérizo führt uns mit viel Sachkenntnis und gesundem Menschenverstand die wahre Zielsetzung dieser neuen Gegebenheit vor Augen: das «Geheimnis der Bosheit» nimmt heute riesenhafte Ausmaße an. Alain Kérizo geht daran, aufmerksam die frappierendsten Zeugnisse dieser Himmelserscheinungen und phantastischen Phänomene zu studieren. Ohne vorschnell über ihre physische Realität zu urteilen, schält er präzise den Kern der Zeugnisse heraus. Mit bemerkenswerter Sicherheit des Urteils lehrt er den Leser, die Herkunft dieser Erscheinungen zu unterscheiden. Er stellt Wunder und Scheinwunder, Prophetien und Vorhersagen, Propheten und Wahrsager einander gegenüber. Er zeigt scharfsinnig auf, was von Gott und was von Satan kommt. Er richtet seinen Blick auf die Zeugnisse von ehedem bezüglich ähnlicher Erscheinungen, seien es solche aus dem Polytheismus vor der christlichen Offenbarung, seien es solche im Alten Testament, bevor er die jüngeren Phänomene untersucht.

Und wenn sich der Verfasser auf die Suche nach einem sicheren Urteilskriterium begibt, klopft er an die richtige Türe: beim heiligen Thomas von Aquin, den er gut kennt und mit Bedacht heranzieht. Woraus man ersieht, daß die thomistische Philosophie nicht, wie man behauptet hat, eine Frucht des «finsteren Mittelalters» ist, sondern **die** Philosophie schlechthin, diejenige, die immer imstande sein wird, die richtigen Antworten auf die Hauptprobleme einer jeden Zeit zu geben, **die** Philosophie des «gesunden Menschenverstands», sagen wir, der Vernunft.

Kurzum, ein ernsthaftes und bereicherndes Buch, das in glücklicher Weise von der Gesamtheit der dem Thema gewidmeten Veröffentlichungen absticht.

Etienne Couvert

# Einführung

## Ein junges Phänomen?

In seinem Werk «Weltgeschichte der Nachkriegszeit»[1] ruft Raymond Cartier die markanten Ereignisse der Epoche 1945-1950 wach und schreibt:

*«Eine weitere Neuheit macht an einem strahlenden Junimorgen oberhalb des Mount Rainier im amerikanischen Bundesstaat Washington ihre Aufwartung. In einem Einsitzer fliegend, bemerkt ein Geschäftsmann namens Kennet Arnold eine Formation von Himmelsobjekten, die sich mit unvorstellbarer Geschwindigkeit fortbewegt. Einige Tage später bezeugt ein Linienpilot ein ähnliches Phänomen, danach vervielfachen sich die "Flying saucers", die «fliegenden Untertassen» am Himmel der gesamten Vereinigten Staaten. Bei der UNO schlägt Wichinskiy eine Erklärung vor: sie kommen aus Schottland; unsere amerikanischen Freunde importieren zuviel Whisky.»*

Seit diesem Einfall bei der UNO im Jahre 1947 hat das fremdartige Phänomen seinen Weg gemacht und sogar seinen Adelsbrief erworben, nicht nur bei der Weltpresse (die Zahl der dem Phänomen gewidmeten Veröffentlichungen ist beträchtlich), sondern auch durch das Interesse, das ihm gegenwärtig die Regierungen der wichtigsten Mächte entgegenbringen. Amtliche Untersuchungskommissionen sind nahezu überall damit beauftragt worden, sämtliche beobachtbaren Fakten systematisch zu studieren. Leider waren die Schlußfolgerungen enttäuschend. Die amerikanische Untersuchungskommission, nach dem Namen ihres Vorsitzenden «Condon-Kommission» genannt, war sichtlich bemüht, die öffentliche Meinung zu beruhigen, und die wissenschaftliche Welt hat sich über diesem Thema entzweit. Derzeit

---

[1] «Histoire Mondiale de l'Après Guerre», Éditions Paris Match 1970.

gehen die Forschungen weiter, jedoch praktisch im geheimen - so explosiv erscheint der Gegenstand -, und die Annahme ist nicht unwahrscheinlich, daß die Geheimdienste verschiedener Länder darin verwickelt sind.

Anstelle amtlicher Informationen zu diesem Thema stößt man auf eine wuchernde und gedeihende Literatur, die im Publikum höchst phantasievolle Hypothesen und Erklärungen verbreitet. Was die wissenschaftliche Welt betrifft, so bleibt sie offiziell reserviert und ist offenbar nicht interessiert; vielleicht fürchtet sie sich davor, den Beweis des Bankrotts ihrer agnostischen Methode, der Grundlage der sogenannten «exakten Wissenschaften», zu erbringen. Aber befinden diese letzteren sich nicht längst in Erklärungsnot, da die alten Hypothesen Tag für Tag in Frage gestellt werden? Auch in der Ufologie[2] ist der Weg frei für die Pseudo-Magier, deren Veröffentlichungen als einzige die Büchereien überschwemmen, bisweilen sogar für den Magier nach Art eines Dr. Jekill oder eines Mr. Hyde, der im Tiefsten seiner Seele davon träumt, ein Wissenschaftler zu sein. Das Phänomen der UFOs und der - wie man glaubt - sie steuernden Außerirdischen gehört augenscheinlich zu den Krisenerscheinungen des zeitgenössischen Denkens und Bewußtseins.

Wir werden also bei dem Versuch, die wahre Bedeutung des UFO-Phänomens zu erfassen, die Fakten und die Hypothesen der modernen Magier durchstöbern müssen. Wer verbirgt sich hinter diesen geheimnisvollen nicht identifizierten Maschinen? Ob sie nun existieren oder nicht, hat, wie wir sehen werden, wenig zu bedeuten: was zählt, ist, daß sie gegenwärtig im Bewußtsein unserer Zeitgenossen «existieren» und daß diese Existenz nicht von ungefähr kommt.

## Eine alte Geschichte

Gleichwohl kann man sich auch fragen, ob die UFOs wirklich ein junges, erst in der Nachkriegszeit aufgetauchtes und allein

---

2 UFO-logie, zusammengesetztes Wort aus der englischen/deutschen Abkürzung für «Unknown Flying Object»/«Unbekanntes Flug-Objekt» und der griechischen Vokabel «logos».

durch den Dunst und die massive Einfuhr von Whisky zu erklärendes Phänomen sind. Hatte etwa das folgende Beispiel nicht doch andere Ursachen als bloße Alkoholschwaden?

*«Am 7.* ***Juni*** *1790 ereignete sich bei Alençon in Frankreich eine so fremdartige und aufsehenerregende Erscheinung, daß der Polizei-Inspektor Liabeuf den Befehl erhielt, eine genaue Untersuchung vorzunehmen. Hier ist ein Auszug aus seinem Bericht.*

*«"Um fünf Uhr in der Frühe des* ***12. Juni*** *haben mehrere Bauern eine riesige Kugel bemerkt, die von Flammen umgeben schien. Zunächst glaubten sie, es sei ein Ballon, der Feuer gefangen habe, doch die extreme Geschwindigkeit dieses* ***Körpers*** *und der schrille Ton, der von ihm ausging, beunruhigten sie. Die Kugel senkte sich langsam herab, schwang mehrmals hin und her und stürzte auf den höchsten Punkt eines Hügels, wobei sie den ganzen Abhang entlang Pflanzen ausriß. Die abgestrahlte Hitze war so groß, daß alsbald das Gras und die kleinen Bäume zu brennen anfingen. Es gelang den Bauern, des Feuers Herr zu werden, das sich in der Umgebung auszubreiten drohte. Die Kugel war noch am Abend heiß und etwas Außergewöhnliches, um nicht zu sagen Unglaubliches, geschah. Die Zeugen waren zwei Bürgermeister, ein Doktor und drei andere Persönlichkeiten, die meinen Bericht bestätigen, ohne von den dutzenden Bauern zu reden, die anwesend waren. Diese Kugel, die groß genug gewesen wäre, um einen Wagen aufzunehmen, hatte von diesem ganzen* ***Flug*** *nicht gelitten. Sie erregte die Neugierde in solchem Maße, daß die Leute von überallher kamen, um sie zu sehen. Da öffnete sich mit einem Schlag eine Art von Tür und, was bemerkenswert ist, eine Person wie wir kam heraus; aber diese Person war bizarr gekleidet. Sie trug ein Gewand, das ihr am Leib klebte, und angesichts dieser ganzen Menge sprach sie einige Worte, die man nicht verstand, und floh im Laufschritt in den Wald. Instinktiv wichen die Bauern vor Schrecken zurück, und das war ihre Rettung, denn danach zerbarst die Kugel geräuschlos, wobei Teile überallhin flogen, und diese Teile brannten, bis sie zu Pulver geworden waren.*

*"Man stellte Nachforschungen an, um den geheimnisvollen Mann zu finden, aber er schien sich in nichts aufgelöst zu haben."»*

Dieses kuriose Beispiel unter anderen, auf die wir noch zurückkommen werden, ist der «**Chronik der außerirdischen Erscheinungen**» von Jacques Vallée[3] entnommen.

## Das agnostische Postulat

Man könnte nach dem Sinn und Zweck einer Arbeit über die Außerirdischen und die UFOs fragen, falls sie nichts anderes bringen sollte als eine langweilige Aneinanderreihung von Fällen von Erscheinungen, um - wie man gemeinhin sagt - deren Existenz zu beweisen; das liefe nur ein weiteres Mal darauf hinaus, Ursache und Wirkung zu verwechseln. Es gibt eine Unmenge von Büchern zu dieser Frage, die gerade dadurch, daß sie um jeden Preis etwas beweisen wollen, gar nichts beweisen. Diesbezüglich herrscht eine große Verwirrung in den Köpfen aller Autoren, die dieses Phänomen untersucht haben, mögen sie nun zur wissenschaftlichen oder zur journalistischen Welt gehören oder isolierte Forscher sein. Man hat den ausschweifendsten Hypothesen freien Lauf gelassen, welche die Angst des breiten Publikums, statt auf sie einzugehen, im Gegenteil gewissermaßen kultiviert haben.

Doch das UFO-Phänomen erscheint uns unabtrennbar von der menschlichen Verfaßtheit und der menschlichen Konditionierung[4], und dies bis zum Ende der Zeiten. Denn es ist integrieren-

---

3 Im weiteren Verlauf dieser Untersuchung werden wir uns noch oft veranlaßt sehen, die wichtigsten, auf englisch erschienenen, Werke von Jacques Vallée zu zitieren. Es sind dies vor allem «**Chronik der außerirdischen Erscheinungen**», «**Anatomie des UFO-Phänomens**» und «**Ein Rätsel für die Wissenschaft**».
Jacques Vallée ist ein Wissenschaftler von hohem Rang, Informatik-Experte, wahrscheinlich Absolvent des Polytechnikums, der sein Studium in Amerika fortgesetzt hat, wo er Berater der NASA war.
Seine Schriften, deren Niveau dasjenige der gewohnten journalistischen Produktion zu diesem Thema weit überragt, sind besonders repräsentativ für die Tendenz zu den auf dem Agnostizismus fußenden Para-Wissenschaften. Sie stellen darum eine für uns hochinteressante Quellengrundlage dar.

4 «*Der Schlüssel zum Verständnis des UFO-Phänomens liegt im Wandel des psychischen Bewußtseins, den es bei denjenigen (sogar) erleichtern kann, die es beobachten - ihr Leben wird oftmals tiefgreifend verändert und sie entwickeln seltsame Talente, deren psychologische Folgeerscheinungen sie nicht leicht unter Kontrolle bringen. Der zahlenmäßige Anteil der Zeugen, welche die Einzelheiten solcher Erlebnisse enthüllen und veröffentlichen, ist gering, weil die große Mehrheit diese Erfahrung als etwas Persönliches hütet.*» (Jacques Vallée,

der Bestandteil des Geheimnisses der Bosheit in jenem Sinne, in dem es der heilige Apostel Paulus in seinem zweiten Brief an die Thessalonicher versteht[5].

Wenn das, was wir hier sagen, so vielen hervorragenden Geistern entgangen ist, die sich dem Studium des UFO-Phänomens verschrieben haben, dann wegen des **agnostischen Postulats**, das ihre Forschungen bestimmt hat, wie es übrigens - vor allem seit dem Ende des 18. Jahrhunderts - alle Forschungen, seien sie naturwissenschaftlicher, metaphysischer oder gar religiöser Art, bestimmt. Dieses Postulat hat der heilige Pius X. so zusammengefaßt:

*«Die menschliche Vernunft, rigoros beschränkt auf den Bereich der Phänomene, das heißt der Dinge, die erscheinen, und zwar präzise als solcher, als die sie erscheinen, besitzt weder die Fähigkeit noch das Recht, dessen Grenzen zu überschreiten; sie ist also nicht imstande, sich bis zu Gott zu erheben, nicht einmal, um mittels der Geschöpfe sein Dasein zu erkennen.»*[6]

Unter der Voraussetzung des agnostischen Postulats sind zwei Geisteshaltungen möglich:

1) Diejenige, die jedes Interesse am UFO-Phänomen verneint, weil es nicht regelmäßig wiederkehrt, und es der religiösen Ebene oder allenfalls dem Bereich der medizinischen Therapeutik zuweist. Gewöhnlich sind es die Verfechter der naturalistischen Wissenschaft, die eine solche Haltung einnehmen.

2) Diejenige, die umgekehrt versucht, das Phänomen am Rande der offiziellen Wissenschaft zu erklären, und zwar mit der Hilfe von Geheimwissenschaften, einem angeblich verlorenge-

---

Le Collège invisible [Das unsichtbare Kollegium], Verlag Albin Michel 1973, S. 44).

5 *«Denn zuvor muß der Abfall kommen und offenbar werden der Mensch der Bosheit, der Sohn des Verderbens, der Widersacher, der sich über alles erhebt, was Gott oder Gottesverehrung heißt, so daß er sich in das Haus Gottes setzt und von sich erklärt, daß er Gott sei. Erinnert ihr euch nicht, daß ich euch dies sagte, da ich noch bei euch war? Und ihr wißt, was im Wege steht, daß er offenbar werde zu seiner Zeit. Denn das Geheimnis der Bosheit ist schon am Werk; nur muß der im Wege Stehende noch weggeräumt werden, und dann wird sich der Gesetzlose offenbaren, den der Herr Jesus hinwegnehmen wird mit dem Hauch seines Mundes und vernichten wird mit dem Aufleuchten seines Kommens»* (2 Thess 2, 3-8).

6 Enzyklika «Pascendi Dominici Gregis» vom 8. September 1907.

gangenen Wissen, das namentlich in der Parapsychologie wiederauftaucht.

Es ist also geradezu die «Gegen-Tradition»[7], in der nicht wenige «ufologische» Autoren den Schlüssel zu dem Geheimnis suchen. Übrigens bestärkt uns Jacques Vallée in dieser Auffassung, wenn er schreibt[8]:

*«Die Absurdität ist absichtlich integrierender Bestandteil des UFO-Phänomens, um die Übertragung von Gedankengut auf die wehrlosen und den von außen kommenden Einflüssen offenstehenden Geister zu ermöglichen. Das würde wohl . . . die Ähnlichkeit erklären, die zwischen gewissen Begegnungen mit den UFOs und den Ritualen der esoterischen Gesellschaften besteht.»*

Bestrebt, das Phänomen noch genauer einzugrenzen, erblickt Jacques Vallée darin *«das Ergebnis eines Umkippens unserer mythologischen Strukturen, die Wende der menschlichen Lehrzeit, die uns zu einem kosmischen Verhalten führt. Sobald diese unumkehrbare Lehrzeit zu Ende sein wird, werden die UFOs vielleicht total verschwinden oder aber eine andere, vertrautere Gestalt annehmen; **die Engel werden womöglich öffentlich in Erscheinung treten.**»*

Man könnte es nicht besser in Worte fassen, um unsere Leser ins Zentrum der These über die Außerirdischen einzuführen, die wir vorlegen werden: sind die UFOs am Ende die Vorboten himmlischer Erscheinungen? Aber um welche Engel handelt es sich: um die guten, oder um die bösen? Jacques Vallée antwortet enttäuscht: *«Die offizielle christliche Theologie hat nicht viel über die Engel zu sagen.»* Aber nein, Jacques Vallée, ganz im Gegen-

---

7 Auch die Gegen-Tradition stützt sich, freilich im Gegensatz zur christlichen Überlieferung, auf Offenbarungen, die in alter Zeit durch höhere Wesen an den Menschen ergangen sind, zum Beispiel an die ägyptischen Hohenpriester oder, noch früher, an die Priester des mythischen Kontinents Atlantis. Diese Offenbarungen wären von einer kleinen Zahl von Weisen oder «Eingeweihten» durch die Epochen hindurch bewahrt, kommentiert und studiert worden. Diese Gegen-Tradition teilt sich in unseren Tagen angeblich durch die Lehren der Geheimgesellschaften mit, welche die Erben der Rosenkreuzer, Kabbalisten etc. wären und die das Band der Einweihung zusammenschlösse. Die Alchemie, die Magie, die Astrologie, die Geisterbeschwörung, das gesellschaftliche Überbewußtsein etc. sind Fragmente dieses Wissens, das in den Tempeln verborgen ist, die den Weisen offenstehen, während sie der gemeinen Masse verschlossen bleiben. Das ganze erinnert an eine Nachäffung der katholischen Kirche; die Gegen-Tradition wäre dann nur deren Umkehrung.

8 A.a.O. (Anm. 4).

September 1968, bei Lliouret an der Costa Brava

teil, die christliche Theologie hat viel über die Engel zu sagen. Die Heilige Schrift - Altes und Neues Testament - ist voll von Berichten ihrer Erscheinungen und der Rolle, die ihnen in der Schöpfungsordnung zugedacht ist; Konzilien haben feierlich ihre Existenz bekräftigt (II. Laterankonzil), Kirchenväter, griechische wie lateinische, haben ihnen ganze Bücher gewidmet. Denken Sie nur an Byzanz und das Geschlecht der Engel! Wenn die heutige Theologie, auf die Sie Bezug nehmen, ihre Existenz und ihre Rolle verdunkelt hat, dann beruhigen Sie sich, denn dasselbe ist bei den meisten wesentlichen Wahrheiten der Fall. Sie hat nichts auf ihrer Seite als nur die Neuheit bzw., wie wir heute eher sagen würden, die Mode. Sehen wir uns beispielsweise einmal an, wie der heilige Augustinus, die ersten Verse der Genesis kommentierend, die Existenz der Engel präsentiert:

*«Es ist keine zeitliche Abfolge, sondern eine solche des Ursprungs, dergemäß die Schöpfung zuerst gestaltlos und dann gestaltet war; andererseits bedeutet der Himmel, von dem gesagt wird, daß er zuerst erschaffen worden sei, die gestaltlose Natur der Engel. Dann aber muß man unter diesen Worten: "es werde Licht, und es ward Licht", die durch ihre Hinwendung zum (Ewigen) Wort gestaltete Natur der Engel verstehen. Es ist also in der Zeit, daß die Natur der Engel geschaffen wurde und daß sie zu Licht gemacht wurde; sie war unterschieden von der Finsternis, und unter der Finsternis muß man die sündigen Engel verstehen, was soviel besagt, als daß gewisse Engel vom ersten Augenblick ihrer Erschaffung an beseligt waren und andere in die Sünde fielen.»*[9]

Halten wir fest, daß wir dasselbe, was gewisse Leute zu tun versuchten, indem sie sich auf die Quellen der Gegen-Tradition stützten, tun werden, indem wir von der Tradition ausgehen.

## Dauer und Plastizität des UFO-Phänomens

Vermag die Vergangenheit das UFO-Phänomen zu erhellen? Die Tatsache ist unbestreitbar und allgemein bezeugt, und sämtliche religiösen Überlieferungen der Menschheit beinhalten Berichte von himmlischen Besuchen. Der antike Mensch war, an-

---

[9] Zit. n. St. Thomas v. Aquin, Summa Theologica qu. 63, a. 5.

ders als der moderne Mensch, nicht bloß durch staatliche Gesetze mit seinesgleichen verbunden, sondern auch durch religiöse Gebote und Riten mit der Gottheit. Das Religiöse prägte das Staatsbürgerliche. Die himmlischen Kundgebungen erschienen dem antiken Menschen natürlich, auch wenn sie meistens denjenigen erschreckten, der damit beglückt wurde. Wenn er heute wiederkehrte, wäre dieser Mensch der Antike mit Sicherheit ziemlich erstaunt über den Lärm, den man um diese UFO-Geschichte macht. Die Art und Weise, in der das Phänomen unser Bewußtsein berührt, wäre für ihn unverständlich. Dieser antike Mensch glaubte an die Existenz eines oder mehrerer guter oder böser Götter, an das Dasein von Mittlerwesen zwischen dem Menschen und den Göttern, die von diesen letzteren mit den Bewegungen der sichtbaren Welt und folglich auch der menschlichen Gesellschaften betraut waren. Das Überleben der menschlichen Seele, die Belohnung der Guten und Bestrafung der Bösen scheinen von allen religiösen Überlieferungen bezeugt zu sein. Die Weltschöpfungsberichte, die auf uns gekommen sind, erscheinen als Verfallsformen des biblischen Schöpfungsberichts. Aus diesem Grunde haben sich alle Ufologen bemüht, die religiösen Überlieferungen der Menschheit zu befragen, die meisten von ihnen allerdings nur, um zur Schlußfolgerung dieses von Jacques Vallée zitierten Zeugen zu gelangen:

*«Bis jetzt hatte ich geglaubt, ich hätte einen Boten des Himmels gesehen; nach der Lektüre Ihres Werkes verstehe ich, daß ich ein UFO gesehen habe.»*

Es ist nicht etwa das Geheimnis der UFOs, das unsere Ufologen schließlich *enträtselt* haben, sondern dasjenige des Ursprungs aller Religionen, seien sie vergangen, gegenwärtig oder zukünftig. Jacques Vallée behauptet etwas weiter unten im selben Werk, die Erscheinungen von Lourdes und Fatima seinen lediglich UFO-Phänomene. Schon vor ihm hat Jean Sendy ein Buch der Illustration dieser anschaulichen These gewidmet: «**Der Mond als Schlüssel zur Bibel**»[10]. Der Beweis, sagte er, findet sich auf der verborgenen Seite des Mondes. Aber die verborgene Seite des Mondes ist inzwischen überflogen worden. Welchen Beweis barg sie betreffs des Geheimnisses der Bibel? Wir warten immer noch

---

[10] «La Lune, clé de la Bible», Éditions Juillard.

darauf. Kein Astronaut der NASA hat ihn enthüllt und Jean Sendy schweigt seither.

Doch zurück zur These dieser zahlreichen Ufologen, die uns nichts über die UFOs mitteilen, sondern versichern, die Religionen seien nichts als eine UFO-Manifestation. Diese Auffassung führt sie zu den Behauptungen,

1) daß das Phänomen die Menschheit von Anfang an begleitet;

2) daß es vermöge seiner Plastizität[11] mit der Entwicklung des religiösen Bewußtseins verknüpft bleibt: im Altertum nahm das UFO-Phänomen die Gestalt tierischer Ungeheuer oder phantastischer Wesen an, in der christlichen Epoche die Gestalt strahlender Engel, auf der Schwelle zur Moderne die Gestalt von Ballons, gegen Ende des 19. Jahrhunderts das Äußere von Zeppelinen und seit 1950 vorzugsweise die Form sich zur Mitte hin verjüngender Scheiben, um - wenngleich sie *vorwegnehmend* - der wissenschaftlichen und technologischen Mode zu genügen.

Was sonst soll man - immer in der Logik ihres Systems - daraus schließen, als daß das UFO-Phänomen keine andere Wirklichkeit besitzt denn diejenige, ein Produkt des religiösen oder wissenschaftlichen Bewußtseins des Menschen zu sein? C.G. Jung hat es nicht versäumt, genau das zu tun. Doch welche Bedeutung kann man dann der greifbaren Realität der beinahe überall auf der Welt beobachteten Erscheinungen beimessen, die auch materielle Spuren ihres vorübergehenden Auftauchens hinterlassen haben, worüber sämtliche dadurch aufgerüttelten Autoren gewissenhaft berichten, unter ihnen der Gelehrte Hynek, andersdenkendes Mitglied der Condon-Kommission, der sich angestrengt hat, - fußend auf den Informationsquellen dieser Kommission selbst - in einem gutbelegten Buch mit dem Titel «Nichtidentifizierte Flugobjekte - Mythos oder Wirklichkeit?» die Materialität der UFO-Erscheinungen zu beweisen? Wir stehen vor einem unlösbaren Dilemma, denn wenn wir die Argumentation unserer Ufologen bis zur Absurdität weitertrieben, besäße sogar die gesamte Außenwelt nicht mehr Realität als die UFOs. Von daher ist man versucht, auf sie das Wort des heiligen Paulus anzuwenden: *«Weil sie der Wahrheit nicht geglaubt haben, haben sie sich an-*

[11] D.h. hier: Verformbarkeit, Wandelbarkeit der äußeren Gestalt.

*geschickt, Fabeln zu glauben»* (vgl. 2 Thess 2, 10f). Bitten wir sie, uns zu sagen, was ein UFO ist, so antworten sie: «Wir wissen nichts darüber, aber wir können versichern, daß alle religiösen Manifestationen UFOs sind.» Das ist absurd.

## Übersicht über unsere Untersuchung

Versuchen wie also, dem Absurden zu entkommen.

Zu diesem Zweck werden wir die Behauptung der Ufologen umkehren und darzutun suchen, daß die UFOs eine an die moderne Mentalität angepaßte Form der Religion der Heiden und, als solche, der christlichen Religion entgegengesetzt und auf sie nicht rückführbar sind. Demgemäß werden wir der Reihe nach zeigen:

- anhand der Untersuchung der Vergangenheit, daß das Phänomen tatsächlich im Gedächtnis der Völker vorhanden ist;
- durch die Analyse einiger Fälle von UFO-Erscheinungen seit 1950, daß das gegenwärtige Phänomen mittels seiner Sinngebung durchaus an dasjenige der Vergangenheit anknüpft;
- daß der Schlüssel zum Geheimnis der UFOs in der christlichen Dämonologie liegt;
- sodann werden wir das Geheimnis der Bosheit im Verlauf der Menschheitsgeschichte sowie den Stellenwert der Außerirdischen und der UFOs in ihr untersuchen;
- endlich werden wir versuchen, ausgehend von den Tatsachen einigen wahrscheinlichen Entwicklungen in der mehr oder weniger nahen Zukunft des Geheimnisses der Bosheit nachzuspüren.

# ERSTER TEIL

# DIE AUSSERIRDISCHEN

## Konstante Gegebenheit im Gedächtnis der Zivilisationen

Die Dokumentation, die wir für diesen ersten Teil benutzt haben - ausgenommen einige wenige kirchlichen Schriftstellern entnommene Fälle, für die wir jeweils die Quelle angeben werden -, ist den Ufologen entlehnt, deren Werke in der Sammlung «Geheimnisvolle Zukunft - Ich habe gelesen»[1] veröffentlicht worden sind[2]. Übrigens haben diese Autoren sämtlich aus denselben Quellen geschöpft, die wir selbst nicht nachprüfen konnten. Es ist also ein Beweis des Vertrauens, das wir ihnen entgegenbringen, wenn wir ihr eigenes Material verwenden, um ihre These zu widerlegen, während wir nichts zur Verfügung haben, was noch nicht publiziert oder original wäre. Also keinerlei alte, zweifelhafte Schriftstücke wie bei Nicolas Flamel oder bei Fulcanelli: alles, was wir anführen, findet sich allenthalben in großer Menge und ist aller Welt zugänglich.

Dies vorausgeschickt, befassen wir uns nun mit den im Gedächtnis der Zivilisationen bewahrten Berichten über fliegende Objekte

1) vor der christlichen Ära;
2) von der christlichen Ära bis zur Renaissance;
3) von der Renaissance bis zum Ende des 19. Jahrhunderts.

---

1 «L'Aventure mystérieuse - J'ai lu».

2 Eine guter Überblick über sämtliche Fälle von UFO-Phänomenen der Vergangenheit liegt mit dem Werk von Christiane Piens «Die UFOs der Vergangenheit» [«Les O.V.N.I. du Passé»], erschienen in der Sammlung «Marabout» Nr. 638, vor.

# I

# Vor der christlichen Ära

Die beste Dokumentation über diese seltsamen Erscheinungen und sogar über die Konstruktionen fliegender Objekte findet man in dem Werk von Desmond Leslie und Georges Adamski[3]. Die Autoren erklären, wer ihnen bezüglich der Entdeckungen alter Schriften auf die Sprünge geholfen habe, sei James Churchward[4] gewesen; letzterer berichtet, er habe im Verlauf einer seiner Indienreisen gegen Ende des letzten Jahrhunderts die Gelegenheit gehabt, uralte hinduistische Handschriften zu untersuchen, von denen die Priester ihm sagten, es handele sich um Abschriften aus einem Tempelarchiv, das zu einer Zivilisation gehöre, welche derjenigen Indiens voraufging. Hier ist das, was er darin fand:

## Das hinduistische Altertum und seine Religionen

«. . . *Ein Plan mit den Anweisungen für die Konstruktion der Flugmaschine und ihres Motors. Das Antriebsmittel wurde auf einfache und kostengünstige Weise der Atmosphäre entnommen. Der Motor ähnelt ein wenig unserer heutigen Turbine. Einmal in Gang gesetzt, bleibt der Motor nicht mehr stehen, bis man ihn anhält. Andernfalls dreht er sich unablässig, bis die Teile verschleißen. Die Flugschiffe konnten um die ganze Erde fliegen, ohne jemals zu landen, bis die Mechanik verbraucht war. Ihre Unabhängigkeit im Flug war unbegrenzt beziehungsweise begrenzt einzig durch den Abnutzungsgrad des Metalls. Ich habe Texte gefunden, die von gewissen Flügen sprechen, welche ohne Zwischenlandung mehr als 5000 km zurücklegten.*

---

[3] *Desmond Leslie/George Adamski*, Les soucoupes volantes ont atterri (Die fliegenden Untertassen sind gelandet), «J'ai lu».

[4] Amerikanischer Archäologe vom Beginn des 20. Jahrhunderts, Colonel des Geheimdienstes, Eingeweihter in die orientalischen Philosophien und in die Offenbarungen der «Gegen-Tradition», Verfasser mehrerer Werke, darunter namentlich «Mu, der verlorene Kontinent» und «Das geheime Universum von Mu».

*«Alle Texte, die auf diese Flugmaschinen anspielen, bringen ganz selbstverständlich zum Ausdruck, daß sie unabhängig waren, das heißt, daß sie von selbst flogen. Anders gesagt, sie erzeugten im Flug selbst ihre Antriebskraft. Sie benötigten keine Treibstoffe.»*

Im Rahmen ihrer Forschungen entdeckten sie dann, daß der *Ramayana* und der *Maha B'harata*[5] von Geschichten von riesigen prähistorischen Luftschiffen jeder Form und jeder Größe wimmelten; die einen wurden von einer Turbine angetrieben, andere von einer Antriebsquelle, die stark dem *menschlichen* Willen glich. Diese Maschinen hießen «*Vimanas*». Im *Ramayana* findet man die Schilderung des Starts eines großen Vimanas:

*«Als die Morgenröte heraufstieg, nahm Rama den Himmelswagen, den Puspaka ihm durch Vivpishano gesandt hatte und hielt sich zum Abflug bereit. Dieser Wagen hatte einen eigenen Antrieb. Er war groß und fein geschmückt. Er hatte zwei Etagen und zahlreiche Kammern mit Fenstern, und er war mit Fahnen und Flaggen ausgestattet. Er erzeugte einen melodischen Ton, während er auf den Wegen des Himmels einherflog.»*

Der *Samarangana Sutradhara* (oder *Samar*)[6] widmet 230 Strophen den Konstruktionsprinzipien von Vimanas sowie ihrem Einsatz in Friedens- und in Kriegszeiten. Nachfolgend einige zufällig herausgegriffene, aber bedeutungsschwere Einzelheiten:

*«Die Einzelheiten der Bauweise der Vimanas werden geheimgehalten . . . denn wenn dieses Geheimnis enthüllt würde, würden die Maschinen schlecht eingesetzt.»*

*«Indem man sich der vorgeschriebenen Vorgehensweisen bedient, kann man ein Vimana bauen, das so groß ist wie der Tempel des Gottes der Bewegung. Vier gewaltige Quecksilber-Behälter müssen der inneren Struktur eingegliedert werden. Sobald sie durch das kontrollierte Feuer der Eisen-Gefäße aufgeheizt wor-*

---

5 Hinduistische Manuskripte, die über alte Überlieferungen berichten: «historisches Gedächtnis des indischen Volkes» - insgeheim aufbewahrt in gewissen indischen Tempeln, wieder zu «Ehren» gebracht durch die westlichen Adepten der hohen Geheimgesellschaften seit dem Ende des 19. Jahrhunderts; nennen wir von diesen Adepten nur Madame Blavatsky, Lady Caithness, Saint Yves d' Alveydre und seinen bekannten Jünger René Guénon.

6 Siehe vorige Anmerkung.

*den sind, wird das Vimana mittels des Quecksilbers die Kraft des Donners besitzen und alsbald eine Perle am Himmel werden.»*

*«Die Einteilungen der Bewegungen der Vimanas sind folgende: nach oben; vertikaler Aufstieg; vertikaler Abstieg; nach vorn; nach hinten; normaler Aufstieg; normaler Abstieg; Fortbewegung über große Entfernungen mittels einer Anpassung der mechanischen Teile, die eine immerwährende Bewegung liefert.»*

*«Das Vimana von Judhithra war in der Höhe von vier Fingern über der Erdoberfläche stehengeblieben.»*

Es kann durch die alleinige Kraft «*von Gesängen und Rhythmen*» angetrieben werden und scheint auch fähig zu sein, dank irgendwelcher klug benutzter optischer Illusionen nach Belieben aufzutauchen und zu verschwinden.

Endlich erklärt der *Samar*: «*Mittels dieser Maschinen können die Menschen in den Lüften fliegen und die himmlischen Wesen auf die Erde hinabsteigen.*»

Wir haben hier alle Eigentümlichkeiten des UFO-Phänomens, wie es sich heute kundgibt, nämlich seine rätselhafte Antriebskraft, das «feurige Quecksilber» der Alchemisten, seine phantastische Beweglichkeit, seine Fähigkeit des plötzlichen Auftauchens und Verschwindens. Was beweist das? Noch nichts, außer daß das Phänomen möglicherweise so alt ist wie die Welt und daß - nach den Worten des Sohar[7] - der Mensch am Ende der Zeiten die Handlungen der Genesis erneuern wird.

Tatsächlich wird die jüdische Tradition durch das bestätigt, was James Churchward über seine Unterhaltung mit einem alten indischen Rishi berichtet, der sich mit ihm angefreundet hatte:

*«Der Mensch hat die Macht, das zu überschreiten, was ihr die Schwerkraft nennt. Er kann ihre Schwingungen oberhalb der kalten magnetischen Kraft der Erde abgreifen und ihre Wirkungen aufheben. Es ist einzig und allein diese Kraft, die ihn auf den Erdboden zieht und dort festhält. Sobald die magnetische Kraft neutralisiert ist, kann er, **da der menschliche Körper aus Materie, und zwar aus Materie in sich, besteht**, seinen Körper in die Lüfte erheben und dort schweben. Er kann über das Wasser gehen wie über den festen Boden. Das Gewicht bemißt sich nach dem Grad der Erdanziehungskraft in Abhängigkeit von der mag-*

---

[7] Hauptwerk der *Kabbala*, d.h. der jüdischen Geheimwissenschaft.

*netischen Kraft. Ohne diese Anziehungskraft hat der Mensch kein Gewicht. Der* **größte** *Himmelskörper, Stern oder Sonne, hat kein Gewicht im Raum. Jesus, der größte Meister, der jemals auf die Erde kam, hat uns dieses Phänomen demonstriert, als er über die Wasser ging, wie es eure Bibel berichtet. Er verwendete einfach eine wohlbekannte, seit jeher von unseren großen Vorfahren, denjenigen der ersten irdischen Zivilisation, benutzte Kraft. Mein Sohn, diese alten kosmischen Kräfte müssen vor dem Ende dieser Welt erneut entdeckt und eingesetzt werden, denn ohne sie vermag der Mensch nicht vollkommen zu werden. Es ist aber gesagt worden, daß der Mensch vor dem Ende der Welt die Vollkommenheit erlangen wird.»*

Um welche Vollkommenheit handelt es sich? Wahrscheinlich um diejenige, mit der jene Zivilisation ausgerüstet war, von welcher der *Mahabharata* spricht, ein Text, der angeblich weiter als 3000 Jahre zurückreicht (In Wirklichkeit stammt er vom Ende des Mittelalters; sein Name bedeutet soviel wie «großer» [maha] «Bericht» [bharata]. Daher kommt auch das französische «baratin», das einen Wortschwall bezeichnet.) und uns diese schreckeneinflößende Szene schildert:

*«Cukra ging an Bord dieses ausgezeichneten, von himmlischen Kräften angetriebenen Vimanas und zog aus, die Dreifache Stadt zu zerstören . . . Cukra, umgeben von den Maruts*[8]*, schickte sich daraufhin an, ein Geschoß loszulassen, das die Kräfte des Weltalls über der Dreifachen Stadt enthielt, (. . .) die Stadt fing an, zu brennen (. . .) ein Rauch wie zehntausend Sonnen füllte die Himmel (. . .). Als sie die Kräfte des Weltalls auf einen einzigen Ort konzentriert sahen, wurden die Götter von Furcht ergriffen . . . sie mußten dann eingreifen, um das Feuer auszulöschen, wobei sie sagten: "Verwandelt die Welt nicht in Asche."»*

Seit 1945, seit Hiroshima sind wir in der Lage, diese «Vollkommenheit» zu entdecken. Aber warum, wird man uns entgegenhalten, sind die Menschen dieser Epoche so restlos verschwunden, und mit ihnen ihre Kunst und ihr Wissen, wenn sie so viel gelehrter waren als wir? Dieselbe Frage wird man vielleicht in zehntausend Jahren stellen, wenn man die Ruinen unse-

---

8 Himmlische Wesen der indischen Mythologie, die mit dem Wind heranbrausen und den Regen bringen.

rer eigenen Zivilisation sehen wird, und dieselbe Antwort wird wahr sein. Die erste Zivilisation ist untergegangen wie alle Menschen untergehen müssen, deren *persönliche* Macht ihre Weisheit überragt. Der Mensch hat die okkulten Wissenschaften studiert und sie zu seiner persönlichen Bequemlichkeit und für seine Eroberungen eingesetzt, statt sich selbst zu bessern und die Weisheit zu suchen. Daraus resultierte eine Reihe weltweiter Katastrophen, darunter sehr wahrscheinlich die Sintflut.

Liest man nicht eine ähnliche Geschichte im Buch Henoch, das zwar nicht kanonisch, sondern eine Apokryphe judenchristlichen Ursprungs ist? Man hat ein Exemplar davon in den Höhlen von Qumran gefunden, gemäß dem Zeugnis von Herrn Strugnel[9]:

«*Ich vernahm die Stimme des Engels, die sagte: "Sieh hier die Engel, die vom Himmel auf die Erde herabgestiegen sind, die den Menschensöhnen die Geheimnisse enthüllt und sie gelehrt haben, die Bosheit zu erkennen." Und Henoch sagte zu Noe: "Der Herr hat in seiner Gerechtigkeit beschlossen, daß alle Bewohner der Erde vergehen sollen, weil sie alle Geheimnisse der Engel kennen, weil sie die feindliche Macht der Dämonen in ihren Händen halten, die Macht der Magie, und diejenigen, welche Götzenbilder auf der ganzen Erde errichten . . . sie haben die Geheimnisse entdeckt, die sie nicht kennen sollten: das ist der Grund, warum sie gerichtet werden sollen; du aber, mein Sohn, der Herr der Geister kennt deine Reinheit und deine Unschuld, er weiß, daß du die Enthüllung der Geheimnisse mißbilligst."*»[10]

Diese Legenden über die Vimanas - sind sie wahr oder erfunden? Wir können darüber kein Urteil abgeben, übrigens auch nicht über die Echtheit der zitierten Dokumente. Sie bestätigen aber in jedem Falle die einhellig aufgenommene Überlieferung von der Existenz einer oder mehrerer sagenhafter Zivilisationen am Ursprung der Menschheit, die nach einer kosmischen Katastrophe vollständig vernichtet wurden.

Überdies steht in der Genesis (6, 4-7) geschrieben:

«*In jenen Tagen und auch nachher noch waren die Riesen auf der Erde, als die Gottessöhne mit den Töchtern der Menschen zusammenkamen und diese ihnen Kinder gebaren; das sind die Hel-*

---

[9] Dem Herausgeber der französischen Übersetzung.
[10] Das Buch Henoch, Kapitel 64.

*den der Urzeit, diese berühmten Männer. Der Herr sah, daß die Schlechtigkeit des Menschen auf Erden groß war und daß sein Herz den ganzen Tag lang nur auf Böses sann. Der Herr bereute es, den Menschen gemacht zu haben auf Erden und er betrübte sich in seinem Herzen. Und der Herr sprach: "Ich werde die Menschen, die ich geschaffen habe, vom Erdboden vertilgen, und mit den Menschen die großen und kleinen Tiere sowie die Vögel des Himmels. Denn es reut mich, sie gemacht zu haben."»*

Diesmal ein kanonisches Buch, in dem wir vielleicht ein zuverlässigeres Zeugnis erblicken dürfen als es diejenigen unserer Autoren sind.

## Im heidnischen Altertum

Von der Sintflut bis zur Ankunft Jesu Christi wandelt sich das Umfeld der Erscheinungen von Himmelsobjekten tiefgreifend. Sie kehren auf das Gebiet des Heiligen, des Religiösen zurück. Die Erscheinungen von Vimanas setzten eher eine Religion des technologischen und wissenschaftlichen Fortschritts, des Menschen auf dem Weg zur Vergöttlichung, voraus. Die himmlischen Erscheinungen nach der Sintflut zeigen uns hingegen einen Menschen, der dem Universum waffenlos gegenübersteht und sich alles von der Hilfe und dem Schutz Gottes erhofft. Das gilt für die Heiden ebenso wie für die monotheistischen Juden. Die Erscheinungen treten oftmals in Form von Hilfeleistungen für die Menschen auf: so beispielsweise der Engel des Herrn, welcher der Marschkolonne der Hebräer in der Wüste Sinai voranging; so auch die glück- oder unheilverheißenden Vorzeichen, deren das Altertum voll ist, wie etwa diese Vision zur Zeit der Makkabäer, über die der Abbé Arminjon berichtet[11]:

«*Vierzig Tage hindurch nahm die ganze Stadt Jerusalem in den Lüften berittene Männer wahr, gekleidet in goldenes Tuch und mit Lanzen bewehrt wie eine Kavallerieabteilung. Die in Schwadronen gruppierten Pferde rannten gegeneinander an. Die Männer erschienen mit Wurfspeeren und blanken Schwertern bewaffnet. Sie trugen goldene Rüstungen, ihre Helme und Harni-*

---

[11] *Abbé Arminjon*, Fin du Monde Présent et Mystères de la vie future (Ende der gegenwärtigen Welt und Geheimnisse des zukünftigen Lebens), Office Central de Lisieux, Seite 18.

*sche waren ganz glänzend. Das Volk, von Furcht ergriffen, flehte zu Gott unter Schrecken, diese Vorzeichen möchten zu seiner Befreiung gereichen, und nicht zu seiner Verwirrung und seinem Untergang.»*

So endlich die Erscheinungen von Engeln, um allgemeine religiöse Gesetze oder individuelle Gebote oder Botschaften zu überbringen, wie zum Beispiel die drei geheimnisvollen Persönlichkeiten bei Abraham, die ihm die Geburt eines Sohnes Isaac ankündigten, etc. . . .

Noch weitere Phänomene nehmen eine mystische Gestalt an. Es sind übernatürliche Wirklichkeiten, die, seltsam genug, in der heidnischen Welt ihre Nachahmung finden. Zwei Beispiele werden genügen, den Unterschied zwischen den Visionen des Volkes des Bundes und jenen der heidnischen Welt zu veranschaulichen.

Die erste Schauung ist diejenige von Ezechiel. Hier der biblische Bericht:

*«Im dreißigsten Jahr, im vierten Monat, am fünften Tag des Monats, als ich mich unter den Verbannten am Ufer des Flusses Kebar aufhielt, öffnete sich der Himmel und ich wurde Zeuge von göttlichen Schauungen. Am fünften Tag des Monats - es war das fünfte Jahr der Verbannung des Königs Jojachin, erging das Wort des Herrn an den Priester Ezechiel, den Sohn des Busi, im Lande der Chaldäer am Ufer des Flusses Kebar.*

*«Es kam dort die Hand des Herrn über mich. Ich schaute. Da war ein Sturmwind, der von Norden her eine gewaltige Wolke heranblies, umgeben von einem hellen Schein, einem Feuer, aus dem Blitze hervorzuckten, und in der Mitte ein Glanz wie von vergoldetem Silber inmitten des Feuers. Darinnen unterschied ich etwas wie vier lebende Wesen, deren Aussehen das folgende war: sie hatten Menschengestalt. Sie hatten ein jedes vier Gesichter und ein jedes vier Flügel. Ihre Beine waren gerade und ihre Füße glichen den Hufen von Rindern, sie funkelten wie glattgeriebenes Erz. Menschenhände erschienen unter ihren Flügeln . . .; sie wendeten sich nicht um beim Gehen; sie gingen ein jedes vor sich her. Was ihr Aussehen betrifft, so hatten sie ein Menschengesicht, und alle vier hatten ein Löwengesicht rechts, und alle vier hatten ein Stiergesicht links, und alle vier hatten ein Adlergesicht. Ihre Flügel waren nach oben ausgespannt; ein jedes hatte zwei Flügel,*

*die sich berührten, und zwei Flügel, die seinen Leib bedeckten; sie gingen ein jedes vor sich her . . .*

*«Inmitten der Lebewesen erschien etwas wie brennende Kohlen, ähnlich wie Fackeln, die zwischen den Lebewesen hin- und herfuhren. Und das Feuer warf einen hellen Schein, und aus dem Feuer zuckten Blitze. Und die Lebewesen eilten hin und her, ähnlich wie der Blitz . . . Das war etwas, was den Anblick der Herrlichkeit des Herrn bot. Ich schaute und fiel mit dem Gesicht zur Erde und ich vernahm eine Stimme, die sprach . . . (Ez 1, 1-14.28).»*

Dieser Vision sei nun eine andere gegenübergestellt; sie ist den Archiven des Vatikans entnommen und stammt aus den Annalen des Pharao Thutmosis III.:

*«Im Jahre 22, im dritten Monat des Winters, zur sechsten Stunde des Tages, sahen die Schreiber des "Hauses des Lebens" einen Kreis von Feuer am Himmel. Er hatte keinen Kopf und der Atem seines Mundes hatte einen unreinen Geruch. Sein Leib war lang wie ein Stecken und seine Breite ebenfalls. Er besaß keine Stimme . . . Das Herz der Schreiber wurde verwirrt bei diesem Schauspiel, und sie streckten sich platt auf dem Bauch aus. Ein paar Tage danach, ach!, waren diese Dinge zahlreicher am Himmel; sie strahlten mehr als die Sonne an den Grenzen der vier Stützen des Himmels. Wie gewaltig auch diese Kreise von Feuer waren, die Streitkräfte des Königs beobachteten sie, und seine "Majestät" war mitten unter ihnen.»*

Eine eigenartige Karikatur der Vision Ezechiels, die uns an den von Pierre Tilloy aufgezeigten[12] Parallelismus zwischen der Religion Gottes und derjenigen Satans erinnert:

*«Er sah, daß Gott sein Gesetz gab; also gab er die seinigen, wodurch die ursprüngliche Theologie zur Mythologie wurde und der Monotheismus allmählich soweit verschwand, sich in den Polytheismus hinein aufzulösen.*

*«Er sah, daß Gott durch Opfer besänftigt werden wollte; also verlangte er solche für sich selbst, aber keine Brandopfer von Tieren, sondern Menschenopfer, und das in Athen wie in Rom, wo zur passenden Zeit "öffentliche Entsühner" ernannt wurden,*

---

12 *Pierre Tilloy*, Vortrag vom 19. Oktober 1975 in Port Marly: «Philosophie der Geschichte im Lichte der Offenbarung und der Theologie.»

*um geopfert zu werden: ein schreckliches, in seinen Wirkungen ohnmächtiges Zerrbild des einen einzigen Opfers, dessen prophetische Ankündigung das Volk des Bundes erhalten hatte und nach dem sich die Menschheit in ihrem großen Elend sehnte.*

*«Er sah, daß Gott zu den Menschen durch seine treuen Engel und seine erwählten Propheten sprach; also sprach er selbst durch seine rebellischen Engel, die den Götzenbildern Leben verliehen, und durch die unglücklichen Kreaturen, deren er sich mit Gewalt bemächtigte*[13].

*«Er sah, daß Gott schließlich seinen Tempel erbaut hatte, in dem sein gläubiges Volk zusammenströmte; darum hatte auch er seine Tempel, wo man massenhaft zusammenlief, um ihn dort in Gestalt der Schlange anzubeten. Denn er war es, der sich auf einem purpurnen Teppich im Dunkel der ägyptischen Pyramiden wälzte, er war es, der sich im Dämmerlicht des Tempels von Delphi erhob, und er war es, den Rom im Jahre 401 feierlich in dem Tempel installierte, den es ihm auf der "Isola Tiberina" [Tiber-Insel], am Eingang von Trastevere, errichtet hatte.*

*«Deshalb war die Erde, als die Fülle der Zeit eintrat, nichts als ein riesiger luziferischer Tempel, und die Menschheit war durch die schmutzigen Riten seiner Religion, durch seine schwarzen Sakramente des Todes, die Braut und das Opfer des Gefallenen Engels geworden. Von daher die Klagen der besseren Heiden, etwa des Lucrecius, der laut seine Entrüstung darüber bekundete, daß "die Religion die Ratgeberin für namenlose Schrekken: tantum religio potuit suadere malorum" und die "Mutter verbrecherischer Bosheiten: religio peperit scelerosa atque impia facta" war.»*

Betrachtet man die Avesta der Perser, die hinduistischen Veden, die Handschriften Ägyptens und Tibets, so ist immer nur die Rede von Erscheinungen von Drachen, fliegenden Schlangen, die furchterregende Töne ausstießen und inmitten widerwärtigen Gestanks Feuer spien. Es war kein Zufall, daß die Menschen von damals die Götter unter diesen abscheulichen Gestalten verehrten, denn diese Götter erschienen ihnen genau so!

---

[13] D.h. durch die Besessenen.

Es bleiben noch zwei in dieser Epoche der Menschheit sehr häufige Arten von Erscheinungen zu erwähnen: die Erscheinungen im Traum und diejenigen, die an rituelle Magie oder an die Orakel gebunden waren. Die ersteren betrafen sowohl die Juden als auch die heidnische Welt, wie die zahlreichen in der Bibel berichteten Fälle bezeugen: die Erscheinung (im Traum) des Pharao zur Zeit Josephs, des Nebukadnezar zur Zeit des Propheten Daniel, und die Erscheinung (im Traum) der Jakobsleiter. Diese Erscheinungen hatten stets einen prophetischen und endzeitlichen Sinn, wie etwa diejenige der Aufeinanderfolge der Reiche, die dem König Nebukadnezar zuteil wurde. Die Heiden jedoch nahmen sehr schnell die Gewohnheit an, ihre Götter zu konsultieren, die Orakel zu provozieren, ihnen die Geheimnisse der Zukunft zu entreißen. Von daher die rituelle Magie, die der heidnischen Welt eigentümlich ist. Man ging soweit, Menschenopfer darzubringen, um in ihren Eingeweiden die Zukunft zu lesen. Diese Praktiken, die zum Ziel haben, die Gottheit zu zwingen, ihr ihre Geheimnisse zu entwinden, ähneln der religiösen Haltung des vorsintflutlichen Menschen, der seinerseits mit seinen Vimanas die Pforten des Himmels bezwungen hatte. Unter diesem Aspekt gibt es, abgesehen von den unterschiedlichen Szenarios, eine Konstante in der religiösen Haltung vor und nach der Sintflut. Der Mensch, bei den großen Göttern in die Schule gegangen, sucht sich seinem Schicksal zu entziehen, und, wie es Msgr. Gaume, Porphyrius kommentierend, so treffend sagt:

*«Es verhält sich gleichbleibend so, daß in ihrer Schule die Theologen des Heidentums alles das gelernt haben, was die Götzenverehrung betrifft. Die Götter haben sie ihre verborgensten Geheimnisse gelehrt: die Dinge, die ihnen wohlgefallen; die Mittel, sie zu zwingen, die Formeln, sie anzurufen; die Opfer, die man ihnen darbringen muß, und die Weise, sie darzubringen; die günstigen und ungünstigen Tage; die Gestalten, unter denen sie dargestellt werden wollen; die Erscheinungen, durch die sie ihre Anwesenheit offenbaren; die Stätten, die sie am pünktlichsten aufsuchen. Mit einem Wort, es gibt absolut nichts, was die Menschen nicht von ihnen gelernt hätten, soweit es den ihnen zu er-*

*weisenden Kult betrifft, dergestalt, daß alles sich gemäß ihren Befehlen und ihren Lehren abspielt.*»[14]

Und wenige Jahre vor der Geburt des Erlösers, vergleichbar der Symbolik des kleinen schwarzen Punktes in der Mitte des weißen Kreises, nehmen die Vimanas ihre Erscheinungen am Himmel der antiken Welt zaghaft wieder auf. Julius Obsequeus schreibt in seinen «Wunderzeichen», daß man am Tage der Schlacht von Cannae, am 2. August des Jahres 216 vor Christus, runde Objekte und andere in Form von Schiffen am Himmel Apuliens bemerkte und daß dieses Phänomen eine ganze Nacht lang anhielt. Vom Boden aus, versichert der Autor, war es möglich, weiße Gestalten auszumachen, die sich am Rand dieser Objekte entwickelten und sich so nahe an der Erde aufhielten, daß man sie nach Herzenslust genauer betrachten konnte. - Dieses Zeugnis steht nicht isoliert da. Aischylos, Titus Livius, Plutarch, Scipio, Xenon, Plinius der Ältere schildern die Erscheinung einer Art Schilder von Feuer, «clipei ardentes», am Himmel griechischer und römischer Landstriche.

Die Ankunft Christi wird dafür sorgen, daß der kleine schwarze Punkt sich nicht vergrößert: «*Doch muß Derjenige, der ihn aufhält, erst noch weggeräumt werden, und dann wird sich der Gesetzlose offenbaren . . .*»[15]!

---

[14] *Msgr. Gaume*, Traité du Saint Esprit (Traktat über den Heiligen Geist), 2 Bde., Éditions Gaume et compagnie 1890, Teil I.

[15] *St. Paulus*, 2. Thessalonicherbrief 2, 7-8.

# II

# Von Christi Geburt bis zur Renaissance

## Das christliche Zeitalter

Nachdem wir studiert haben, was das Gedächtnis der antiken Zivilisationen als unseren modernen UFOs ähnelnde Phänomene registriert hatte, wenden wir uns nun unserer Epoche zu.

Der Zeitraum, der sich von der Geburt Jesu Christi bis zur Renaissance erstreckt, ist für die UFO-Forscher höchst enttäuschend. Sämtliche Ufologen, die die Vergangenheit durchstöbert haben, um die Stetigkeit des Phänomens zu belegen, überspringen diese Periode üblicherweise mit größter Behendigkeit. Hier oder dort ist einmal die Rede von einem Erscheinungsereignis: zum Beispiel am Himmel Schottlands im 13. Jahrhundert. Das ist wenig. Doch wenn man, wie Jacques Vallée, zugesteht, daß jegliche Erscheinung eines Himmelsobjekts oder eines himmlischen Wesens, ja jede himmlische Vision eine UFO-Erscheinung ist, was er für Lourdes und Fatima nachzuweisen trachtet, warum dann diese Stille . . . über mehr als 1000 Jahre der christlichen Geschichte hinweg, in deren Verlauf es an Erscheinungen und himmlischen Visionen keineswegs gemangelt hat? Wären die Evangelien zufälligerweise unzuverlässigere Zeugnisse als der *Mahabkarata* oder der *Samar*? Wir haben es nicht verschmäht, ihr Herren Ufologen, eure eigenen Quellen zu benutzen. Warum also weigert ihr euch, die unsrigen zu verwenden? Die Fälle von Erscheinungen in dem Sinne, den man denjenigen von Lourdes und Fatima gibt, sind während dieses tausendjährigen Zeitabschnitts in solchem Überfluß vorhanden, daß man mit Recht überrascht sein darf, sie nirgends in dem besten Werk über die UFOs, der «Chronik der außerirdischen Erscheinungen», besprochen zu finden[16]. Welchen Stellenwert messen Sie, meine Herren Ufologen, den Erscheinungsberichten der Evangelien, der Apostelgeschichte, der Schriften der Kirchenväter sowie jener Aufzeichnungen bei, die sowohl von Ordensleuten wie von Laien stammen und die uns während dieses langen Zeitraums solche Tatsachen mitteilen[17]? Wäre der Grund dafür etwa der, daß diese Erscheinungen sich nicht in die **Religion** der UFOs einfügen? Oder zumindest, daß es gute und schlechte UFOs gibt? Um das Betragen der Ufologen zu veranschaulichen, ziehen wir eine Parallele zwischen den Erscheinungen, die der heiligen Johanna von Orléans zuteil wurden, und den wohlbekannten des Uri Geller in unseren Tagen. Sowohl sie als auch er sind Gegenstand himmlischer Besuche. Sowohl sie als auch er empfangen seitens ihrer Besucher eine Sendung, die sie erfüllen sollen. Sowohl sie als auch er erhalten, um diese Sendung gegenüber ihren Zeitgenossen zu beglaubigen, Gaben der Weissagung.

Während nun aber der erstere Fall die Ufologen nicht interessiert - sie sprechen niemals davon! -, interessiert sie der letztere Fall nicht bloß, sondern veranlaßt sogar die Wissenschaft, sich damit zu beschäftigen (siehe das Uri Geller gewidmete Werk von Dr. Puharich). Man kommt nicht umhin, sich die Frage zu stellen: Wieso diese unterschiedliche Haltung? Entspricht das noch dem Gesetz der natürlichen Konstanz der Seienden? Anscheinend nicht, denn wenn Uri Geller behauptet, es handele sich um kosmische Intelligenzen, die mit den UFOs in Verbindung stehen, würde doch nichts Jacques Vallée daran hindern, wie im Falle von Lourdes und Fatima zu behaupten, Johanna von Orléans habe mit ähnlichen Wesen in Kontakt gestanden. Wäre es dann am Ende die Natur der Sendung, die stört? Die Sendung von Uri Geller gleicht derjenigen, welche sich die Freimaurerlogen seit mindestens zweihundert Jahren zuschreiben. Die Sendung der Jungfrau von Orléans galt der Wiederherstellung der Rechte Gottes und der Wiedereinsetzung des rechtmäßigen Königs über

---

16 *Jacques Vallée*, Chroniques des Apparitions Extra-terrestres, verlegt bei Denoël.

17 Man findet z.B. in «Das Liturgische Jahr» («L'Année Liturgique») von *Dom Guéranger* die Berichte zahlreicher Wunder und Erscheinungen, deren die von der Kirche im liturgischen Kalender aufgeführten Heiligen während ihres Lebens gewürdigt worden sind.

das französische Königreich. So leicht die erstere ins moderne Bewußtsein «eingeht», so sehr «schockiert» heute die letztere. Würde man den UFOs, und sei es auch bloß in der Vergangenheit, jemals eine solche Sendung zuerkennen? Das wäre Grund genug, sie auf immer vom Himmel und aus dem Bewußtsein der Menschen verschwinden zu lassen!

Was ist seit der Ankunft Jesu Christi geschehen? Die heidnische Welt ist zusammengestürzt, und mit ihr auch ihre Götzen, ihre Orakel, ihre Magie, ihre Opfer. Selbst die Opfer des Judentums haben aufgehört, um dem einen einzigen Opfer Platz zu machen, demjenigen des Kreuzes, das auf unseren Altären im Meßopfer fortdauert. Während der Belagerung Jerusalems durch Titus wurden das Allerheiligste und der Tempel von geheimnisvollen Beben erschüttert; man hörte seltsame Geräusche und Stimmen unsichtbarer Wesen, die riefen: «Laßt uns weggehen von hier, laßt uns weggehen von hier!» Ein Großrabbiner rief in seiner Bestürzung über diese übernatürlichen und schreckenerregenden Kundgebungen aus: «O Tempel, warum beunruhigst du dich und jagst dir selber Furcht ein?»[18]

Für die christliche Welt war, was himmlische Erscheinungen betraf, alles klar. Es gab diejenigen, die vom wahren Gott, seinen Engeln oder bisweilen auch von seinen Heiligen herrührten, und es gab diejenigen, die von den falschen Göttern ausgingen, von jenen also, welche das Heidentum als solche verehrte und die nichts anderes als böse Geister, das heißt, gegen Gott rebellierende Engel sind.

Da haben wir den Grund, aus dem Jacques Vallée sich veranlaßt sieht, auch seinerseits die guten von den bösen Erscheinungen zu unterscheiden. Die guten sind selbstverständlich diejenigen, die von den Dämonen kommen, jedoch anders getauft werden, zum Beispiel «Außerirdische», «Leute aus dem All», etc. oder ihre Vorgänger, die Nixen, die Elfen, etc. . . . Wieso diese Benennungen? Ganz einfach deshalb, weil, wer von «Dämonen» spricht, dadurch auch schon die Existenz der guten Engel und ihres Schöpfers einräumt. Was würde aber dann aus dem agnostischen Postulat? Nichts könnte mehr verhindern, daß es restlos weggefegt würde, um der christlichen Theologie Platz zu ma-

---

[18] Zit. n. *Abbé Arminjon*, Fin du Monde Présent, Seite 18.

chen. Man muß also um jeden Preis in den Kosmos Zwischenwesen[19] einführen . . . und zwar andere als die Dämonen. Das ist eine altbekannte Geschichte, die übrigens schon im Mittelalter ausgebrütet wurde, bevor sie sich zur Zeit der Renaissance richtig entfaltete.

Jacques Vallée führt denn auch in seiner «*Chronik der außerirdischen Erscheinungen*» lediglich Fälle an, die derartige «Zwischenwesen» auftauchen lassen oder auf sie anspielen. Wir wählen zwei interessante Kundgebungen aus. Der erste Fall bezieht sich auf eine merkwürdige Begegnung des heiligen Antonius in der Wüste, die der heilige Hieronymus mitteilt:

*«Kurz darauf, in einem kleinen und felsigen, von allen Seiten umschlossenen Tal, erblickte er einen Zwerg mit einem schnüffelnden Rüssel, mit Hörnern auf dem Kopf und gespaltenen Händen und Füßen wie die der Ziegen. Bei diesem Anblick ergriff Antonius als ein guter Soldat den Schild des Glaubens und den Helm der Hoffnung. Das Geschöpf jedoch bot ihm die Frucht des Palmbaumes an, um ihn auf seiner Reise zu ernähren, und als eine Art Friedenspfand. Als Antonius das sah, blieb er stehen und fragte es, wer es sei. Die Antwort, die er erhielt, war diese hier:*

*«Ich bin ein sterbliches Wesen und einer der Bewohner der Wüste, welche die Heiden mißbrauchten, indem sie sie in einem irrigen Kult unter verschiedenen Gestalten mit den Namen Faune, Satyre und Incubi bezeichneten. Ich bin gesandt, um mein Volk zu vertreten. Wir bitten euch, in unserer Meinung die Gunst eures und unseres Herrn zu erflehen, der, das haben wir erfahren, einmal gekommen ist, um die Welt zu retten, und dessen Stimme die ganze Erde durchdrungen hat.*

*«Als es diese Worte aussprach, rannen die Tränen über die Wangen des greisen Wanderers, zum Zeugnis seiner tiefen Rührung und dafür, daß er in der Fülle seiner Freude weilte. Er erfreute sich nämlich an der Ehre Christi und der Vernichtung Satans und verwunderte sich darüber, daß er diese ganze Zeit hindurch die Sprache des Satyrs verstehen konnte; und indem er mit seinem Stab auf den Boden schlug, sagte er:*

*«Fluch über dich, Alexandrien, das du anstelle Gottes Ungeheuer angebetet hast! Fluch über dich, du Hurenstadt, auf die*

[19] Zwischen Gott und dem Menschen.

*sich Dämonen aus der ganzen Welt zumal gestürzt haben. Was habt ihr jetzt dazu zu sagen: Tiere, die von Christus sprechen, und ihr, die ihr statt Gott Ungeheuer anbetet . . .?*

*«Er hatte noch nicht aufgehört, zu reden, als das wilde Geschöpf in die Ferne floh, als hätte es Flügel.»*

Der Kommentar, den Jacques Vallée zu dieser Szene liefert, beleuchtet und bestätigt, wenn es dessen überhaupt noch bedurfte, unsere Aussagen über die Einstellung der Ufologen gegenüber diesem Geschichtsabschnitt. Doch sehen wir zu, mit welchen Worten er diese Begebenheit vorstellt:

*«Die Lebensgeschichten der ersten Heiligen sind voller erstaunlicher Wunder, die eher als Erzählungen literarischer Natur denn als wissenschaftliche Gegebenheiten betrachtet werden müssen* (hingegen, unterstreichen wir das, verhält es sich ganz anders mit den Berichten über Erscheinungen von Vimanas und mit denen der Heiden!). *Maßgeblich ist, daß die Texte auf religiöser Grundlage einen Stoff enthalten, der sozusagen Adelsbriefe für eine Kategorie von Wesen ausstellt, die viele für übernatürlichen Ursprungs halten* (anders gesagt, das Wesentliche ist, daß sie die Existenz unserer *Fabeln* bestätigen!). *Beobachtungen wie die des heiligen Antonius werden Autorität erlangen, sobald die religiösen Persönlichkeiten das Problem werden lösen müssen, das durch den Wert dieser mittelalterlichen Beobachtungen betreffs der vom Himmel gekommenen Wesen, durch die Dämonenbeschwörung mit Hilfe okkulter Mittel und selbst durch die Wunder unserer Zeit aufgeworfen wird* (Was Jacques Vallée fordert, ist, daß die religiösen Autoritäten derartigen Erscheinungen, und damit auch der Person Christi, jeden übernatürlichen Charakter absprechen. Dann könnte er, Jacques Vallée, sie endlich ernstnehmen!). *Aus dem obenstehenden Bericht geht klar hervor, daß das Geschöpf für den heiligen Antonius weder ein Engel noch ein Dämon ist. Wäre dem nicht so gewesen, hätte er es sofort erkannt!»*

Dieser letzte Satz zeugt von bewundernswertem Nicht-sehen-Wollen. Denn Jacques Vallée ignoriert - natürlich! -, daß die Engel und Dämonen als von Natur aus reine Geister den Menschen nur erscheinen können, indem sie sich «verkörpern». Wir verweisen ihn auf das Studium des Alten und des Neuen Testaments.

Was den Dämon angeht, denn um ihn handelt es sich ja, so hat er es zur Meisterschaft in der Kunst der Verkleidung gebracht, beginnend mit der Schlange der Genesis. Es wäre also nicht verwunderlich, wenn Jacques Vallée, der sich den Anschein eines aufrichtigen Ufologen gibt, ihn - wie der heilige Antonius - nicht auf Anhieb zu erkennen vermöchte! Doch der Fall der dem heiligen Antonius widerfahrenen Erscheinung ist unstreitig der Fall einer teuflischen Erscheinung. Das erste Kennzeichen, das dies andeutet, ist das Angebot der Frucht des Palmbaums - eine Erneuerung der Geste der Schlange der Genesis -, zumal der Palmbaum in den mesopotamischen Zivilisationen ein heiliger Baum (der Baum der Erkenntnis) ist[20]. Das zweite Kennzeichen, das dies bestätigt, ist das plötzliche Verschwinden des Geschöpfes, als der Heilige ausruft: «*Tiere, die von Christus sprechen*», da dieser Name, wie zufällig, die Kraft besitzt, die Dämonen in die Flucht zu schlagen!

Der zweite von Jacques Vallée zitierte Fall ist eine Aufzeichnung Agobards, des im Jahre 840 gestorbenen Bischofs von Lyon; hier der Text:

«*Wir haben jedoch viele Menschen gesehen und gehört, die in eine so große Torheit verfallen sind, ertränkt in solchen Tiefen des Wahnsinns, daß sie glauben, es existiere eine bestimmte Gegend, die sie Magonia nennen, wohin Schiffe in den Wolken schwimmen, um an diesen Ort Früchte der Erde zu bringen, die der Hagel und die Stürme verdorben haben, wobei die Schiffer den Gewitterzauberern Belohnungen zahlen und dafür ihrerseits Getreide und andere Früchte bekommen. Unter den Leuten, deren verblendeter Irrsinn groß genug war, ihnen zu erlauben, diese Dinge für möglich zu halten, habe ich solche gesehen, die aus einer Menschenansammlung vier gefesselte Personen hervorzogen, drei Männer und eine Frau, die, so behaupteten sie, aus diesen Schiffen gefallen waren; nachdem sie in Gefangenschaft gehalten worden waren, hatten sie sie, wie schon gesagt, in unserer Gegenwart vor diese Menschenmenge gebracht, damit sie gesteinigt würden. Aber die Wahrheit hat gesiegt.*»

---

20 *Hélène Danthine*, Die Dattelpalme und die heiligen Bäume, Seite 162ff, zit. n. *Mircea Eliade*, Traité d'Histoire des Religions (Traktat über die Geschichte der Religionen), Éditions Payot, Seite 232.

Dieser Bericht beweist, daß die Mysterien des Heidentums dieses ganze Jahrtausend hindurch überlebt hatten, das mit der Bekehrung Konstantins begann, um mit dem Fall von Byzanz zu Ende zu gehen.

«*Während des ganzen Mittelalters*», erklärt uns Jacques Vallée, «*gab es einen bedeutenden Strom des Denkens, der sich von der offiziellen Religion absetzte und sich in den Arbeiten der Alchemisten und Hermetisten verstärkte. Im Schoß dieser Gruppen befanden sich einige der ersten modernen Gelehrten sowie solche Menschen, die sich durch die Stärke der Unabhängigkeit ihres Denkens und durch ihr abenteuerliches Leben auszeichneten, wie Paracelsus. Die Natur der Wesen, die geheimnisvoll erschienen, angetan mit glänzenden Kleidern oder bedeckt mit dunklen Haaren, und mit denen man nur schwer in Verbindung treten konnte, beschäftigte diese Menschen intensiv. Sie waren die ersten, die diese fremdartigen Wesen mit den in der Bibel und in den Werken der frühesten Kabbalisten beschriebenen Geschöpfen in Verbindung brachten. Die rätselhaften Kreaturen, die - ungeachtet der Autorität Agobards - den Himmel und die Erde in ihren "Wolkenschiffen" durchquerten, sind sie von derselben Rasse wie die Engel, fragten sich die alten Philosophen! Nein, denn sie sind sterblich.*»

Und Jacques Vallée wird seine Beweisführung auf die Autorität von Montfaucon de Villars stützen, einen eingeweihten Autor des 17. Jahrhunderts, dessen merkwürdiger «Graf von Cabalis» seinem Urheber einen mysteriösen Tod auf der Straße nach Lyon eintrug:

«*Die Hebräer hatten die Gewohnheit, die Geschöpfe, die zwischen den Engeln und den Menschen stehen, Sadaïm zu nennen, und die Griechen nannten sie unter Umstellung der Buchstaben und Hinzufügung bloß einer Silbe Daïmonen. Die alten Philosophen hielten diese Dämonen für Angehörige einer Rasse der Luft, welche die vergänglichen Elemente regierten und in dieser Welt denjenigen unbekannt sind, welche die Wahrheit selten an ihrem altehrwürdigen Aufenthaltsort suchen, das heißt in der Kabbala und in der Theologie der Hebräer, welche die besondere Kunst besitzen, mit dem Volk der Lüfte in Verbindung zu stehen und mit allen Bewohnern der Luft zu verkehren.*»

Dieses dem «Grafen von Cabalis» entnommene Zitat zeigt sehr deutlich die Rolle, die gewisse judaistische Sekten während dieses christlichen Jahrtausends spielten. Sehr schnell haben sie einen riesigen Synkretismus zwischen Heidentum und Judaismus zustandegebracht: den Gnostizismus, eine christliche Form des Pantheismus, welche die Umkehrung des Christentums darstellt. Das ist nicht mehr die Religion des fleischgewordenen [göttlichen] Wortes, sondern diejenige des Menschen, der sich zum [göttlichen] Wort macht. Diese seltsamen Geschöpfe sind in solcher Perspektive nichts anderes als der Eintritt gewisser Menschen in ein höheres Stadium als das des irdischen Menschen im Rahmen ihres Aufstiegs hin zur Gottwerdung. Es handelt sich um den Wiederaufstieg der Materie zum Geist, nachdem der Geist seinen Abstieg in die Materie vollzogen hat, es ist das «solve et coagula» der Hermetisten, das seine vollständige Erklärung im Spruch des Hermes Trismegistos findet: «*Was unten ist, ist wie das, was oben ist, und was oben ist, ist wie das, was unten ist, um die Wunder aus ein und derselben Sache zu wirken.*» Dieser Irrtum wird mittels der Häresien der Bogomilen und Katharer das ganze Mittelalter hindurch die christliche Gesellschaft schleichend zu vergiften suchen, um sich in der Renaissance auszubreiten. Weisen wir endlich noch darauf hin, daß er tiefe Spuren in der Literatur des Mittelalters hinterlassen hat, namentlich in der Legende von König Arthur und im Roman von der Rose, die von Burg zu Burg weitergegeben wurden. Die Legende von König Arthur, verfaßt von Christian von Troyes (12. Jahrhundert), handelt ausschließlich von Reisen ins Reich der Toten, von merkwürdigen Kämpfen, von einer noch merkwürdigeren Bruderschaft zwischen Menschen und Tieren, von phantastischen Visionen des Unsichtbaren und der Zukunft, von Menschen, die mit einer übernatürlichen Wissenschaft und Macht ausgestattet sind, von Tieren, die weiser und mächtiger sind als die Menschen, von magischen Kesseln, Lanzen, Bäumen, Quellen sowie von langen verwickelten Abenteuern und Unternehmungen, welche die Kräfte eines jeden übersteigen, der nicht dazu vorherbestimmt ist, sie auszuführen. Die Magie ist offenkundig das einzige Gesetz dieser verzauberten Welt.

Nach einer mehr oder weniger langen Inkubationsphase, in deren Verlauf die Kirche durch die Häresien, die Schismen, die Angriffe der weltlichen Macht geschwächt worden sein würde, würde diese Magie im Bewußtsein der Menschen wiedergeboren werden können, ohne fortan noch den Deckmantel der Legenden und Fiktionen zu benötigen.

## Die Renaissance und die Rückkehr der Vimanas

Es ist nochmals Montfaucon de Villars, der uns die Einleitung liefert. «Der Graf von Cabalis» erzählt, daß der berühmte Kabbalist Zedechias versucht, die Lage der Menschheit zu bessern, indem er den Leuten aus der Luft vorschlägt, *«für eine große und wunderbare Vorführung auf die Erde herabzukommen. Sie taten es prunkvoll»*, sagt Cabalis. *«Diese Wesen wurden am Himmel wahrgenommen . . . an Bord von bewundernswert konstruierten Luftschiffen.»*[21] Das gute Volk behauptete, Dämonen und Zauberer hätten vom Himmel Besitz ergriffen. Sogar die Könige glaubten es. Karl der Große und Ludwig der Fromme erließen Edikte, welche die *«Tyrannen der Luft»* zur Folter und zum Tode verurteilten. Das erste Kapitel der kaiserlichen Kapitularien teilt uns mit, daß die Luftbewohner, als sie den Schrecken, den sie erregt hatten, sahen, so erschüttert waren, daß sie in ihren großen fliegenden Fahrzeugen auf die Erde herabkamen und Männer und Frauen mitnahmen, um sie zu unterrichten: *«Entschlossen, die schlechte Meinung zu beseitigen, welche die Leute von ihrer unschuldigen Flottille hatten, nahmen sie Menschen aus jedem Ort mit . . . um sie anschließend in verschiedenen Weltgegenden wieder abzusetzen.»* Doch die unglücklichen Sterblichen, die man aus diesen Schiffen aussteigen sah, wurden als Saboteure, Feinde und *«Zauberer, welche gekommen waren, um die Brunnen und Quellen zu vergiften»*, ergriffen und erlitten auf der Stelle das schreckliche Schicksal, das dieser Sorte von Übeltätern vorbehalten war.

*«Unglaublich groß ist die Zahl derjenigen, die aus dem ganzen Reich durch das Feuer oder durch Ertränken hingerichtet*

---

[21] *Montfaucon de Villars*, Le Comte de Cabalis (Der Graf von Cabalis), Éditions La Colombe 1961.

*wurden. Eines Tages . . . sah man in Lyon drei Männer und eine Frau aus einem dieser Luftschiffe steigen. Die gesamte Bevölkerung der Stadt lief um sie zusammen und schrie, sie seien Magier, die Grimaud, der Herzog von Benevent, geschickt habe, um die französischen Ernten zu vernichten. Vergebens suchten diese Unschuldigen sich zu rechtfertigen, indem sie sagten, sie seien gleichfalls Franzosen, die kurz zuvor von wundersamen Menschen mitgenommen worden seien, die ihnen unerhörte Wunder gezeigt und gewünscht hätten, daß sie hingingen und erzählten, was sie gesehen hätten.»*

Wir haben in diesem ein Jahrhundert später niedergeschriebenen Bericht einen Teil der Themen vorliegen, die den «Wiedergeborenwerdenden»[22] teuer waren und die man geradezu für gleichzeitig mit dem modernen Geist existierend halten könnte.

Man stößt hier auf das Thema der Vielzahl bewohnter Welten, das wenig später von Pico della Mirandola, dann von Fontenelle entfaltet wurde; die Existenz kosmischer Zivilisationen würde früher oder später zwangsläufig dazu führen, das geistige Niveau des Menschengeschlechtes anzuheben. Weiter der unglaubliche Aberglaube, der das Volk *einhüllt*, propagiert von der Kirche und ihrem Sachwalter in der zeitlichen Ordnung, dem König; dieser Aberglaube stand der Entgegennahme der von auswärts kommenden Botschaft im Wege, und solange das Volk nicht davon befreit wäre, würde es die Lehre der kosmischen Intelligenzen nicht nutzbringend aufnehmen und ins goldene Zeitalter der Menschheit eingehen können; von daher ganz konkret die Notwendigkeit, zunächst die Kirche zu bekämpfen . . . und durch sie alle Regierungen, die ihre Stütze sind. Das ist letztendlich das Programm der Enzyklopädisten, der Jakobiner, der modernen Laizisten, ob sie nun der Rechten oder der Linken angehören (siehe insbesondere Lenin). Einmal gewonnen, wird dieser ideologische Kampf gegen den Obskurantismus dem Menschen die Pforten des Geistes aufschließen. Er wird sich der Frucht des Baumes der Erkenntnis von Gut und Böse öffnen. Aus dieser Geisteshaltung wird die moderne Wissenschaft erwachsen.

---

22 Im franz. Original «renaissants», eine direkte Anspielung auf die «Renaissance» als - wörtlich genommen - das Zeitalter der «Wiedergeburt».

Aber es gibt in der Renaissance nicht bloß dieses Thema, es gibt ein weiteres, noch beunruhigenderes. Es sei uns gestattet, uns an Msgr. Gaume zu halten:

*«In Italien, in Deutschland, in Frankreich gibt sich eine große Zahl von Wiedergeborenwerdenden, Nachahmern Roms und Griechenlands, mit Leidenschaft dem Studium und der Praxis der okkulten Wissenschaften hin. Die obersten Häupter des Protestantismus brüsten sich ob ihrer Unterredungen mit Satan. Unter kaum veränderten Formen kehren alle abergläubischen Praktiken des antiken Heidentums zurück: Befragung, Beschwörung, Erscheinungen, Orakel, Wunder, Anbetungen werden sich im selben Maße vervielfachen, in dem das Evangelium geleugnet wird. So groß ist die Geschwindigkeit, mit welcher der Satanskult in Europa einfällt, daß die Kirche sich darüber beunruhigt. Durch die Stimme von Sixtus V. . . . macht sie die entsetzte Welt auf diese Epidemie der neuerwachenden Götzenanbetung aufmerksam und belegt sie mit einer feierlichen Verurteilung.*

*«In seiner Bulle "Caeli et Terrae Creator" werden als auf dem Höhepunkt des Christentums wieder auftauchend die meisten dämonischen Praktiken aufgezählt, die im heidnischen Altertum gebräuchlich waren und deren Namen uns Porphyrius hinterlassen hat. Der unsterbliche Papst nennt im einzelnen: die Astrologie, die Geomantik, die Chiromantik, die Nekromantik, die Zauberei, die Auguren, die Auspizien, die Weissagung durch Würfel, Getreidekörner und Saubohnen; den Pakt mit den Dämonen zu dem Zweck, die Zukunft zu erfahren oder den Leidenschaften zu fröhnen; die Bezauberungen; die Orakel oder die Beschwörung von Geistern, die befragt werden und antworten; die Kniebeugen, die Niederwerfungen, die kultischen Zeremonien; den magischen Ring und magischen Spiegel; die Gefäße zum Festhalten der Geister, um von ihnen Antworten zu erhalten; die nachtwandlerischen oder magnetisierten Frauen, die, in Kontakt mit dem Dämon gebracht, von ihm die Kenntnis verborgener, vergangener oder zukünftiger Dinge erlangen; die Hydromantik mittels wassergefüllter Gefäße, in denen Männer und öfter auch Frauen Gestalten erscheinen lassen, die weissagen. Man muß noch hinzufügen die Pyromantik, die Pädomantik, die Oniromantik oder Weissagung durch Träume und andere Praktiken, unreine Überreste,*

*sagt der Papst, der alten Götzendienerei, die das Kreuz besiegt hat.»*

Doch siehe da, was einer unserer in den okkulten Wissenschaften sehr bewanderten Zeitgenossen, Raoul Auclair, in den «Zenturien des Nostradamus»[23] auf Seite 138 betreffs der Wiedergeburt der Orakel sagt:

*«Man mußte warten, bis am 14. März 1557 die letzte Phase dieser langen Periode einsetzte, damit aufs Neue, wie eine Auferstehung, der überfließende und verwirrte Strom der zu den Füßen von Tivoli verschlungenen Orakel hervorsprudelte. Verschlungen waren die Orakel, seitdem die letzte Sibylle auf dem Kapitol gestanden und ihren mageren Arm gegen Sonnenaufgang ausgestreckt hatte, um dem Kaiser der Erde den König des Himmels zu zeigen, dieses schmächtige Kind, das im selben Augenblick der greise Simeon, dort unten, im Tempel, triumphierend vorwies, um es der Anbetung der Engel und Menschen auszusetzen.»*

Da haben wir also die beiden Säulen des Renaissance-«Tempels»: die Wissenschaft und die Magie. Es waren bereits diejenigen des Tempels der vorsintflutlichen Gesellschaft, derjenigen der Vimanas. Die 'Wiedergeburt' ist genau die der vorsintflutlichen Gesellschaft; sie ist die Rückkehr zur mit der Magie vereinten Wissenschaft, welche den Menschen mittels der Vimanas zu den Pforten der Sterne führen wird. Dann werden, wie Jacques Vallée so schön sagt, auch die Engel ihrerseits auf den öffentlichen Plätzen stehen können. *«Die Gottessöhne fanden, daß die Töchter der Menschen ihnen gefielen, und nahmen sich zu Frauen alle diejenigen, die sie mochten»* (Gen 6, 2).

Doch die Renaissance ist noch nicht die Wiederherstellung einer vorsintflutlichen Welt. Sie ist lediglich deren erneute prophetische Ankündigung, das wiedererstehende Orakel. So leicht löscht man tausend Jahre Christentum nicht aus. Die Zerstörer brauchten Geduld, die Geduld der Termiten. Sie würden sich, um das Christentum zum Einsturz zu bringen, der Wissenschaft und der Magie getrennt bedienen, die einander scheinbar entgegengesetzt, ja sogar feindlich waren. Die eine würde Gegenstand eines Studiums am hellichten Tag sein, sie würde Sonnencharakter ha-

---

23 *Raoul Auclair*, Les Centuries de Nostradamus ou le Dixième Livre Sibyllin, Nouvelles éditions latines.

ben. Die andere würde sich im Schatten niederkauern, sie würde Mondcharakter annehmen, jedoch insgeheim die erstere instruieren. Das war ein grundlegendes Erfordernis der Klugheit. Die Kirche, die Herrscher, die Völker betrachteten in der Tat diese letzteren Forschungen als gefährlich und vom Teufel stammend und, als solche, mit den dem Grafen von Cabalis so teuren Strafen zu ahnden, die in den Kapitularien Karls des Großen vorgesehen waren.

Umgekehrt würden sozusagen «ehrenhafte» Wissenschaftler, die sich gänzlich der Aufgabe widmeten, mit Hilfe des menschlichen Verstandes die Gesetze der sichtbaren Welt zu durchdringen und dafür zu sorgen, daß aus dem Erkenntnisfortschritt das Mittel zur Linderung des menschlichen Elends erwüchse, von den Fürsten bezahlt, geschützt und mit Vorrechten ausgestattet werden, so daß sie untergründig das geheime Feuer unterhalten könnten, das in ihrem Athanor[24] brannte.

Das ist die Geschichte von John Dee, die Jacques Vallée in seinem Werk aufgreift, über den aber Gustav Meyrink unter dem Decknamen «*Der Engel am Fenster des Sonnenuntergangs*» eine bemerkenswerte Biographie verfaßt hat. Das trifft auf zahlreiche Gelehrte zu, die tagsüber Wissenschaftler, nachts jedoch Rosenkreuzer waren: Spinoza, Leibnitz, Descartes, Newton, etc. . . .

Es sollte in der Tat vier voller Jahrhunderte unermüdlicher Arbeit, unablässiger Anrufungen der alten Götter bedürfen, damit endlich aus den Wassern[25] aufs Neue der uralte Kontinent auftauchte: Atlantis, die Heilige Stadt, von der Erde für den Himmel bereitet, damit sich schließlich der Himmel dort niederlassen könnte (eine widerwärtige kabbalistische Nachäffung der Heiligen Stadt Jerusalem). Indem zuletzt Himmel und Erde in ein und derselben kosmischen Wirklichkeit zusammenfließen: «*Alles was oben ist, ist wie das, was unten ist*», und «*alles was unten ist, ist wie das, was oben ist*» (Hermes Trismegistos), wird der Mensch sich den Zugang zu den Sternen eröffnen, um den Engel, seinen geheimnisvollen Bruder, in Empfang zu nehmen, der sich seiner-

---

[24] Schmelztiegel, in dem die chemischen Substanzen aufgelöst werden, um die «erste Materie» für das «Gold der Weisheit» zu bereiten.

[25] In der alchemistischen Auslegung der Bibel bedeuten die Wasser die menschliche Empfänglichkeit.

seits gefahrlos auf die öffentlichen Plätze stellen können wird. So werden die Orakelsprüche des Kabbalisten Zedechias und des Jacques Vallée in Erfüllung gehen.

In Wahrheit wird die Arbeit im alchemistischen Sinne des Wortes, die Arbeit an der gesellschaftlichen Wirklichkeit, eine im 17. bis 19. Jahrhundert ausgeführte Arbeit, schon seit der Renaissance programmiert. Wie entwickelt sich in diesem Zusammenhang - gemäß unseren Ufologen - das UFO-Phänomen zwischen dem Beginn des 16. und dem Ende des 19. Jahrhunderts?

Wir werden nur einige im 17., 18. und 19. Jahrhundert aufgezeichnete Fälle untersuchen. Der wißbegierige Leser kann jederzeit auf die Chronik der UFO-Erscheinungen im 17., 18. und 19. Jahrhundert zurückgreifen, die Leslie Desmond und G. Adamski in «*Die fliegenden Untertassen sind gelandet*»[26] präsentieren.

Im 16. Jahrhundert verzeichnet man ein fremdartiges Phänomen, das sich über dem Schiff von Juan de *Guyalva*, dem Eroberer, zeigte: ein Objekt in Form eines Sterns überflog sein Schiff, entfernte sich sodann unter Aussendung von Feuern und blieb über einem Dorf der Provinz *Yucatan* stehen. Drei Stunden lang warf dieses Objekt Lichtstrahlen auf die Erde und verschwand anschließend. Dieser Vorfall, angeführt von Guy Tarade in «*Fliegende Untertassen und Zivilisationen jenseits des Raums*»[27], überrascht durch seine Modernität. Das seltsame Phänomen hätte im alten Europa wohl kaum auftauchen können, ohne durch die königlichen Gerichte zweifellos kraft immer noch derselben Kapitularien als [dämonische] «Annahme einer Gestalt» deklariert zu werden. Am Himmel Amerikas hingegen, im Zuge einer für die damalige Zeit ähnlich bedeutsamen Entdeckung wie es die Eroberung des Raumes für die unsrige war, stellte der Stern, der Juan de Guyalva, dem Eroberer, erschien, gewissermaßen die Umkehrung des Sterns von Bethlehem dar; er bezeichnete dem weißen Mann den neuen Tempel der Menschheit, die Pyramiden von Yucatan, die Wiege der alten und neuen Götter!

---

26 *Desmond Leslie/George Adamski*, Les soucoupes volantes ont atterri (Die fliegenden Untertassen sind gelandet), «J'ai lu».

27 *Guy Tarade*, Soucoupes volantes et civilisations d'outre-espace, Éditions «J'ai lu».

Im 17. Jahrhundert: «*Bericht über schreckliche und entsetzliche, über dem Meer von Gènnes erschienene Zeichen*»:

«*Zu Beginn des letzten August (1608).*

«*Mit den Wunderzeichen von Blut, das abseits von Nizza und an mehreren Orten der Provence wie Regen vom Himmel gefallen ist.*

«*Zusammen mit der Erscheinung zweier Männer in der Luft, die mehrmals miteinander gekämpft haben und unter großer Verwunderung während dreier Tage gesehen worden sind auf der Insel von Martigue, welches eine Stadt im Meer, fünf Meilen von Marseille, ist.*

«*Die Wunderzeichen, die uns mit Gewißheit erscheinen, sind himmlische Kuriere und Vorreiter, welche die Unglücksfälle ankündigen, die kommen sollen, und es scheint, daß dies uns auffordert, zu den Heilmitteln des Gebetes und zu den Fasten Zuflucht zu nehmen, um den Zorn dieses großen Gottes zu besänftigen, den wir alltäglich beleidigen.*

«*Die Römer, sobald sie Wunderzeichen bemerkten, brachten den Göttern Opfer dar, um ihren Zorn zu besänftigen durch Schlachtopfer und Götzendienst. Wir aber, die wir Christen und in einer besseren Schule aufgezogen sind, müssen in heiliger Weise unsere zerknirschten und reuigen Herzen vorweisen und demütig den Allmächtigen anflehen, uns unsere Fehltritte zu verzeihen und seinen gerechten Zorn besänftigen zu wollen, auf daß die Unglücksschläge, die uns von der [göttlichen] Gerechtigkeit bereitet sind, von uns abgewendet und weit fortgetrieben werden durch seine heilige Barmherzigkeit.*»

Es folgt dann die Schilderung der Einzelheiten der Erscheinung. Sie ähnelt zum Verwechseln derjenigen, die zur Zeit der Makkabäer am Himmel erschien und die wir bereits dokumentiert haben.

Der von Guy Tarade in dem weiter oben genannten Werk wiedergegebene Bericht veranlaßt ihn zu den folgenden Anmerkungen:

«*Waren die UFOs, welche die Einwohner von Gènes und die Provencalen 1608 erschreckten, dieselben wie jene, die uns zur Zeit besuchen? Oder haben diese braven Leute des 17. Jahrhunderts, mit dreihundertjährigem Vorsprung, der Landung [der Al-*

*liierten] vom August 1944 beigewohnt, unfähig, in ihren Phantasiegesichten eine Verformung des Raum-Zeit-Kontinuums zu erkennen!?»*

Wir jedoch begnügen uns mit einer vergleichenden Studie der beiden Fälle im Geiste der Renaissance selbst. Der strahlende und über den Himmel fahrende Stern, den der Eroberer wahrnahm, wie er über einer Ortschaft von Yucatan stehenblieb, das reich an Tempeln und Pyramiden ist, zeigt sicherlich das erneute Auftauchen einer in ihrer Wiedergeburt begriffenen Welt an, wie sie von Spanien physisch greifbar entdeckt worden war.

Die Vision von Gènes - wie auch die der Makkabäer - symbolisiert und bezeichnet den Kampf zwischen zwei entgegengesetzten Prinzipien. In der Vision von 1608 handelt es sich offenbar um die Welt der Renaissance, die sich der christlichen Welt entgegenstellt. Und der Kommentar des Chronisten ist glasklar: er ruft seine Zeitgenossen zum Kampf auf, indem sie, wie der heilige Petrus sagen würde, die Waffenrüstung des Glaubens anziehen sollen. Und was sind das für Waffen? Gebet und Buße. Es sind die einzigen Waffen, mit denen man dem Geist der Renaissance entgegenzutreten vermag.

Im übrigen sei uns erlaubt, eine ergänzende Bemerkung zu machen. Das 17. Jahrhundert ist ein Schlüsseljahrhundert. Der Geist der Renaissance hätte endgültig zurückgewiesen werden können. Vergessen wir nicht, daß gerade in diesem Jahrhundert die katholische Gegenreformation ihre schönsten Früchte trug. Und man begreift den Appell des Heiligsten Herzens Jesu, der durch Vermittlung von Margaretha Maria Alacoque, um 1680 herum, an König Ludwig XIV. erging, um den drohenden Ruin seines Hauses abzuwenden: «*Wenn er Meine Absichten ausführt, werde ich ihn zum Sieger über seine sichtbaren und unsichtbaren Feinde machen*»!

# III

# Von der Renaissance bis zum Ende des 19. Jahrhunderts

## Im 18. Jahrhundert

Greifen wir den weiter oben aus Jacques Vallées «Chronik der außerirdischen Erscheinungen» entlehnten Fallbericht nochmals auf[28].

«*Am 7.* ***Juni*** *1790 ereignete sich bei Alençon in Frankreich eine so fremdartige und aufsehenerregende Erscheinung, daß der Polizei-Inspektor Liabeuf den Befehl erhielt, eine genaue Untersuchung vorzunehmen. Hier ist ein Auszug aus seinem Bericht.*

«"*Um fünf Uhr in der Frühe des* ***12. Juni*** *haben mehrere Bauern eine riesige Kugel bemerkt, die von Flammen umgeben schien. Zunächst glaubten sie, es sei ein Ballon, der Feuer gefangen habe, doch die extreme Geschwindigkeit dieses* ***Körpers*** *und der schrille Ton, der von ihm ausging, beunruhigten sie. Die Kugel senkte sich langsam herab, schwang mehrmals hin und her und stürzte auf den höchsten Punkt eines Hügels, wobei sie den ganzen Abhang entlang Pflanzen ausriß. Die abgestrahlte Hitze war so groß, daß alsbald das Gras und die kleinen Bäume zu brennen anfingen. Es gelang den Bauern, des Feuers Herr zu werden, das sich in der Umgebung auszubreiten drohte. Die Kugel war noch am Abend heiß und etwas Außergewöhnliches, um nicht zu sagen Unglaubliches, geschah. Die Zeugen waren zwei Bürgermeister, ein Doktor und drei andere Persönlichkeiten, die*

---

28 Der Leser möge uns verzeihen, daß wir dieses früher schon zur Illustration unseres Themas verwendete Zitat nochmals bringen, aber die ihm nunmehr beigefügten Erläuterungen sind nützlich für die weitere Entwicklung unserer Argumentation.

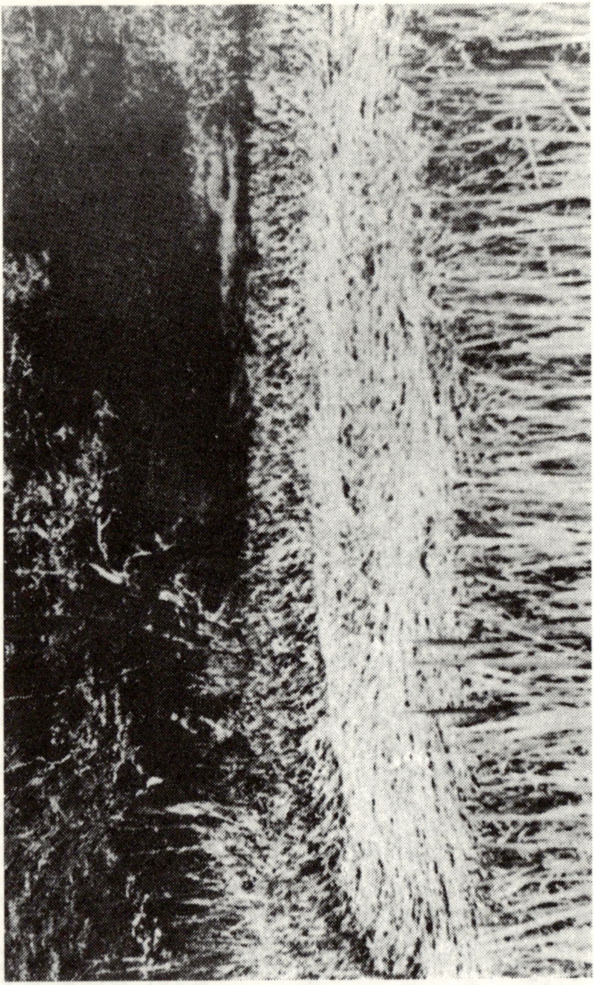

Januar 1966, Queensland/Australien. «Das Rätsel der Hufeisen-Lagune». Ein Dokument des «UFO Investigation Center» in Sidney

*meinen Bericht bestätigen, ohne von den dutzenden Bauern zu reden, die anwesend waren. Diese Kugel, die groß genug gewesen wäre, um einen Wagen aufzunehmen, hatte von diesem ganzen* ***Flug*** *nicht gelitten. Sie erregte die Neugierde in solchem Maße, daß die Leute von überallher kamen, um sie zu sehen. Da öffnete sich mit einem Schlag eine Art von Tür und, was bemerkenswert ist, eine Person wie wir kam heraus; aber diese Person war bizarr gekleidet. Sie trug ein Gewand, das ihr am Leib klebte, und angesichts dieser ganzen Menge sprach sie einige Worte, die man nicht verstand, und floh im Laufschritt in den Wald. Instinktiv wichen die Bauern vor Schrecken zurück, und das war ihre Rettung, denn danach zerbarst die Kugel geräuschlos, wobei Teile überallhin flogen, und diese Teile brannten, bis sie zu Pulver geworden waren.*

*"Man stellte Nachforschungen an, um den geheimnisvollen Mann zu finden, aber er schien sich in nichts aufgelöst zu haben."*»

Indes riskierte er nicht mehr das schreckliche Schicksal, von dem der Graf von Cabalis sprach, denn wir befinden uns im Jahre 1790; die Kapitularien Karls des Großen und Ludwigs des Frommen sind in der Nacht zum 4. August des Vorjahres untergegangen!

Wenn sich dieser Vorfall erstaunlich exakt in die Phantastereien von Montfaucon de Villars, Cyrano de Bergerac, Pico della Mirandola oder Fontenelle einfügt, so kommt noch etwas dazu: zum ersten Mal tritt eine Technologie in Erscheinung, die der uns bekannten gleicht - der Ballon von Pilâtre de Rozier war kaum zehn Jahre alt. Aber da ist vor allem das Ungewöhnliche, das Wunderbare, das Bizarre, das Abstoßende oder Schockierende, da sind die Flammen, das fremdartige Menschenwesen, der Lärm, die Verheerungen, das Verschwinden sowohl des Mannes als auch des Ballons, Dinge, die im übrigen weder die Zuschauer noch die Natur verschonen. Da ist der massive Einsatz sämtlicher Techniken des Beeindruckens und Schockierens der Gemüter durch das Spektakuläre, das Anstoßerregende und das Erschütternde. Alles das läßt uns kurioserweise an den «Verliebten Teufel» von Cazotte denken, einen ungewöhnlichen Roman vom Ende des 18. Jahrhunderts, der seinem Autor die «Ehre» verschaffte, bei den Rosenkreuzern eingeweiht zu werden. Cazotte setzt eine Mystifizierung in Szene, die unserem mysteriösen Ballon von Alençon nicht unähnlich ist. Der Hauptmann der königlichen Garde von Neapel, der junge Alvare, ein Freund der Kabbalisten, läßt sich dazu provozieren, Belzebub zu beschwören. Dieser präsentiert sich zunächst unter der furchteinflößenden Gestalt eines Kamels, nimmt zusätzlich, auf Don Alvares Bitten, die Gestalt eines Spaniels an, dann diejenige einer wollüstigen jungen Frau. Durch diese letztere Verwandlung wird er sich übrigens bemühen, aus dem Geist seines Alvare die peinliche Vorstellung des Kamels zu tilgen. Das gibt Cazotte die Gelegenheit, alle jene Kunstgriffe zu schildern, die Belzebub gewöhnlich anwendet, um den Menschengeist zu verführen, und selbstverständlich auch das Ziel, das er verfolgt. Mit Hilfe dieser wollüstigen Person wird Belzebub danach trachten, sich Don Alvare gefügig zu machen. Als ihm das nicht gelingt, läßt Cazotte dieses seltsame Abenteuer so enden:

*«Ein schriller Pfiff ertönte neben mir. Im selben Moment wich die mich umgebende Dunkelheit; das Gesims, das die Täfelung des Zimmers überragte, war ganz mit großen Schnecken besetzt. Ihre Fühler, die sie lebhaft und wie schaukelnd hin- und herbewegten, waren zu Strahlen phosphoreszierenden Lichtes geworden, dessen Glanz und Schein sich durch die Schaukelbewegung und die Dehnung der Fühler verstärkten.*

*«Fast geblendet durch diese jähe Illumination warf ich einen Blick zur Seite. Was erblickte ich inmitten einer entzückenden Gestalt? O Himmel!, es war der gräßliche Kopf des Kamels. Es artikulierte mit Donnerstimme dieses rätselhafte "Che Vuoi", das mich in der Grotte so sehr erschreckt hatte, brach in ein noch gräßlicheres menschliches Gelächter aus und streckte eine überlange Zunge heraus.*

*«Ich stürzte nieder, verkroch mich unter dem Bett, die Augen geschlossen, das Gesicht zur Erde gewandt. Ich fühlte mein Herz mit fürchterlicher Gewalt schlagen, ich erlitt eine Beklemmung, als ob ich den Atem verlieren sollte. Ich kann die Zeit nicht angeben, die ich in dieser unbeschreiblichen Lage verbracht zu haben glaubte, als ich mich am Arm gezogen fühlte. Meine Furcht*

*wurde noch größer. Gleichwohl gezwungen, die Augen zu öffnen, blendete sie ein gleißendes Licht.*

*«Es war mitnichten das der Schnecken, es gab gar keine mehr auf den Simsen. Aber die Sonne schien mir mitten ins Gesicht.»*

Und Cazotte beschließt diese merkwürdige Geschichte wie folgt:

*«Mit Sicherheit, Herr Alvare, sind Sie soeben der größten Gefahr entronnen, der ein Mensch durch seinen eigenen Fehler ausgesetzt sein kann. Sie haben den bösen Geist herausgefordert und ihm durch eine Reihe von Unklugheiten sämtliche Verkleidungen geliefert, deren er bedurfte, um Sie täuschen und verderben zu können. Ich habe nichts Vergleichbares in der Dämonenmanie von Bodin oder in der verzückten Welt von Bekker gelesen, und man muß zugeben, daß unser Feind, seitdem diese großen Männer geschrieben haben, seine Angriffsmethode ungeheuer verfeinert hat, indem er von den Schlingen profitierte, welche die Weltmenschen einander legen, um sich gegenseitig zu Fall zu bringen. Er ahmt die Natur getreu und wohlüberlegt nach, er setzt das Mittel liebenswürdiger Talente ein, er gibt selbstverständlich Feste, er redet die Leidenschaften in der verführerischsten Sprache an; er imitiert sogar bis zu einem gewissen Grade die Tugend. Das öffnet mir die Augen bezüglich vieler Dinge, die sich ereignen; ich sehe von daher Grotten, die sehr viel gefährlicher sind als die von Portici, und eine Menge von Besessenen, die leider nicht einmal ahnen, daß sie solche sind. Was Sie betrifft: sofern Sie weise Vorsichtsmaßregeln für die Gegenwart und Zukunft treffen, halte ich Sie für vollkommen befreit. Ihr Feind hat sich zurückgezogen, daran gibt es keinen Zweifel. Er hat Sie zwar versucht, aber es ist ihm nicht gelungen, Sie zu verderben: Ihre Absichten, Ihre Gewissensbisse haben Sie mit der Hilfe des außerordentlichen Beistands, der Ihnen zuteil wurde, bewahrt. Darum waren sein vermeintlicher Triumph und Ihre Niederlage für Sie und für ihn lediglich eine Illusion, von der die Reue Sie völlig reinwaschen wird. Was ihn angeht, so war der erzwungene Rückzug sein Los; doch bewundern Sie, wie er es verstanden hat, ihn zu tarnen und zum Abschied den Aufruhr in ihrem Gemüt und Bilder in Ihrem Herzen zurückzulassen, um seinen Angriff erneuern zu können, sobald Sie ihm dazu die Gelegenheit bieten.*

*Nachdem er Sie geblendet hatte, soweit Sie geblendet werden wollten, gehorchte er zwar, als er genötigt wurde, sich Ihnen in seiner ganzen Häßlichkeit zu zeigen, jedoch wie ein Sklave, der bereits den Aufstand vorbereitet; er will Ihnen keine einzige vernünftige und klare Idee hinterlassen, sondern vermischt das Groteske mit dem Schrecklichen, das Kindische seiner leuchtenden Schnecken mit der gräßlichen Entdeckung seines furchteinflößenden Kopfes, endlich die Lüge mit der Wahrheit, die Ruhe mit dem Wachen, dergestalt, daß Ihr verwirrter Geist nichts unterscheidet und daß Sie glauben könnten, die Vision, die Ihnen widerfuhr, sei weniger eine Wirkung seiner Bosheit als ein durch die Ausdünstungen Ihres Hirns bedingter Traum; aber er hat sorgfältig davon abgesondert die Vorstellung dieses angenehmen Phantoms, dessen er sich lange bedient hat, um Sie irrezuführen; er wird sie Ihnen näherbringen, falls Sie es ihm ermöglichen.»*

## Im 19. Jahrhundert

Wir werden uns an zwei Fälle halten, die perfekt den Geist der Renaissance illustrieren: zum einen die Erscheinung des «Engels Moroni» gegenüber dem ehrwürdigen Joseph Smith, dem Gründer der Sekte der «Mormonen», sowie die berühmte Welle von UFO-Erscheinungen, welche im Jahre 1897 über die Vereinigten Staaten hinwegging.

Hören wir zunächst, wie der ehrwürdige Joseph Smith die Erscheinung, in deren Genuß er kam, und die Sendung, die ihm auferlegt wurde, schildert:

*«Während ich solchermaßen damit beschäftigt war, Gott anzurufen, bemerkte ich, daß ein Licht in meinem Zimmer erschien; das Licht nahm soweit zu, daß das Zimmer heller war als zur Mittagsstunde, und mit einem Mal tauchte jemand neben meinem Bett auf: er schwebte in der Luft, denn seine Füße berührten mitnichten den Boden. Er war mit einem einfachen Gewand vom erlesensten Weiß bekleidet, von einem Weiß, das dasjenige aller irdischen Dinge übertraf, die ich jemals gesehen hatte, und ich glaube nicht, daß überhaupt irgend etwas Irdisches so außerordentlich weiß und glänzend gemacht werden kann. Seine Hände waren nackt, seine Arme oberhalb der Handgelenke auch; seine*

*Füße waren nackt und seine Beine etwas oberhalb der Knöchel ebenfalls. Sein Kopf und sein Hals waren gleichfalls nackt. Ich konnte feststellen, daß er keine andere Bekleidung trug als dieses Gewand, das offen war, so daß ich seine Brust sehen konnte. Nicht bloß sein Gewand war äußerst weiß, sondern seine ganze Person war herrlich jenseits jeder Beschreibung und sein Gesicht war wirklich wie der Blitz. Das Zimmer war außerordentlich hell, jedoch nicht so strahlend wie in der unmittelbaren Umgebung seiner Person. Anfangs war ich erschrocken, ihn zu sehen, doch bald verließ mich die Furcht.*

*«Er rief mich bei meinem Namen und sagte mir, er sei ein von der Seite Gottes zu mir gesandter Botschafter und sein Name sei Moroni; Gott habe ein Werk für mich, das ich vollbringen müsse, und mein Name werde im Guten wie im Bösen bekannt werden unter allen Nationen, Rassen und Sprachen, oder man werde davon Gutes und Böses unter allen Völkern reden.*

*«Er sagte, es existiere ein verborgenes Buch, geschrieben auf Platten aus Gold, das die Geschichte der früheren Einwohner dieses Kontinents (Amerika) erzähle und die Quelle angebe, aus der sie stammten. Er sagte auch, die Fülle des ewigen Evangeliums sei darin enthalten, so wie sie durch den Erlöser seinen früheren Einwohnern gegeben worden sei.*

*«Überdies, daß zwei in silbernen Bögen enthaltene Steine, die, auf einem Bruststück befestigt, das darstellten, was man das Urim und Thummim nennt, zusammen mit den Tafeln ans Licht kommen würden; daß das Wissen um die Verwendung dieser Steine es gewesen sei, was in den alten Zeiten die "Seher" hervorgebracht habe, und daß Gott die Steine für die Übersetzung des Buches bereitet habe.»*

Dieser Bericht erinnert uns an denjenigen von der Erscheinung des Engels am Fenster des Sonnenuntergangs im Jahre 1581 gegenüber John Dee, dem Alchemisten der Königin, den Jacques Vallée bringt[29]. Auch John Dee empfängt von dem «Engel» einen geheimnisvollen Stein, der es ihm erlauben wird, sonderbare Schriften zu entziffern und in der Zukunft zu lesen. Dafür begegnen wir im Falle von Smith einer präziseren Sendung. Es handelt sich darum, eine «verschwundene» Zivilisation «bekanntzuma-

---

29 «Das unsichtbare Kollegium», Seite 110.

chen», diejenige der direkt vorhergehenden Einwohner des nordamerikanischen Kontinents, die damals durch den Erlöser «erleuchtet» worden waren. Das wiederum erinnert nun merkwürdig an den Mythos der Eingeweihten vom Wiederauftauchen, von der Wiedergeburt von Atlantis, das man just jenseits der Säulen des Herkules am Ort dieses Kontinents ansiedelte: Atlantis, Mythos und/oder Wirklichkeit, Symbol nicht nur des Heidentums und seiner Mysterien, sondern vor allem der technologischen Wunder am Ursprung der Raumschiffe, der Vimanas.

Und es hat im übrigen seinen Grund, daß am Ende dieses Jahrhunderts, das danach strebte, «Wissenschaft und Magie» in einer großen Synthese zu vereinigen, die USA von einer nie dagewesenen UFO-Welle überrollt wurden, derjenigen des Jahres 1897. Nachstehend das, was man darüber bei Jacques Vallée findet[30]:

*«Am 26. März 1897, nachts, in Sioux City (Iowa), wurde Robert Hibbard 22 Kilometer nördlich der Stadt von einem Anker erfaßt, der aus einer unbekannten Flugmaschine herabhing. Er wurde 10 Meter weit geschleift und fiel zu Boden, als seine Kleider zerrissen.*

*«Am 28. März 1897, um 22 Uhr 30, in Omaha (Nebraska) beobachtete die Mehrheit der Bevölkerung ein aus Südosten herannahendes Objekt. Es glich einem riesigen Licht, flog langsam in Richtung Nordwesten und senkte sich auf eine geringe Höhe ab. Die Menge sammelte sich an einer Straßenecke, um es zu beobachten.*

*«1. April 1897, Everest (Kansas):*

*«Die ganze Stadt sah ein Objekt unter der Wolkendecke im Südosten fliegen. Es senkte sich langsam herab und flog dann rasch in Richtung Südosten davon. Während es sich genau über der Stadt befand, beschien es den Erdboden mit einem starken Licht. Man sah es mit einer phantastischen Geschwindigkeit aufsteigen, bis es kaum noch wahrzunehmen war, dann wieder herabsinken und gemächlich in niedriger Höhe über die Zeugen hinwegfliegen. In einem bestimmten Augenblick blieb es fünf Minuten lang unbeweglich am Saum einer niedrigen Wolke, die es an-*

---

30 «Chronik der außerirdischen Erscheinungen».

*leuchtete. Alle konnten die Silhouette der Maschine sehr deutlich sehen.*

*«12. April 1897, 14 Uhr 30, Nilwood (Illinois):*

*«Auf dem Grundeigentum von Mr. Thackers, 19 Kilometer entfernt von Carlin-ville, ist ein unbekanntes Objekt gelandet. Noch bevor die drei Zeugen die Maschine, geformt wie eine Zigarre mit einer Kuppel, zu erreichen vermochten, erhob sich diese gemächlich und entfernte sich majestätisch in Richtung Norden. Zeugen: die Herren Edward Temple, William Strait und Franklin Mitcolf.*

*«12. April 1897, 18 Uhr, Girard bei Green Ridge (Illinois):*

*«Eine große Schar von Grubenarbeitern hat drei Kilometer nördlich von Green Ridge und 4 Kilometer südlich von Girard ein unbekanntes Objekt landen gesehen. Der Angestellte des Nachtdienstes der Eisenbahnlinie Chicago-Alton, Mr. Paul Mc Cromer, hat erklärt, er habe sich der Maschine hinlänglich weit genähert, um einen Mann zu sehen, der aus ihr ausstieg, um den "Motor" zu reparieren. Man hat Spuren auf einer großen Fläche gefunden. Das Objekt selbst war langgezogen wie ein Schiff, mit einem Dach und einer doppelten Kuppel.*

*«14. April 1897, 15 Uhr, Gas-City (Indiana):*

*«Ein Objekt ist zwei Kilometer von Gas-City auf dem Besitztum von Mr. John Roush gelandet, hat die Pächter erschreckt und die Pferde und das Vieh in die Flucht getrieben. Sechs Insassen stiegen aus und schienen einige Reparaturen vorzunehmen. Bevor sich die Menge dem Objekt nähern konnte, erhob es sich schnell und flog nach Osten davon.*

*«14. April 1897, Cleveland (Ohio):*

*«Joseph Simplon, Kapitän der "Sea Wing", unterhielt sich mit S.H. Davis aus Detroit, als sie auf dem See etwas erblickten, was sie für ein Boot von ungefähr 13 Metern Länge mit einer Kuppel hielten. Ein etwa 25jähriger Mann, der eine Jagdweste und einen Mütze trug, fischte von der Brücke des Objekts aus. Bei ihm waren eine Frau und ein zehnjähriges Kind. Als sich die "Sea Wing" der Maschine näherte, erhob sich aus der Maschine heraus ein großer farbiger Ballon, der mit ihr bis auf eine Höhe von annähernd 150 Metern stieg und begann, Kreise wie ein Falke zu ziehen, bevor er endgültig davonflog.*

*«17. April 1897, morgens, Wilhamston (Michigan):*

*«Mindestens ein Dutzend Landpächter haben am Morgen einen Apparat eine Stunde lang am Himmel manövrieren sehen, bevor er landete. Ein ungefähr drei Meter hohes, fast nacktes und unter der Hitze leidendes Wesen war der Pilot der Maschine. Seine gleichsam musikalische Stimme schien eine Folge von Brüllauten zu sein. Einer der Bauern näherte sich ihm und erhielt einen Schlag, der ihm die Hüfte brach.*

*«6. Mai 1897, Hot Springs (Arkansas):*

*«Zwei Polizisten, Simpter und Mc Lenore, waren zu Pferd nordwestlich dieser Stadt unterwegs, als sie ein strahlendes Licht am Himmel erblickten. Kurz darauf erschien das Licht erneut und sank zum Erdboden herab. Einen Kilometer weiter weigerten sich die Pferde, weiterzugehen. Die Polizisten griffen zu den Waffen und riefen die Fremden an. Diese erklärten ihnen, sie durchquerten das Land in einem Flugapparat. Man nahm auf der Lichtung den Umriß der Maschine wahr, die eine Länge von etwa zwanzig Metern hatte. Ganz nahe dabei befand sich eine Frau mit einem Regenschirm. Es regnete. Der jüngere der beiden Männer füllte einen großen Behälter mit Wasser. Der andere, der einen Bart trug, schlug den Polizisten vor, in ihre "Maschine" zu steigen, um sich an einen Ort zu begeben, wo es nicht regnete. Dieselben Zeugen passierten vierzig Minuten danach nochmals denselben Ort. Es war nichts mehr da . . .»*

Brechen wir diese langweilige Auflistung hier ab, denn Jacques Vallée bringt noch zehn weitere Fälle. Aber wir sehen schon, daß sie vollkommen die Vorhersage des Kabbalisten Zedechias, des über zweihundertfünfzig Jahre alten Einweihungsromans von Montfaucon de Villars erfüllen. Alles ist vorhanden, einschließlich der Entführungsversuche, mit Ausnahme freilich des Verhaltens der armen Sterblichen. Da die Kapitularien von Ludwig dem Frommen nicht mehr da sind, um sie zu schützen, sind sie es, die nun ihrerseits die Schläge erhalten, wie diese gebrochene Lende des allzu neugierigen Landpächters zeigt. Man begreift dann auch, was bei Albert Einstein, diesem großen Wissenschaftler und zugleich großen Kabbalisten, bloß eine scherzhafte Bemerkung zu sein schien:

*«Die fliegenden Untertassen sind ein Volk, das die Erde vor 10000 Jahren verlassen hat; es kehrt zurück auf der Pilgerfahrt zu den Quellen.»*

Das war nur scheinbar ein Witz, selbst wenn man es buchstäblich nimmt, denn es handelt sich tatsächlich um die Rückkehr der Söhne Gottes, von der die Genesis spricht, *«die sich die Töchter der Menschen nahmen»*.

*«Zurückkehren werden die Götter, die du beweinst alle Tage,*
*«Die Zeit wird neu sie bringen, die Ordnung der alten Tage.»*

Dieser Vers von Gérard de Nerval ist sicherlich die passendste Schlußfolgerung, die wir am Ende dieses flüchtigen geschichtlichen Überblick nur immer ziehen könnten.

# ZWEITER TEIL

# DIE AUSSERIRDISCHEN IM ZWANZIGSTEN JAHRHUNDERT

## Allgemeine Theorie der UFOs

## I

## Die drei Ebenen des Phänomens der Außerirdischen bzw. der UFOs

Das UFO-Phänomen hat sich im Laufe des 20. Jahrhunderts unaufhörlich fortentwickelt, mit phantastischer zeitlicher wie räumlicher Beschleunigung. Seit 1945 ist es im Gleichschritt mit der Globalisierung des Bewußtseins universal geworden. Wie wir bereits festgestellt haben, hat es den Menschen und sein Schicksal allezeit - trotz der Ausfälle [im Mittelalter] - mit einer extremen Wandlungsfähigkeit begleitet. Diese Beständigkeit des Phänomens hat die Ufologen zu dem Schluß geführt, es sei der eigentliche Wesenskern aller Religionen, mithin *der* Religion. Doch wie wir entlang der Geschichte aufgezeigt haben, ist sein Auftreten unvereinbar mit bestimmten religiösen Äußerungen; das Christentum ist ihm unerträglich, ja sogar verhaßt, und es vermag es als solches nicht zu vereinnahmen.

Aus diesem Grunde ist es, wie wir bereits in der Einführung gesagt haben, angebracht, die Aussage der Ufologen umzudrehen und zu bekräftigen, daß das UFO-Phänomen eine religiöse Kundgabe darstellt, die *eine bestimmte* Religion ankündigt. Mehr noch, durch seine Suggestion des Wunderbaren im kollektiven Unbewußten ist es der Katalysator, «der alchemistische Beschleuniger» der ökumenischen Versöhnung von «Über-Wissenschaft» und «Über-Religion»[1]. Es fehlte den beiden in der Renaissance aufgestellten Säulen noch *die Zinne* des Tempels, die ihn krönen und die bis heute mit dem Schleier der Isis bedeckt bleiben sollte, der dem «ehrwürdigen»[2] Papus so teuer war. Wir beginnen zu ahnen, worauf das UFO-Phänomen uns vorbereiten soll: darauf, daß man den Menschen die Sephirot-Krone, das Ain-soph der Kabbala, präsentiert, von der Gérard de Nerval sagte:

*«Die Dreizehnte kehrt zurück, sie ist wieder die erste . . . Die Heilige des Abgrunds ist heiliger in meinen Augen, denn sie ist es, die durch die Barmherzigkeit alles wiederaufrichten wird, was für zwölf Stunden verwüstet worden ist.»*

Wie im Tempel mehrere Grade existieren: der Vorhof der Heiden, die Säulenhalle der Juden und das Allerheiligste, und drei Einweihungsgrade in den Logen: Lehrling, Geselle, Meister[3], so bestehen auch drei Wahrnehmungsebenen des UFO-Phä-

---

[1] Jacques Vallée bestätigt in «Das unsichtbare Kollegium» diese Sichtweise, wenn er schreibt: *«Falls irgendjemand einen tiefgreifenden Einfluß auf die menschliche Gesellschaft ausüben wollte, den weder die kultivierte Minderheit noch die Kirche noch die Militärbehörden aufzudecken vermöchten und der auch weder die Ebene der Politik noch das Räderwerk der Verwaltung störte, obwohl er auf ganz grundlegender Ebene die Keime einer philosophischen Revolution ausstreute, würde er nicht anders handeln . . . Ich glaube, daß das nächste Stadium des UFO-Phänomens die Einpflanzung eines allgemeinen Glaubens an die Außerirdischen ist.»* Man kann es nicht treffender sagen. Er könnte wohl noch anfügen, daß in diesem Stadium die Konsequenzen für die Kirche und die Staatsgewalt leider sehr einschneidend sein würden. Wir verweisen ihn auf das magistrale Werk des Abbé Barruel *«Erinnerungen als Beitrag zur Geschichte des Jakobinismus»* [*«Mémoires pour servir à l'histoire du Jacobinisme»*], Verlag D.P.F. [Diffusion de la Pensée Française], Chiré-en-Montreuil.

[2] Unübersetzbares Wortspiel, denn «vénérable» heißt nicht nur «ehrwürdig», sondern ist zugleich die offizielle Bezeichnung des Meisters vom Stuhl einer Freimaurerloge.

[3] Diese drei Grade stehen übrigens symbolisch für die drei Orden der Maurerei:
- Die blaue, esoterische Maurerei, die diese drei Einweihungsstufen: Lehrlinge, Gesellen, Meister, umfaßt und die Schule ist, aus deren Innerem sich die Jünger der beiden anderen Orden rekrutieren, deren Vorzimmer sie bildet: der roten und der schwarzen Maurerei.

nomens: die augenscheinliche, die symbolische und die mystische Ebene. Aber es ist wichtig, jetzt schon darauf hinzuweisen, daß im vorliegenden Falle der «Geber» und der «Empfänger», der «Eingebende» und der «Empfangende» ein dialektisches Paar wechselseitigen Austauschs[4] bilden, bei dem es in Wirklichkeit der «Empfänger» ist, der zum «Geber», der «Empfangende», der zum «Eingebenden» wird; kurzum, es ist der Mensch, der im mehrfachen Sinne des Wortes von dem Phänomen «besessen» wird. Diese ihm innewohnende Dialektik ist, in ihren Beziehungsgliedern wie in ihrer Zielrichtung, eine regelrechte Umkehrung der Gnade.

## Die augenscheinliche Ebene

Die Erscheinungen, grobschlächtig genug in ihren Auftritten, siedeln sich auf der Linie der Vimanas an, des Tierwesens des heiligen Antonius, des Ballons von Alençon, der Welle von Erscheinungen des Jahres 1897 in den USA. Sie suggerieren dem Beobachter die Möglichkeit des Vorhandenseins anderer intelligenter Zivilisationen im Weltall. Sie improvisieren über das Thema der Vielzahl bewohnter Welten. Das Buch von Hynek[5] wimmelt von Beispielen dieser Art. Durch ihren außergewöhnlichen und geheimnisvollen Charakter bringen die Erscheinungen die überlieferten Darstellungsweisen des Kosmos ins Wanken.

---

- Die rote oder philosophische Maurerei, die auf die Ebene des dreiunddreißigsten Grades führt und den Jünger auf den dritten, den schwarzen Orden vorbereitet.
- Die schwarze Maurerei, bestehend aus den wahrhaftigen Mitarbeitern Satans in dieser Welt.

4 Jacques Vallée ist ebenfalls dazu gelangt, dieses Phänomens zu konstatieren: *«Es kann sich auch um eine Form des Denkens handeln, die Elemente aus dem Gehirn der anwesenden Personen entlehnt und sich gemäß dem modelliert, was sie dort vorfindet. Das ist der Ort, wo wir die UFOs finden. Befinden sie sich in der Gegenwart eines Arztes? Sie heilen ihn. Treffen sie auf ihrem Weg einen Versuchspiloten? Sie zwingen ihn zur Landung. Vor einem tschechischen politischen Flüchtling nehmen sie die Gestalt eines russischen Piloten an. Mit einem amerikanischen Bauern unterhalten sie sich über chemische Düngungsmethoden, die den Ertrag des Bodens steigern. Erscheinen sie einem Polizisten in Nebraska, ziehen sie eine Waffe, eine Gaspistole, eine Blitzvorrichtung. Anders gesagt, die UFOs präsentieren bei jeder Begegnung eine Szene, welche die in der Realität des Zeugen verfügbaren Elemente benutzt.»*

5 *J. Allen Hynek*, Les objets volants non identifiés, mythe ou réalité? (Die nichtidentifizierten Flugobjekte, Mythos oder Realität?), in der Reihe «J'ai lu».

Diejenigen, die in den «Genuß» kommen, werden auf diesen Schock hin ganz von selbst dazu gebracht, sich in Richtung der symbolischen Ebene auf den Weg zu machen.

### Die symbolische Ebene

Es sind nicht mehr bloß die Sinne des Zuschauers, die erschüttert werden: es ist auf dieser Ebene nun auch der Geist betroffen, sofern er nämlich sucht, diesem Geheimnis einen Sinn zu geben. Er wird verzehrt von der Forscherleidenschaft, wie der Archäologe angesichts der his heute nicht entzifferten Maya-Schrift oder wie der Mathematiker auf der verzweifelten Suche nach einer einheitlichen Gleichung des Universums. Doch dann lichtet sich der Horizont. Der Mensch erfährt, daß es keine andere Wirklichkeit gibt als die menschliche Natur selbst. Der Mensch ist folglich ewig und Herr der Welten. Die kontaktaufnehmende Wesenheit ist nichts anderes als er selbst, der Mensch, die kontaktierte Wesenheit, aber in der Potenz N. Genau das lehrt uns der Sechszackstern des Salomonssiegels[6].

### Die mystische Ebene

Der Mensch kann sich fortan der mystischen Suche nach der Potenz N widmen, durch Einweihungsprüfungen unter dem Beistand der Beatrix[7], der mit ihm Kontakt aufnehmenden Wesenheit. Es ist eine wahrhaftige Suche nach dem Heiligen Gral, die beginnt, eine Suche nach diesem mystischen Baum, genannt der Baum des Lebens, der dem menschlichen Blick nach dem Sündenfall entzogen wurde und den die Cherubim bewachen. Satan aber, im Schatten kauernd, wartet zweifellos darauf - wie einst im Garten Eden -, daß der Mensch die Frucht vom Baum pflückt, um sie ihm zu entreißen[8].

---

6 Man findet auf Seite 226 des «Wörterbuchs der Einweihung» (*Hervé Masson*, Dictionnaire Initiatique, Éditions Pierre Belfond) eine Ausdeutung dieses sechsarmigen Sterns, der aus zwei gleichseitigen, umgekehrten Dreiecken besteht.

7 Begleiterin des Dichters der «Göttlichen Komödie», die ihn durch die Kreise der Hölle und des Fegfeuers führt.

8 Vergleiche die fünf Bücher Mosis.

Drei Beispiele veranschaulichen diese mystische Ebene: dasjenige von John Dee im 16. Jahrhundert, das des ehrwürdigen J. Smith, des Gründers der Mormonensekte im 19. Jahrhundert und das von Uri Geller, der unser Zeitgenosse ist. Im ersten Falle handelt es sich um das Lebenselixir oder das Gold der Weisheit; im zweiten um die Entdeckung einer Uroffenbarung, im dritten um eine bestimmte zu erfüllende Sendung, deren Beglaubigungsschreiben darin besteht, vor unseren Augen paranormale Begabungen zu entfalten: Beschwörung, Telepathie, Formveränderung von Gegenständen aus der Ferne oder Psychokinese. Alle diese «Charismen» erinnern unzweideutig an jene, mit denen die ägyptischen Priester ausgerüstet waren[9].

Diese Ebene gewinnt im Zentrum des UFO-Phänomens zunehmend an Bedeutung; sie ist sein logisches Endergebnis und führt den Menschen der Wissenschaft, der sich dafür interessiert und es erklären will, zur Wiederentdeckung des alten Gnostizismus der jüdischen Sekten der ersten Jahrhunderte unseres Zeitalters. Gerade so erklärt Professor Miklos, ein rumänischer Wissenschaftler, das UFO-Phänomen:

*«Die aufsteigende Verwandlung der Materie im Laufe ihrer Evolution hat, dank dem Gehirn/Geist, eine offensichtlich nichtmaterielle Wesenheit entstehen lassen.*

*«Es existiert tatsächlich eine Art von immaterieller "anderer Welt", die gelegentlich mit unserer materiellen Welt reagiert, und es existiert eine Welt der UFOs, die uns PSI-Ereignisse beschert.»*

Pater Teilhard de Chardin hätte es in seinem halb wissenschaftlichen, halb religiösen Kauderwelsch nicht besser gesagt. Wir befinden uns im Herzen der großen esoterischen Mysterien: der Wiederaufstieg des Geistes aus der Materie . . . bis zu seiner Verschmelzung mit dem Weltgeist. Das ist der trockene Weg der Alchemisten, derjenige, der sicherer und müheloser zu den Sternen, zur Begegnung mit dem Weltgeist führt. Dort vollendet sich die Wiedergeburt.

---

9 Wie schon im historischen Teil sind die Fälle, die wir anführen, den Werken von Jacques Vallée, Guy Tarade, Professor Hynek und einigen anderen Autoren entnommen, die wir jeweils angeben werden. Wir besitzen keine ungedruckte Dokumentation.

Wir werden nun jede dieser drei Ebenen studieren und dabei von Kundgaben Außerirdischer ausgehen, die im Zeitraum nach 1945 aufgezeichnet worden sind.

**Erklärung der augenscheinlichen Ebene**

Das Beispiel, das wir zur Illustration heranziehen, ist dem Werk «Das unsichtbare Kollegium» von Jacques Vallée entnommen.

*«Am 15. Juni 1966 machte im Aveyron eine 76jährige Frau die erste Beobachtung einer bemerkenswerten Serie, die gänzlich auf ein alleinstehendes Gehöft konzentriert war. Das Gebäude ist sehr alt und umfaßt zehn Zimmer, deren Fenster nach Süden gehen und eine hervorragende Aussicht bieten.*

*«"Ich war am Fenster, nur eben für einen Augenblick, weil man in meinem Alter das Bedürfnis nach frischer Luft hat, egal wo man ist. Aber ich habe noch nie Lichter gesehen wie das da, nichts Vergleichbares! Das waren nicht einfach Lichter, das waren Feuer!"*

*«Die alte Frau bekam Angst, und die Worte, die sie wählt, um ihre Beängstigung zu beschreiben, übermitteln exakt das Gefühl, das zahlreiche Zeugen in allen Sprachen auszudrücken versucht haben:*

*«"Alle diese Feuer, ich bin zu alt, ich will keine solchen Dinge sehen, was wird mit uns allen noch passieren! Dann hat sich das noch bewegt, in der Ecke des Weinbergs, entsinnst du dich* (zu ihrem Schwiegersohn gewandt), *das war, als ich dich gerufen habe, als ich Angst hatte. Aber wenn das näher kommt, wird es in die Scheune gehen und alles wird in Flammen aufgehen, das Haus und wir mit. Da habe ich ihn gerufen, ich habe ihn gerufen."*

*«Herr Fernand Lagarde, der eine gedrängte Untersuchung dieser Ereignisse durchgeführt hat, kam in seinem Bericht zu dem Schluß:*

*«"Das Grausen vor dem Feuer verfolgt alle Leute auf dem Land. Kopflos, in Schrecken versetzt, ruft sie ihren Schwiegersohn zu Hilfe, und später wird sie uns sagen, daß sie vollständig bekleidet zu Bett gegangen ist, weil sie sich davor fürchtete, was*

*geschehen könnte. Das ist eine Geschichte, die alle Anzeichen der Wahrheit aufweist."*

Jacques Vallée fährt fort:

*«Diese feurigen Objekte hatten tatsächlich das Aussehen von Kugeln, welche die Gegend in einer gesteuerten Bewegung durchquerten. Der Schwiegersohn, der den Hof betreibt, bestätigt die Aussagen der alten Frau. Er ging hinaus, um sich vor Ort ein Bild zu machen. Die Objekte, sagt er, waren unten abgerundet und vergingen auf der Stelle, als würden sie von einem Unterbrecher kontrolliert. In einem bestimmten Augenblick sah er ihrer nicht weniger als sechs, in wenigstens zwei Kilometern Entfernung, die mit der Geschwindigkeit eines Traktors eine Reihe bildeten und in einem großen Objekt aufgingen, das einer erleuchteten Granate glich. Alles verschwand und der Zeuge kehrte total verblüfft ins Haus zurück. Dieses Gefühl war ganz klar in den auf Magnetband aufgenommenen Unterhaltungen, die ich angehört habe. Lagarde bestätigt, daß alles in dieser Geschichte den Zeugen irrational vorkam. Es ereignete sich in einer ruhigen Nacht, lautlos, wie im Traum, wie etwas Unwirkliches.*

*«Die Lichtkugeln kehrten sechs Monate später, näherhin am 6. Januar 1967, auf den Hof im Aveyron zurück. Der Landpächter war hinausgegangen, um nach den Tieren zu sehen, als er plötzlich fünfzig Meter entfernt eine Kugel sah. Er beschloß, "hinter das Ding zu gehen, um zu sehen, was das war", weil er schon vermutete, es gebe da "eine Vorder- und eine Rückseite". Doch als er das Hoftor passierte, war die Kugel vor ihm und erwartete ihn! Dabei hatte er sie einen Augenblick zuvor im Hofraum zurückgelassen! Der Mann beschloß, eine Abkürzung auf einem Weg zu nehmen, der querfeldein führt, um aufs Neue "hinter" das Ding zu gelangen, aber es folgte ihm wie ein treuer Hund 60 Meter weit und blockierte dann den Beginn des Pfads!*

*«" - Dieses Ding da ist mir 60 Meter weit gefolgt, ungefähr . . ., und dann war da ein schmaler Weg, wo ich es vorbeilassen wollte . . ., um hinten herum zu gehen, und da ist 'das' mir auf dem ganzen Weg gefolgt . . . bis ich dort stehenblieb, wo ich hinten herum gehen wollte, und die Maschine ist dort gleichfalls stehengeblieben, ausgerechnet am Anfang des Wegs. Dann habe*

*ich mir gesagt, da gibt's nichts zu diskutieren, ich komme da nicht durch."*

*«Bei der Rückkehr ins Haus rief der Landpächter seinen Sohn, und als sie hinaustraten, erblickten sie zehn Kugeln, die ihnen solche Angst einjagten, daß sie sich wieder in das Gebäude zurückzogen. Das große Objekt in Form einer Granate war auch da, und es sandte einen Lichtstrahl ähnlich wie ein Leuchtturm aus.»*

Und Jacques Vallée fährt mit dem Bericht dieser Untersuchung weiter:

*«" - Es gab da oben etwas wie einen Leuchtturm, genau am Ende, und er erleuchtete dieses Fenster, das da oben gegenüber geöffnet ist."*

*«"- War das ein breitgestreuter Lichtstrahl, oder eher ein konzentrierter?"*

*«" - O, konzentriert, stark konzentriert."*

*«" - Und das erleuchtete Ihr Zimmer."*

*«" - Ja, das erleuchtete . . . indem es kam und ging . . . das drehte sich . . . das drehte sich immer!"*

*«" - Das drehte sich in der Runde, wie ein Leuchtturm?"*

*«" - Ja, mehrmals, das drehte sich in der Runde, aber das war da, schon um 11 Uhr abends, vielleicht ein Viertel nach elf, irgendwann um diese Zeit. Und dann, mit einem Schlag, ist alles erloschen. Alles ist erloschen, ich habe nichts mehr gesehen. Ich weiß nicht, ob es immer noch da war oder ob es abgehauen ist."*

*«Der Höhepunkt dieser Reihe von Beobachtungen im Aveyron»*, fährt Jacques Vallée fort, *«die ich hier nur zusammenfasse, ereignete sich am 11. Januar 1967, als der Sohn die Granate nahe bei dem Haus niedergehen sah. Er näherte sich ihr im Wagen und sah, daß sie riesige Ausmaße hatte. Zwei der kleinen Kugeln fuhren in sie hinein, dann wurde sie sehr strahlend. Der Zeuge vernahm ein Pfeifen, und sie verschwand, nachdem sie sich um 45 Grad geneigt hatte. Ihr Verschwinden ging mit unglaublicher Schnelligkeit vor sich. Ein anderes Objekt kam an. Es hatte die Form einer Scheibe mit zwei durchsichtigen Kuppeln auf ihrem höchsten Punkt, und in ihrem Innern . . .»*

Und der Zeuge erzählt:

*«" - Nun denn, im Innern schien es mir, als ob das von einem grünen Licht in den beiden Kuppeln erleuchtet würde, und ich sah, . . . aber halten Sie fest, daß ich nicht sicher bin, es war sehr finster, man könnte sagen, daß es so etwas wie Nebel drinnen oder draußen gab, ich weiß nicht. Drinnen oder draußen, ich weiß nicht, jedenfalls glaubte ich, zwei . . . nun, ich habe zwei Personen gesehen . . . menschliche Wesen, verstehen Sie? Kosmonauten. Sie trugen Pilotenanzüge, grün mit weißen Streifen."»*

Dieses Objekt schwang an Ort und Stelle hin und her, von vorn nach hinten. Der Untersuchende stellt weitere Fragen:

*«" - Die Türen des Wagens, waren sie die ganze Zeit geschlossen?"*

*«" - Ja, ja, ich mußte das Wagenfenster öffnen, glaube ich, oder es war vielleicht hinterher, als das weg war, daß ich das Fenster geöffnet habe . . . und dann habe ich eine Hitzewelle gespürt und ich habe mich fast gefühlt . . . ich konnte die Hände oder die Füße nicht bewegen, solange das gedauert hat . . . "*

*«(...) Danach hatte der Zeuge Probleme mit dem Wachbleiben. Er begann, zwanzig Stunden am Tag zu schlafen, und suchte entgegen dem Rat seiner Eltern keinen Arzt auf. Er konnte sich nicht auf den Füßen halten, wenn "das ihn packte", und diese Störungen hielten zwei Monate lang an.*

*«Etwas anderes ereignete sich immer in Verbindung mit seinem Schlaf. Bei Tagesanbruch, um 4 oder 5 Uhr in der Frühe, schien es ihm, daß sein Geist "schwebenderweise spazierenging". Sein Denken blieb rege, obwohl sein Körper gelähmt war und er fühlte, wie sein Bewußtsein seinen Körper verließ.»*

Jacques Vallée macht noch die folgenden, besonders beunruhigenden Anmerkungen:

*«Im Laufe der Gespräche mit den Untersuchenden habe ich Tatsachen erfahren, welche sie nicht als mit dem UFO-Phänomen in Verbindung stehend betrachteten. Dennoch haben sie aus der Perspektive, die wir hier zugrundelegen, einen Bezug auf die Veränderungen im Verhalten des Zeugen und auf Wandlungen seiner religiösen Anschauungen. Diese Veränderungen nehmen die Form eines neuen "Sich-bewußt-werdens" der ihn umgebenden Welt an. Er überrascht alle Welt in dieser abgelegenen Re-*

*gion Frankreichs dadurch, daß er den jungen Leuten empfiehlt, Astronomie und Naturwissenschaft überhaupt zu studieren. In den privaten Diskussionen mit den Untersuchenden, die seinen Fall verfolgten, erwähnte er eines Tages "im Vorübergehen", daß er bald ein Buch schreiben müsse. Man machte ihn darauf aufmerksam, daß er praktisch ein Analphabet war.*

*«" - Sie haben mir gesagt, ich solle mir deswegen keine Sorgen machen", antwortete er. "Wenn der Moment gekommen ist, werde ich wissen, was geschrieben werden muß."»*

Wie im Falle des Ballons von Alençon von 1790 oder der Welle von 1897 in den USA, so dringt auch hier etwas Irrationales lärmend und bedrohlich in das Leben einfacher Leute ein, die keineswegs zu mystischem Überschwang neigen. Ihre erste Reaktion ist die Furcht vor einer Gefahr für ihre Ernte oder ihr Vieh. Die zweite Reaktion ist ein tiefgehender gefühlsmäßiger Schock angesichts des irrationalen Charakters des Phänomens, der die Gemüter erschüttert. Ein Korrespondent von Jacques Vallée wird nach der Lektüre seines Buches schreiben:

*«Ich hatte geglaubt, Engel zu sehen; jetzt weiß ich, daß es sich um die UFOs steuernde Kosmonauten handelt.»*

So gewinnt das Universum mit einem Mal die Dimension des Unendlichen. Die Frage lautet nicht mehr, ob es geschaffen oder ungeschaffen ist.

Der Begriff der «Genese» des Universums verliert seinen Sinn. Dieses Rätsel, das die Menschen bedrängt, ist tatsächlich nicht mehr von Interesse. Was zählt, ist, daß der Mensch und das Universum einander entsprechen - in einer magischen Beziehung der Umkehrbarkeit. Das Universum ist, letzten Endes, der Mensch, und der Mensch ist die alleinige Synthese des Universums.

Der Zeuge vom Aveyron vermag nicht mehr zu unterscheiden, ob die «Menschen», die er wahrzunehmen glaubte, innerhalb oder außerhalb der Kuppeln waren. Das Phänomen bringt dem Menschen nichts außer der Botschaft, daß er das Abbild des unendlichen Weltalls ist. Die Wissenschaft könnte ihn, vielleicht, eines Tages, diesen Spiegel durchstoßen lassen, um seiner eigenen Wirklichkeit unmittelbar ins Gesicht zu sehen - diese Wissenschaft, welche die erste Säule des Tempels der Renaissance bildet. Er hat gegenwärtig den Vorhof der Heiden betreten. Er wird darin nicht stehenbleiben. Mittels der Begriffe der Antigravitation, der Antimaterie, des Antiweltalls, der Entmaterialisierung und Wiedermaterialisierung, der Reise in die Zeit, auf der Suche nach der einen universalen Gleichung des Weltalls[10], wird er in die Säulenhalle der Juden gelangen, zur symbolischen Ebene. Und die Zeugen des Aveyron haben sich aus eigenem Antrieb auf den Weg zu dieser Ebene gemacht!

## Erklärung der symbolischen Ebene

*«Die Absurdität»*, schreibt Jacques Vallée, *«ist ganz bewußt integrierender Bestandteil des UFO-Phänomens, um die Gedankenübertragung auf die wehrlosen und für die äußeren Einflüsse offenstehenden Geister zu ermöglichen. Das würde wohl auch . . . die Ähnlichkeit erklären, die zwischen bestimmten Begegnungen mit den UFOs und den Ritualen der esoterischen Gesellschaften besteht.»*

In der Tat ist die nachstehende, von Guy Tarade[11] berichtete Anekdote eine perfekte Illustration dieser Ähnlichkeit.

*«Als sich der amerikanische UFO-Spezialist Charles Bowen 1967 nach Valensole begab, zeigte er Herrn Masse eine photographische Rekonstruktion der von Zamora gesehenen Maschine. Der Lavendelanbauer aus der Voralpenregion wäre ums Haar in Ohnmacht gefallen, denn er glaubte einen Moment lang, man habe "seine Untertasse" photographiert. Für uns von bleibendem Interesse ist einzig das von dem Polizisten aus Neu-Mexiko aufgezeichnete Symbol. Es stellt sich in der folgenden Form dar:*

---

10 Siehe insbesondere die Arbeiten von Einstein und Heisenberg.

11 «Soucoupes volantes et civilisations d'outre-espace», Éditions «J'ai lu», S. 104.

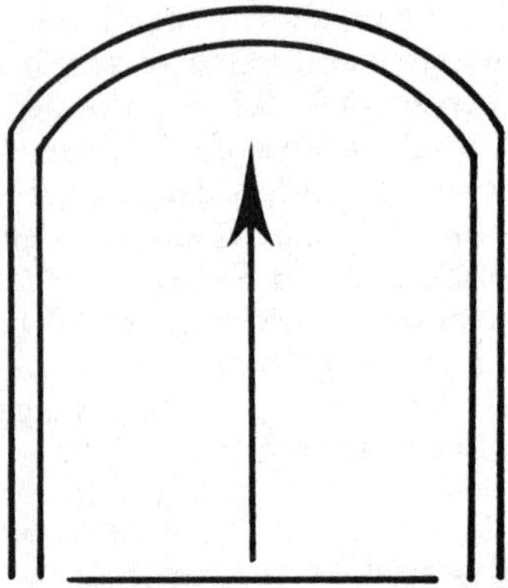

*«Dieses Kürzel bildet eine alte Schrift, das Alphabet einer primitiven Sprache, das wir so interpretieren können: "Wir sind die Mütter des Universalen Tempels, geschwängert durch den unbekannten Gott (durch die erste Ursache)".*[12]

*«Tatsächlich»*, fügt Guy Tarade hinzu, *«bedeutet der Halbkreis den Buchstaben "M", der sich in allen Sprachen auf die Mutter bezieht. Dieses Symbol besitzt immer denselben Sinn und existiert noch in der Sprache der Berber.*

*«Die beiden Balken deuten den Tempel mit den beiden Säulen [Wissenschaft und Magie der Renaissance] an, der in unserer Symbolik durch das L ausgedrückt wird. Der Pfeil in der Mitte ist ein schlichter Stab: der Menhir, der rauhe Stein: das Eine Seiende, der unbekannte Gott. Der waagerechte Strich, der das Ganze unterstreicht, steht für das in Bewegung befindliche Universum. Die Ägypter hatten zur Darstellung des Weltalls einen besonderen Hieroglyphen, der eine mit Siegeln verschlossene Papyrusrolle war. Diese von Zamora aufgezeichneten Symbole können von rechts nach links oder von links nach rechts, oder ebenso gut von unten nach oben und von oben nach unten gelesen werden. Gelehrte Sprachwissenschaftler sehen in der Schrift der Berber eine Fortdauer der Sprache der Atlantiden.»*

---

12 Diese Symbolik ist nicht erst von Guy Tarade aufgebracht worden. Man findet sie in mehreren Abhandlungen wieder, insbesondere in *Jules Boucher*, La symbolique maçonnique (Die freimaurerische Symbolik), 2. Aufl. Paris 1953.

Und später verbreitet sich Guy Tarade über die Bedeutung des Buchstabens «M», die in bemerkenswerter Weise den tiefen Sinn des UFO-Phänomens erhellt und hundertmal mehr wert ist als alle unsere Erläuterungen.

*«Dieses Symbol»*, schreibt er, *«das im Halbkreis des "M" den Tempel ergibt, wird seit dem frühesten Altertum verwendet. Es ist das allgemein anerkannte "Siegel" der Mutterschaft und der Fortpflanzung. Bei den Hebräern wird der Buchstabe "Mem" als einer der drei Stamm-Buchstaben betrachtet. Das ägyptische Wort "Mutter" (Maut) beginnt mit einem "M", wie in den meisten indogermanischen Sprachen.*

*«Das Bild, das in Ägypten das "M" darstellte, war die Schleiereule. Die antike Minerva wurde auf den Gefäßen der Neusteinzeit durch den Kopf einer Schleiereule versinnbildet! Schutzgöttin der Trojaner, wurde sie auch auf den Monumenten des Megalithzeitalters, die ein unschätzbar hohes Alter besitzen, verewigt. Just in einem Gefäß mit dem Kopf der Schleiereule soll der Archäologe Heinrich Schliemann ein geheimes Testament bezüglich des genauen Orts, an dem Atlantis lag, deponiert haben. In Südamerika gravierten die Ureinwohner vieltausendfach den "Kopf der Schleiereule" ein, der ihnen zufolge die Venus darstellte. Die Minerva Glaulopis hatte grüne Augen, die Farbe des Planeten Venus.*

*«Die hebräischen Kabbalisten, Statthalter eines patriarchalischen Kultes, belegten die Schleiereule mit dem Bannfluch. Sie machten aus dem lebendigen Abbild des weiblichen "M" die Gattin des Fürsten der Finsternis. In dieser ursprünglichen Sprache schreibt sich 'Schleiereule' als "Lilith".»*

Was brauchen wir das noch zu kommentieren! Es ist Guy Tarade selbst, der uns berichtet, daß die von dem Polizisten Zamora für einige Augenblicke am mexikanischen Himmel gesichtete Maschine das Zeichen der Gemahlin des Fürsten der Finsternis - symbolisiert durch den Buchstaben "M" - trug. Doch um dieses Symbol zu entschlüsseln, muß man Zugang zu den Schlüsseln der Einweihung (Ägyptens, der Kabbala, der freimaurerischen Gesellschaften) haben. Wenn man übrigens auf der Lehrlingstafel der freimaurerischen Gesellschaften nachsieht[13], wird man feststellen, daß sich das Symbol der Maschine des Polizisten Zamora dort findet.

Man könnte meinen, das sei ein einzig dastehender Fall. Doch bei Jacques Vallée stößt man unter der vielsagenden Überschrift «Eine Abzeichen tragende Maschine» auf ein ähnliches Faktum:

*«Es war ein großes Objekt in Form einer Linse mit 40 Metern Durchmesser, das sich über einer Baumreihe im Nordosten erhob. Als er sich auf die Kante setzte, verlor Carlos dessen strahlende Kuppel aus den Augen. Er ließ seine Zeitung fallen und stand auf: unter dem Objekt befand sich ein großes Abzeichen, ähnlich dem Buchstaben H, mit einem senkrechten Balken in der Mitte. Es war weder das astrologische Symbol für Uranus noch der Buchstabe S des kyrillischen Alphabets, denn die Ränder waren zu gerade. Andere Zeugen beschreiben es als ein M oder ein H, aber Carlos sah deutlich den Balken in der Mitte. Die gewaltige Maschine machte eine rasche Wendung nach rechts, stabilisierte sich und erreichte einen Punkt im Südosten, wo sie erneut drehte und dabei ein zweites Mal das Abzeichen zeigte, bevor sie sich nach Norden wandte.»*

Neben dem bloß vermuteten Buchstaben «M» sehen wir in diesem Fall ein weiteres Symbol auftauchen: das des Buchstaben «H». Nun liefert uns Jacques Vallée jedoch im selben Werk des Rätsels Lösung, indem er unter der Überschrift «*Kontakt mit 7171*» den folgenden seltsamen Dialog wiedergibt.

***Vallée**: Warum kommuniziert ihr mit uns?*

***Medium**: Ich weiß selbst keine Antwort auf diese Frage. Ich weiß nur, daß es für jene, die über mir stehen, in der Ordnung der Dinge liegt.*

***Vallée**: Wofür sind die UFOs das Symbol?*

***Medium**: Sie sind kein Symbol für irgend etwas in dem Sinne, in dem ihr das versteht. Sie haben einen eigenen Wert jenseits der Symbolik.*

***Vallée**: Warum gibt es an Bord der UFOs Menschen wie wir?*

***Medium**: Weil die menschliche Gestalt aus sehr tiefreichenden Gründen eine universale Konstante ist.*

---

13 Vgl. *Hervé Masson*, Dictionnaire Initiatique («Wörterbuch der Einweihung»), Verlag Pierre Belfond, S. 198.

***Vallée**: Warum kommen sie hierher?*

***Medium**: Um die Welt mit dem Rest des Universums in Einklang zu bringen.*

Zwei Hauptgedanken sind in diesem Dialog hervorzuheben. Erstens, daß die menschliche Gestalt eine universale Konstante ist. Zweitens, daß es notwendig ist, das Universum zu «vermenschlichen»[14]. Diese beiden Ideen schließen die ganze Religion der Eingeweihten in sich, wie sie Teilhard de Chardin in einer verwickelten Sprache vorstellt. Sie ist eine Umkehrung der christlichen Religion dadurch, daß sie den Menschen an die Stelle Gottes setzt. Um die Wahrheit zu finden, genügt es, die Begriffe auszutauschen. Wenn die menschliche Gestalt eine universale Konstante ist, dann deshalb, weil sie nach dem Bilde des Ungeschaffenen Wortes erschaffen worden ist. Wir werden diesen Gedanken in der Folge weiter entfalten. Die vollkommene Harmonie des Universums liegt dann in seiner Zusammenfassung in Christus beschlossen. Denn Christus ist in der Tat die vollkommene und einzige Synthese der drei Welten: der göttlichen Welt, denn durch seine Gottheit ist er dem Vater gleich-ewig und gleich-wesentlich; der geistigen Welt, denn durch seine Seele sind die Engel und die menschliche Seele mit ihm verwandt; der materiellen Welt, denn durch seinen im Schoß der Allerseligsten Jungfrau gebildeten Leib ist das materielle Weltall mit ihm verbunden.

Anstelle dieser bewunderungswürdigen Wahrheit suggerieren die UFO-Piloten Jacques Vallée den Menschen, ursprungslos, ewig, dazu bestimmt, schlußendlich das gesamte Universum zu vermenschlichen. Nun brauchen wir, um eine eklatante Bestätigung unserer These zu erhalten, von dem Affen Gottes, oder von seinen Außerirdischen, nur noch zu erwarten, daß er sein Werk der Bosheit, das die UFOs ja sind, durch ein letztes Symbol kennzeichnet, dasjenige, an dem man das Tier erkennen wird, wie der heilige Johannes in der Apokalypse sagt: die Zahl 666, also die dreimalige Wiederholung der Zahl 6, die in der symbolischen Auslegung der Bibel die Zahl des Menschen ist[15].

---

[14] Und das erklärt die Bedeutung des Buchstabens «H», der im Lateinischen wie in den meisten romanischen Sprachen für den 'Menschen' («Homo», franz. «Homme», span. «Hombre», sogar engl. «Human [being]» etc.) steht.

[15] Tatsächlich ist die Welt in sechs Tagen erschaffen worden, wobei der sechste Tag derjenige der Erschaffung des Menschen war.

## Erklärung der mystischen Ebene

Wir zitieren wiederum Jacques Vallée:

*«Ich glaube, daß das nächste Stadium des UFO-Phänomens die Einpflanzung eines allgemeinen Glaubens an die Außerirdischen ist.*

*«(...)*

*«Man kann sich fragen, ob nicht viele Religionen im Gefolge eines solchen Mechanismus entstanden sind, der das Zusammentreffen gewichtiger gesellschaftlicher und politischer Erscheinungen beinhaltete.»*

Der erste untersuchte Fall stellt einen interessanten Übergang zwischen der symbolischen und der mystischen Ebene dar; er ist einer britischen Zeitschrift entnommen und wurde von A. Michel analysiert. Es handelt sich um einen Arzt, Doktor X. . . ., der in der Nacht vom 1. auf den 2. November 1968 eine Reihe von Vorfällen beobachtete, die er den daraufhin benachrichtigten Untersuchungspersonen unverzüglich zur Kenntnis brachte. In jener Nacht wurde Doktor X. gegen 4 Uhr morgens durch die Schreie seines vierzehn Monate alten Kindes geweckt. Das Kind zeigte auf rötliche Blitze hinter den Fensterläden. Als er das Fenster öffnete, sah der Arzt zwei identische Objekte in Form von Scheiben, die oben silbrig weiß, unten strahlend rot waren. Eine bemerkenswerte Veränderung ging vor sich, als die beiden Objekte sich gegenüber dem Fenster befanden: ihre Ränder berührten sich, die Blitze hörten auf und die beiden Maschinen verschmolzen miteinander. Es war nur noch eine einzige Scheibe da, direkt dem Arzt gegenüber und sich ihm immer noch nähernd. Sie kippte in vertikale Stellung, wie ein auf seinem Rand stehendes Geldstück, und der Lichtstrahl beschrieb eine Bahn, die ihn genau auf das Fenster fallen ließ, wo sich der Arzt befand. Exakt in diesem Augenblick hörte er etwas wie eine Explosion und die Scheibe entmaterialisierte sich, wobei sie einen weißlichen Schimmer hinter sich zurückließ, den der Wind allmählich zerstreute. Nach diesen Ereignissen stellte seine Frau, die er geweckt hatte, die vollkommene Heilung eines Hämatoms an seinem Bein fest; ihm zufolge handelte es sich dabei um die Nachwirkungen einer Kriegsverletzung, die nunmehr verschwunden waren. Der Zeuge, der bis dahin zum Beispiel nicht das Gleichgewicht auf dem rechten Fuß halten konnte, war wieder vollkommen normal geworden. Am selben Tag erlitt er Unterleibskrämpfe - und eine dreieckige rötliche Verfärbung erschien um den Nabel herum. Am 17. November war das Dreieck vollkommen sichtbar. In der Nacht vom 13. auf den 14. November hatte der Zeuge von einem Dreieck in Verbindung mit der fliegenden Scheibe geträumt.

In diesem Stadium stellt die Erscheinung des Doktor X. einen mustergültigen Fall auf der symbolischen Ebene dar. Jedermann weiß, daß das Dreieck das Abzeichen der Freimaurerei ist. Es ist unstreitig die verbreitetste sichtbare Umsetzung der Dreierbeziehung, des Symbols der Zeugung. Die Dreierbeziehung ist die Veranschaulichung des Gleichgewichts zweier entgegengesetzter oder komplementärer Kräfte (der Zweierbeziehung), der aktiven und der passiven, die mittels eines dritten Beziehungsgliedes miteinander versöhnt werden. Angewandt auf die gesellschaftliche und geschichtliche Ebene, sehen wir das Bürgertum, das sein Gegenteil, das Proletariat, entstehen läßt; aus dem Kampf der beiden Klassen erwächst der Sozialismus, die klassenlose Gesellschaft. Die marxistische Dialektik ist die Anwendung der Dreierbeziehung der Hermetisten auf die soziologische Ebene. Das Phänomen verweist überdies zurück auf den Menschen, denn das Dreieck ist nicht die einzige bildliche Übersetzung der Dreierbeziehung: genannt werden auch noch der Äskulapstab und gewisse Buchstaben wie das A oder das H des vorhergehenden Falles.

Doch Doktor X. hat von der symbolischen Ebene aus sehr schnell die mystische Ebene angestrebt, denn die Untersuchenden bemerkten bei dem Zeugen und seiner Frau eine bedeutende Veränderung. Ihre Auffassung von den Ereignissen des Lebens nahm einen fast «mystischen» Charakter an, zumal sich Zweitzustände einstellten: «*Levitation, Gedankenübertragung in die Ferne, etc.*» Anders gesagt, der Doktor und seine Frau haben die Gegensätze der Zweierbeziehung überwunden, um sich zur Dreierbeziehung aufzuschwingen, allerdings eine Dreierbeziehung, die, wie man sieht, nichts Transzendentes hat, das heißt, sie erheben sich nicht vom Geschaffenen zum Ungeschaffenen, sondern vom Geschaffenen zum Übergeschaffenen, vom Menschen zum Übermenschen. Im Grunde genommen ist an dieser neuen Religion, die man uns verkündet, gar nichts neu. Sie ist dem Christentum vorausgegangen, wurde durch dieses verdeckt, um zum Zeitpunkt der Renaissance «wiedergeboren» zu werden. Mit den UFOs sind und bleiben wir innnerhalb der Religion des Menschen.

Die Geburt des Übermenschen erleben wir im Falle von Uri Geller.

*«Im Verlauf dieser hypnotischen Sitzung erinnerte sich Geller an seine früheren Erfahrungen mit UFOs, als er noch ein Kind war. Im Alter von 3 Jahren, als er einmal in einem Garten in Tel Aviv spielte, sah er ein großes glänzendes Objekt in Form einer umgedrehten Schale über sich am Himmel, am 25. Dezember 1949. Er sah in dem Garten auch einen sehr großen strahlenden menschlichen Umriß. Diese leuchtende Persönlichkeit hatte kein unterscheidbares Gesicht, nur eine Strahlengestalt. Uri beobachtete diese Lichterscheinung im Zustand vollständiger Faszination. Dann wurde er Arme gewahr, die sich zu den Seiten des Lichtes erhoben. Arme wurden bis über den "Kopf" der Lichtgestalt erhoben, und Uri sah, daß das Wesen in seinen Händen die Sonne hielt. Das Licht war so stark, daß er infolge seiner Stärke bewußtlos wurde, wobei er noch einen blendenden Schmerz empfand.»*

Wenn in diesen Kundgaben die Erscheinung an das merkwürdige Vimana erinnert, das die ägyptischen Priester wahrgenommen hatten (Annalen von Thutmosis III., s.o.!), so bringt sie obendrein eine seltsame Taufe mit sich, die Uri Geller Gaben der Telepathie und der Psychokinese (Ortsveränderung von Gegenständen aus der Entfernung durch bloße Gedanken) verleihen sollte, welche indessen besser oder stärker ausgeprägt waren!

Doch wenn der Mystizismus des UFO-Phänomens sich darauf beschränken würde, diese «Gaben» zu verleihen, die der Taschenspielerei nahekommen, würde er unseren Hunger ungestillt lassen und es gäbe nichts, worauf man eine «neue Religion» gründen bzw. woran man sie festmachen könnte, da ja diejenige des Menschen bereits existiert. Hier darum ein letzter Fall, in dem der merkwürdige Gaukler, der sich hinter dem UFO-Szenario verbirgt, sich zu enthüllen beginnt; es ist der Fall von Robert Monroe:

*«9. September 1960. Ich fühlte mich plötzlich gebadet und eingehüllt in einem sehr starken Strahlenbündel, das aus Norden, 30 Grad über dem Horizont, zu kommen schien. Ich war vollständig vernichtet, ohne jeden eigenen Willen, und ich fühlte mich wie in Gegenwart einer sehr starken Kraft, in persönlichem Kontakt mit ihr . . .*

*«30. September. Dieselbe Wahrnehmung. Sie schienen sich in den Himmel zu erheben, während ich sie mit meinen inständigen Bitten anrief. Ich war sicher, daß ihr geistiges Niveau und ihre Intelligenz jenseits meiner Fassungskraft lagen. Es ist eine unpersönliche und kalte Intelligenz, ohne jede Regung der Liebe und des Mitleids, die wir so sehr hochschätzen, und dennoch war das vielleicht die Allmacht, die wir Gott nennen. Besuche wie diese in der Vergangenheit des Menschen haben die Grundlage aller unserer religiösen Glaubensüberzeugungen formen können, und unsere gegenwärtigen Erkenntnisse vermögen keine besseren Antworten zu geben als unsere Erkenntnisse von vor tausend Jahren. In jenem Augenblick war die Morgenröte eingetreten und ich setzte mich hin und fing an zu weinen, weil ich von jetzt an ohne den geringsten Zweifel und ohne Hoffnung auf einen künftigen Umschwung wußte, daß der Gott meiner Kindheit und der Kirchen, der Religionen der ganzen Welt, nicht so war wie wir ihn anbeteten; ich wußte, daß ich für den ganzen Rest meines Lebens unter dem Verlust dieser Illusion leiden würde.»*

Dieser Eindruck ist grausam. Am Ende seiner Suche entdeckt der Mensch diese kalte Intelligenz ohne irgendeine jener Emotionen, die wir, wir Menschen, so sehr schätzen! Durch seinen Kontakt mit ihr wird auch er selbst, wenngleich mit Bedauern, erkalten wie John Dee, der Alchemist der Königin[16]:

*«Die grüne Wesenheit bleibt allein im Halbschatten des Kaminsimses. Erneut nehme ich den Blick wahr, der hypnotisiert. Erneut bemühe ich mich, zu kämpfen, mit allen verfügbaren Mitteln, mein Herzblut als ein Bollwerk der von außen kommenden Kälte entgegenzusetzen, die binnen kurzem die letzten Fasern meines Fleisches vereisen lassen würde: doch ich bemerke mit Verblüffung, daß die Kälte, die von dem Engel ausstrahlt, kei-*

---

16 *Gustav Meyrink*, L'Ange à la fenêtre d'Occident (Der Engel am Fenster des Sonnenuntergangs), Éditions La Colombe.

*nerlei Wirkung auf mein altes gegerbtes Leder mehr auszuüben scheint . . . Ich habe daraus geschlossen, daß ich selbst erkaltet bin.»*

Und als eine erkaltete Sonne, ein toter Stern, setzten Monroe wie John Dee eine verrückte Fahrt durch die Abgründe fort.

Fulcanelli[17], der gleichfalls bis zum Ende dieser Suche gegangen war, konnte sich nicht enthalten, auszurufen, «*daß derjenige, der den Morgenstern*[18] *gegrüßt hat, auf immer den Gebrauch des Gesichtssinnes und der Vernunft verloren hat, denn er wird von diesem falschen Licht fasziniert und in den Abgrund gestürzt*[19].»

Der Prophet Isaias läßt ihn in diesen Worten widerhallen:

«*Wie ist er gefallen, der glänzende Stern, der sich zur Morgenröte erhebt! Auf die Erde geworfen worden ist derjenige, der über allen Nationen erstrahlte. Du sprachst in deinem Herzen: ich will zum Himmel emporsteigen, über die Wolken. Ich werde dem Allerhöchsten gleich sein. Und siehe da, nun bist du zur Hölle hinabgestiegen*» (Is 14, 12-15).

Da haben wir also den Menschen, durch die Rückkehr des Geheimnisses der UFOs am Ende seiner Suche, an den Pforten der Sterne, bei der Begegnung mit dem Morgenstern angelangt. Fasziniert von diesem «falschen Licht» ist auch er ein toter, in den Abgrund gestürzter Stern geworden.

In diesem Stadium unserer Studie bleibt uns noch zu zeigen, daß die drei Bedeutungsebenen, die man in allen Fällen von UFO-Erscheinungen, sei es in einfachem oder zusammengesetztem Zustand, antrifft, eine vollkommene Pyramide bilden, eine dreiseitige Pyramide. Die Grundfläche symbolisiert die erste Materie, den rauhen Stein der Alchemisten, die Spitze den schöp-

---

[17] Alchemist des 20. Jahrhunderts, Eingeweihter, Verfasser der «Geheimnisse der Kathedralen» («Mystères des Cathédrales») und der «Philosophischen Wohnungen» («Demeures Philosophales»), beide erschienen im Verlag J.-J. Pauvert.

[18] Der Morgenstern ist die Venus, genannt Luzifer [lat. wörtl. «Lichtbringer»] wegen ihrer Helligkeit, der strahlendste und von den Dichtern am meisten besungene der Planeten; die Phönizier, Römer und Griechen haben ihn in den Rang einer Gottheit erhoben und nannten ihn Juno, Isis, Venus (vgl. *Abbé Arminjon*, Ende der gegenwärtigen Welt, S. 128).

[19] «Diese finstere Helligkeit, die von den Sternen herabstrahlt» (de Corneille), versinnbildet in bewundernswerter Weise die Verfinsterung der in den Abgrund geschleuderten Sterne, von welcher der heilige Johannes in der Apokalypse spricht, wobei «Stern» synonym für «Engel» steht.

ferischen Geist. Jede der Seitenflächen entspricht einer der drei untersuchten Ebenen. Das Ganze versinnbildet den Menschen als Materie auf dem Weg zur «Vergeistigung», die zum Weltgeist zurückkehrt.

«Der Raum würde im Innern der Pyramiden verändert», erklärt uns Jacques Bergier[20], «was dazu führt, daß ihre innere Form nicht dieselbe wäre wie die Pyramidenform, die man von außen erblickt.»

In diesem Sinne hat man den Satz von Jacques Vallée zu verstehen, der von dem UFO-Phänomen sagt, es sei dem Menschen innerlich und äußerlich zugleich.

Die hermetistische Tradition *«hat stets behauptet, daß eine Verbindung zwischen der heiligen Geometrie und der heiligen Geographie existiert. Möglicherweise besteht die ganze heilige Architektur darin, eine Tür zu reservieren, die sich auf die unbekannten Aspekte der Erde hin öffnet.»*

Es gibt also in der Pyramide eine Art von Schleusenkammer, die Zugang zu der «höheren» Ebene gewährt, der «unteren» Ebene jedoch unbekannt bleibt und nur von den Eingeweihten durchschritten wird. Genau so hat man zu verstehen, was Albert Pike über die blauen Grade der Maurerei schrieb[21]:

*«Diese sind bloß der äußere Hof oder die Säulenhalle des Tempels. Ein Teil der Symbole wird dort vor dem Eingeweihten ausgebreitet, aber er wird durch falsche Deutungen absichtlich irregeführt. Es ist nicht beabsichtigt, daß er sie verstehen soll. Ihre wahre Erklärung ist den Adepten, den Fürsten der Maurerei vorbehalten. Der gesamte Gehalt der Königlichen und Priesterlichen Kunst wurde jahrhundertelang so sorgsam in den Hochgraden verborgen, daß es heute sogar unmöglich ist, viele der Rätsel zu lösen, die sie enthalten. Es ist gut genug für die Masse der sogenannten Maurer, sich einzubilden, daß alles in den Blauen Graden enthalten sei, und wer versucht, sie eines Besseren zu belehren, wird sich umsonst anstrengen und ohne wirklichen Lohn seine Pflichten als ein Adept verletzen. Die Maurerei ist*

---

20 *Jacques Bergier*, Visa pour une autre terre (Visum für eine andere Erde), Éditions Albin Michel, S. 52.

21 Albert Pike, *Morals and Dogma of the Ancient and Accepted Scottish Rite of Freemasonry* (Moral und Dogma des Alten und Angenommenen Schottischen Ritus der Freimaurerei), Charleston 1880/81, Seite 819.

*eine richtiggehende Sphinx, bis zum Kopf begraben in den Sandmassen, die die Zeiten um sie herum aufgehäuft haben.»*

Am Fuß der Pyramide kennt niemand das «allwissende und allmächtige» Auge, das von ihrer Spitze auf ihn herabschaut. Auf der ersten Ebene des UFO-Phänomens ahnt niemand, daß er unterwegs zur Begegnung mit dem Morgenstern ist, denn wenn er es ahnte, würde er gewiß auf dem Weg innehalten . . .

Das Innere der Pyramide symbolisiert trefflich den gewandelten Menschen, den «zurückgekehrten» Menschen der Kabbalisten, den Menschen auf der Suche nach seiner eigenen Wirklichkeit, der endlos die Kreise des höllischen Labyrinths durchirrt. Die erste Ebene des UFO-Phänomens versinnbildet die Umkehrung des Glaubens, die zweite diejenige der Hoffnung, die dritte die der Liebe (das Herz ist auf ewig erkaltet). Das UFO-Phänomen ist die Religion des Menschen, der an nichts glaubt als an den Menschen, der auf nichts hofft als auf den Menschen, der nichts anbetet als den Menschen oder seine «vergeistigte» Wirklichkeit.

Eingeschlossen in dieser Religion ohne Transzendenz, «neuerschaffen» im Geiste Satans, glaubt der Mensch, sich auf die Eroberung des Himmels zu werfen. Er wird aber nur in die Hölle gestürzt. Es ist bereits die prophetische Ankündigung des Unternehmens des Antichristen.

Doch wenn die Pyramide und das UFO zwei geschichtliche Phasen einer identischen Wirklichkeit symbolisieren[22], den gegen seinen Schöpfer empörten Menschen, enthüllen sie gleichzeitig eine weitere Wirklichkeit, die ihrerseits kein bißchen symbolisch ist: die Tätigkeit des Versuchers. Denn das Phänomen ist dem Menschen äußerlich, wie in den Tagen der Genesis. Es war mitnichten Eva, die von sich aus beschlossen hätte, sich die Frucht des Baumes der Erkenntnis von Gut und Böse anzueignen:

*«Und die Schlange sprach zu der Frau: "Keineswegs werdet ihr sterben! Vielmehr weiß Gott, daß euch an dem Tag, da ihr*

---

22 Keineswegs zufällig hielt der von dem Eroberer Juan de Guyalva wahrgenommene Stern über den Pyramiden von Yucatan in seinem Lauf inne, und keineswegs zufällig haben unsere modernen UFOs das berühmte «Bermuda-Dreieck» ebenso «geoffenbart» wie - jüngst - den Ort, an dem sich eine geheimnisvolle, den Atlantiden zugeschriebene Pyramide befindet!

*davon eßt, die Augen aufgehen und ihr wie Gott sein werdet, indem ihr Gut und Böse erkennt"»* (Gen 3, 4-5).

Angesichts der Pyramide, des UFO-Phänomens und alles dessen, was sie symbolisieren, können wir nur ausdrücklich die Warnung erneuern, die René Guénon - obwohl kaum verdächtig, in unserem Sinne des Guten zu viel zu tun - gegenüber dem Okkultismus und dem Neospiritualismus aussprach:

*«Alle diese Dinge haben eine Unzuträglichkeit gemeinsam, deren Bedenklichkeit man sich nicht verhehlen kann: sie liegt darin, daß sie die schwachen Geister, die in dieses Milieu gezogen werden, aus dem Gleichgewicht bringen und sie unheilbar verwirren. Die Zahl der Unglücklichen, welche diese Dinge in den Zusammenbruch, in den Wahnsinn, manchmal sogar in den Tod geführt haben, ist sehr viel beträchtlicher als sich ungenügend unterrichtete Leute vorstellen können und wir haben die beklagenswertesten Beispiele dafür gekannt. Man kann ohne jede Übertreibung sagen, daß die Ausbreitung des "Neospiritualismus" in allen seinen Ausprägungen eine echte öffentliche Gefahr darstellt, die man nicht eindringlich genug anzuprangern vermöchte.»*[23]

Denn es ist nicht etwa der vergöttlichte Mensch, der Mensch, der sich zu Gott gemacht hat, den der Eingeweihte entdeckt, wenn er die Spitze der Pyramide betritt oder in die letzte Tiefe des UFO-Phänomens eindringt - es ist vielmehr Luzifer in Person, der die Maske ablegt. Der Mensch hielt sich für Gott. Nun ist er ein Sklave. Hier sind die Worte, mit denen Stanislas de Guaïta[24] diesen «Morgenstern» begrüßte:

*«Du aber, Luzifer, vom Himmel gefallener Stern,*
*Vernünft'ger Strahlenglanz, geschleudert in finstere Glut,*
*Engel, der in sich nährt die ungebändigte Wut*
*Und aufbläht jede Brust, die empört sich wider den Herrn,*

*Durch dich nur hab ich gekannt erinnerungsloses Verschmähen*
*Des Schöpfers sowohl als auch seiner verabscheuungswürdigen Macht,*
*Skeptisch und voller Spott, fast gottlos, ward ich bedacht*
*Mit Gefühlen unnennbarer Lust, an strahlender Lieb' zu vergehen.*

---

23 *René Guénon*, Le Théosophisme (Die Theosophie), Éditions Dervy, S. 121.
24 Ein tief Eingeweihter vom Ende des 19. Jahrhunderts.

*Du öffnetest mir das Meer der allertiefsten Genüsse,*
*Des niemand je fähig war, auszutrocknen die wilden Ergüsse.*

*Du botest mir an, zu kosten die bezaubernde Anmut der Hölle.*
*Zwar leidet man dort, und doch genießt man auch sicherlich,*
*Weil man, o Luzifer, dort baden kann seine Galle.*
*O du mein Henker von morgen, ich verehre, ich liebe dich!*»[25]

Dieser Vergleich zwischen der Pyramide, den freimaurerischen Symbolen und dem UFO-Phänomen hat nichts Willkürliches. Die Ufologen haben ihn vor uns angestellt und daraus geschlossen, daß die Erklärung des Geheimnisses im Okkultismus beschlossen liege, der gleichsam seine Synthese sei. Doch nun ist die Stunde der Enthüllung gekommen. Bis jetzt waren alle diese Symbole tatsächlich der Meditation einiger Eingeweihter vorbehalten. Dank dem UFO-Phänomen werden sie den Menschen aller Stände vorgestellt und dargeboten. Dieses Phänomen ist ihre materielle Stütze. Jetzt ist die Stunde des Dämons, ausgebreitet über und mitgeteilt allem Fleisch. Wir sind von der Allerseligsten Jungfrau Maria gewarnt worden, die uns in der 1879 veröffentlichten Großen Botschaft von La Salette sagte:

«*Im Jahre 1864 werden Luzifer ebenso wie eine große Zahl von Dämonen aus der Hölle losgelassen werden; sie werden den Glauben nach und nach abschaffen, selbst in den gottgeweihten Personen. Sie werden sie in einer solchen Weise verblenden, daß diese Personen, sofern sie nicht eine besondere Gnade erhalten, den Geist dieser bösen Engel annehmen werden; mehrere Ordenshäuser werden den Glauben gänzlich verlieren und viele Seelen zugrunderichten. Die schlechten Bücher werden auf der Erde überhandnehmen und die Geister der Finsternis werden überall eine allgemeine Erschlaffung hinsichtlich alles dessen verbreiten, was den Dienst Gottes betrifft. Sie werden eine sehr große Macht auf der Erde haben; es wird Kirchen geben, um diesen Geistern zu dienen. Personen werden durch diese bösen Geister von einem Ort zum anderen getragen werden, sogar Priester, weil sie nicht mehr vom guten Geist des Evangeliums geleitet sein werden, der ein Geist der Demut, der Nächstenliebe und des Ei-*

---

25 *Stanislas de Guaïta*, La Muse Noire (Die Schwarze Muse), 1883.

*fers für die Ehre Gottes ist. Man wird Tote und Gerechte auferstehen lassen (das heißt, daß diese Toten die Gestalt der Seelen der Gerechten annehmen werden, die auf Erden gelebt haben, um die Menschen besser verführen zu können. Diese angeblich wiederauferweckten Toten, die nichts anderes sein werden als der Dämon unter diesen Gestalten, oder auch die Seelen der Verdammten, werden ein anderes Evangelium verkünden, das demjenigen des wahren Jesus Christus entgegengesetzt ist und die Existenz des Himmels leugnet. Alle diese Seelen werden wie mit ihren Leibern vereinigt erscheinen).*

*«Es wird an allen Orten außerordentliche Wunderzeichen geben, weil der wahre Glaube erloschen ist und das falsche Licht die Welt erleuchtet.»*

Wir sind noch nicht ganz so weit, sondern stehen vielmehr auf der Schwelle zur Verwirklichung dieser Weissagung. Es ist der Beginn des Zeitalters der Wunder und der neuen Religion, der des Übermenschlichen, des Übermenschen, die, wie wir gezeigt haben, diejenige der UFOs ist. In dem Augenblick, da das II. Vatikanische Konzil eröffnet wurde, veröffentlichten Jacques Bergier und Louis Pauwels - gleichsam als Manifest - ein Buch mit dem bezeichnenden Titel «**Der Morgen der Magier**». Wenig später erschien die Neue Messe, die sich überall durchsetzen sollte, diese von Pater Teilhard de Chardin so sehr herbeigewünschte Messe[26], die seitdem den Wirklichkeiten dieser Welt ihre Weihe erteilt.

Es ist nicht ohne Grund, daß seither der Altar seines Kreuzes und seines Tabernakels entblößt ist, beide ins Museum für das Beiwerk verbannt worden sind und der Priester nunmehr dem Volk, der symbolischen Basis der neuen Gottheit, zugewandt ist. Was opfert er von jetzt an beim Offertorium? *«Das Brot und den Wein, Früchte der Erde und der Arbeit der Menschen»*, die anschließend, durch man weiß nicht was für ein Wunder, zum «Brot des Lebens» und zum «Wein des ewigen Reiches» werden. Um

---

26 *«Ich sehe im römischen Sproß, in seiner Ganzheit genommen, nicht die genügend große und genügend differenzierte biologische Grundlage, um die erhoffte Umwandlung durchzuführen und zu tragen . . . Unser Christentum ist die Achse, auf der sich die Religion der Zukunft entwickelt.»* (Teilhard de Chardin, zit. n. *Louis Salleron*, Die neue Messe [La Nouvelle Messe], Éditions Latines dernières, S. 112).

welches «Brot des Lebens» und welchen «Wein des ewigen Reiches» handelt es sich? Das wird nicht präzisiert. Wenn man diese Formeln mit denjenigen des alten Offertoriums vergleicht, wird man unzweideutig den Unterschied feststellen:

*«Nimm an, heiligster Vater, ewiger und allmächtiger Gott, diese Opfergabe ohne Makel, die ich dir darbringe, ich, dein unwürdiger Diener. Ich bringe sie dir dar, mein Gott, dir, dem lebendigen und wahren Gott, für meine Sünden, meine Beleidigungen und meine Nachlässigkeiten ohne Zahl. Ich bringe sie dir auch dar für alle Umstehenden . . .*

*«Wir opfern dir, o Herr, den Kelch des Heiles und flehen deine Güte an, du mögest ihn wie einen Wohlgeruch zum Thron deiner göttlichen Majestät emporsteigen lassen, zu unserem Heil und zu dem der ganzen Welt.»*

In dieser Formel der Opferung des Brotes und des Weines wird der volle Begriff des fortdauernden, auf dem Altar gegenwärtiggesetzten Kreuzesopfers in bewundernswerter und nüchterner Weise präsentiert. Diese heilige und makellose Opfergabe ist nicht die Frucht der Arbeit der Menschen, die nämlich weder heilig noch makellos ist. Sie ist vielmehr die Opfergabe, die nach der Konsekration durch den an der Stelle und in Vertretung Christi selbst handelnden Priester Sein Leib werden wird. Aus diesem Grund wird sie heilig und makellos genannt. Während im sogenannten Offertorium Pauls VI. «diese Frucht der Erde und der Arbeit der Menschen», die zum «Brot des Lebens» werden soll, ganz anders als im katholischen Sinne aufgefaßt werden kann. Sie läßt sich mit nicht mehr und nicht weniger als den «*kleinen und großen hermetistischen Mysterien*», mit den «*kleinen und großen antiken Mysterien*» identifizieren, die «*den Abstieg des Geistes in die Materie und den "tantrischen" Wiederaufstieg der Materie zum Geist*» anzielen, und zwar durch die von Hermes Trismegistos in diesen Worten zusammengefaßte Umkehrung: «*Was oben ist, ist wie das, was unten ist, und was unten ist, ist wie das, was oben ist, um die Wunder aus ein und derselben Sache zu wirken.*»

Es ist der Mensch, der dem Menschen das opfert, was zum Übermenschen werden wird, symbolisiert durch die «*christifizierte*» Versammlung, diese menschliche Basis, die es unvermerkt in Richtung der Spitze der Pyramide zu verschieben gilt.

Eine solche Auslegung dieses Offertoriums hat nichts Übertriebenes an sich und wir verweisen als Gegenprobe auf das «Eucharistische Gebet» - die neue Bezeichnung für den Kanon -, das ihm folgt. Was stellen wir fest? Die Konsekrationshandlung wird in dem Maße verwässert, in dem sie sich in irgendeiner Weise auf die Gesamtheit des Textes stützt. Diese «Banalisierung» der Konsekration wird betont durch die Bedeutung, die man der Versammlung der Gläubigen (eine Aktualisierung des antiken [Theater-]Chores) beimißt, welche in einer gleichsam dialektischen Bewegung mittels jubelnder Aufwallungen die Opfergabe der Menschen zu Gott emporsteigen läßt. Das ist nicht mehr das unter den heiligen Gestalten wahrhaft gegenwärtige unblutige Opfer des Sohnes Gottes, das für die Menschen erneuert wird, sondern der vergöttlichte Aufstieg einer eroberungslustigen Versammlung, die das Gedächtnis des Gottmenschen preist, desjenigen, dessen Wiederkehr es künftig zu beschleunigen gilt. Ist es diesbezüglich nicht symptomatisch, daß der Priester, nachdem er die «Einsetzungsworte» «Das ist mein Leib» ausgesprochen hat, nicht mehr anbetend niederkniet, sondern damit wartet, bis er die Hostie zuvor den Gläubigen gezeigt hat, so als wäre es diese Versammlung selbst, die durch ihre «Anbetung» konsekrierte!

Diese «Umkehrung» des Ritus erzeugt eine Umkehrung der Intention des Zelebranten und der Teilnehmer. Die neue Messe steht bereit, um die Religion der UFOs zu zelebrieren[27], die Religion des «christifizierten» Menschen, des allein aus eigener Kraft «vergöttlichten» Menschen. Das ist der Tempel, den der Mensch für den Himmel erbaut hat, wie Rabbi Ben Simeon, der Verfasser des Sohar[28], gesagt hätte.

Es ist kein Zweifel möglich, leider! Alle Anzeichen sind ab jetzt da. Alles kommt zusammen, um das Offenbarwerden dieses Geheimnisses der Bosheit vorzubereiten, die Ankunft dieses von Bergier und Pauwels erträumten «Übermenschen», desjenigen, der sich in den Tempel Gottes einschleichen wird, um sich darin als Gott anbeten zu lassen.

---

27 Siehe auch bestimmte, vom französischen Klerus empfohlene neue Gesänge, die Bezug auf den Kosmos, auf den Menschen der Sterne nehmen!

28 Hauptwerk der jüdischen okkulten Geheimlehre der Kabbala.

Bevor wir noch weiter in dieses Mysterium eindringen, müssen wir zunächst die Natur jenes Wesens enthüllen, das sich hinter diesen Wunderzeichen verbirgt und deren Urheber ist.

16. Juni 1963, Albuquerque, Neu-Mexiko (USA)

# II

# Engel und Dämonen - Wunder und Scheinwunder

*«In dieser sichtbaren Welt kann nichts gelenkt werden außer durch ein unsichtbares Geschöpf.»*

*Hl. Gregor d. Große*

## Ob gut oder böse, wer sind die Engel?

Jacques Vallée, der doch in der Analyse des UFO-Phänomens sehr weit fortgeschritten ist, hat das Geheimnis absichtlich übergangen, weil er die Existenz der Engel systematisch zurückweist und überdies erklärt: *«Die offizielle christliche Theologie hat über die Engel nicht viel zu sagen.»* Diese Behauptung ist zumindest überraschend, eher sogar bestürzend. Sie zeugt von einer gewaltigen Ignoranz, die schon an Betrug grenzt. Die Heilige Schrift und die Überlieferung bezeugen in Wirklichkeit laut und deutlich das Dasein der Engel und ihre Rolle im Universum. Wie bereits gezeigt, ist auch Jacques Vallée ein Opfer des modernistischen Postulats. Merkwürdigerweise hindert eine solche Leugnung ihn allerdings nicht, im Zusammenhang mit der weiter oben angeführten Vision des heiligen Antonius die Existenz *«einer Kategorie von Seienden, die viele für übernatürlichen Ursprungs halten»*, sehr ernst zu nehmen, also die Succubi, Incubi, Sylphen und dergleichen, deren Realität die Kabbala, insoweit einig mit dem Heidentum der Antike, rühmt und deren Natur angeblich zwischen derjenigen der Engel und jener der Menschen stünde.

Glaubt Jacques Vallée wirklich an die Existenz solcher Geschöpfe, obwohl ausgerechnet die Kabbalisten und die Philosophen des Heidentums sie behaupten? Wir persönlich bezweifeln es. Aber sie kommen ihm gerade recht als Katalysator des Vernunftirrtums. Sie erlauben es, Erscheinungen oder fremdartige Phänomene zu erklären, die man ohne sie den Engelwesen zuzuschreiben versucht wäre. Sie dienen folglich dazu, bei naiven Gemütern den Glauben an die Engel zu verflüchtigen und den übrigen nahezulegen, daß derartige Geschöpfe jedenfalls nichts weiter als Übermenschen wären, was dann nichts Geheimnisvolles mehr an sich hat!

Einstein, kurz vor seinem Tod nach dem Ursprung der UFOs befragt, sagte: *«Die UFOs werden von Menschen geflogen, welche die Erde vor zehntausend Jahren verlassen haben.»* Im Klartext: sie sind ein Kettenglied in der Offenbarung und Beglaubigung der Neuen Religion, derjenigen des Menschen. Festzuhalten bleibt jedoch, daß die Heiligen Bücher in dem Bericht, den sie uns von der Schöpfung geben, einzig von zwei Arten vernunftbegabter Naturen sprechen: Engel und Menschen. Es gibt nun einmal keine sonstigen.

Doch sehen wir zu, wie die christliche Theologie, in der Person von Msgr. Gaume in seinem «Traktat über den Heiligen Geist»[29], in die Existenz der Engel einführt:

*«Die gelehrteste Beobachtung der göttlichen Gesetze proklamiert dieses Axiom: Es gibt keinen Sprung in der Natur, auch keinen Bruch in der Kette der Seienden. Gleichzeitig weist sie auf, daß der Mensch in dieser großartigen Kette nicht das letzte Glied sein kann. Gott ist der Ozean des Lebens. Er gießt es in allen Formen aus: vegetativ, sinnenbegabt, vernunftbegabt. In Abhängigkeit davon, wie mehr oder weniger reichhaltig es ist, markiert das Leben die jeweilige hierarchische Stufe der Seienden. Nun ist es aber umso reichhaltiger, je näher das betreffende Seiende Gott steht. So hat der Allmächtige, dessen unendliche Weisheit spielerisch das Weltall gestaltete, mehrere Arten von Geschöpfen aus dem Nichts hervorgezogen, um mittels notwendiger Abstufungen die ganze von Ihm ausgegangene Schöpfung zu Sich zurückzuführen: die einen sichtbar und rein materiell, wie*

---

[29] *Mgr. Gaume*, Traité du Saint-Esprit, a.a.O.

*die Erde, das Wasser, die Pflanzen; andere sichtbar und unsichtbar, materiell und immateriell zugleich, nämlich die Menschen; nochmals andere schließlich unsichtbar und immateriell, nämlich die Engel. Nicht weniger als die übrigen sind also diese letzteren eine Notwendigkeit der Schöpfung. Vernehmen wir dazu den größten der Theologen: "Den Beschluß der Welterschaffung vorausgesetzt", sagt der heilige Thomas, "ist die Existenz gewisser unkörperlicher Geschöpfe eine Notwendigkeit. Tatsächlich ist ja das Hauptziel der Schöpfung das Gute. Das Gute oder die Vollkommenheit besteht in der Ähnlichkeit des geschaffenen Seienden mit dem Schöpfer, der Wirkung mit ihrer Ursache. Die Ähnlichkeit der Wirkung mit ihrer Ursache ist dann vollkommen, wenn die Wirkung die Ursache darin nachahmt, wie sie die Wirkung hervorbringt. Nun bringt Gott aber die Schöpfung durch den Verstand und den Willen hervor. Die Vollkommenheit des Universums erfordert folglich, daß es vernunftbegabte und unkörperliche Wesen gibt."»*

Die Engel sind rein geistige Wesen, deren Verstandes- und Willenstätigkeit weder durch einen Leib behindert wird noch in ihrer Ausführung den Organen und Fähigkeiten der Sinneswahrnehmung untergeordnet ist, im Gegensatz zur menschlichen Seele, welche die Form des Leibes ist und gemeinsam mit ihm ein Seiendes bildet, dessen geistige Tätigkeit nur vermittels des Leibes zustandekommt. Diese Beschaffenheit des menschlichen Verstandes ist eine niedriger stehende, die ihn auf den letzten Platz in der Rangordnung der Vernunftwesen stellt. «*Nichts ist im Verstand, was nicht zuerst in den Sinnen ist*», lautet das scholastische Sprichwort. Der heilige Paulus bringt dieselbe Wahrheit zum Ausdruck, wenn er sagt: «*Die unsichtbaren Dinge werden erkennbar durch den Anblick der sichtbaren Dinge*» (Röm 1, 20). Was den Engel angeht, so ist er mit einer vollkommeneren Natur begabt als der unsrigen. Er bedarf nicht der sichtbaren Dinge, um sich zur Erkenntnis der geistigen Wahrheiten zu erheben. Er ist ein bewunderungswürdiges Abbild der Gottheit und es genügt ihm, sein Wesen und seine eigene Natur zu betrachten, um zur Erkenntnis Gottes und seiner göttlichen Eigenschaften aufzusteigen.

Die Auffassungsweise der Erkenntnis ist zwar immer noch eine solche durch die Darstellung, *«durch einen Spiegel und in Rätseln»* (1 Kor 13, 12). Doch während es für den Menschen die äußerlichen und materiellen Geschöpfe sind, die ihm als Spiegel dienen, ist es für den Engel seine rein geistige Natur. Dennoch besitzt der Engel, obwohl reiner Geist, nicht das Vermögen, sich direkt und unmittelbar zur Erkenntnis Gottes *von Angesicht zu Angesicht* zu erheben. Was im übrigen den ganzen Unterschied zwischen den guten und den bösen Engeln oder Dämonen ausmacht, ist, daß die ersteren, durch ihre Unterwerfung zur Glorie erhoben, Zugang zu den Wahrheiten und Herrlichkeiten der übernatürlichen Ordnung und zur beseligenden Anschauung Gottes haben, während die letzteren durch ihren Hochmut dessen beraubt sind, jedoch in ihrer Seinsweise als Engel die Erkenntnis der Wahrheiten der natürlichen Ordnung behalten[30].

Diese Unterscheidung ist wichtig, denn sie läßt uns sowohl die außerordentlichen Einflußmöglichkeiten auf die materielle Schöpfung verstehen, über welche die Dämonen verfügen, als auch die Ungeheuerlichkeit ihrer Lügen und Irrtümer betreffs der Wahrheiten der übernatürlichen oder göttlichen Welt. Was sie von der Wahrheit festzuhalten vermögen, hat ihnen Gott gegeben, damit selbst durch sie alle Geschöpfe Zeugnis von seiner Herrlichkeit ablegen und alles, sogar die Dämonen, zum Heil jener beiträgt, die Er durch das Opfer seines fleischgewordenen Wortes erlöst hat.

Diese Wahrheiten wurden seit dem höchsten Altertum gelehrt. Wir haben gezeigt, wie sie nach und nach durch die Rückkehr der Religion der «Vimanas» verdunkelt worden sind, welche durch

---

30 Der heilige Thomas legt die Frage in seiner Summa theologica wie folgt dar: *«Es kann bei ihnen (den guten Engeln) keinerlei Unwahrheit oder Irrtum geben. Aber bei den Dämonen entzieht der verkehrte Wille die Erkenntnis der göttlichen Weisheit; auch beurteilen sie manchmal die Dinge in absoluter Weise unter Berücksichtigung (nur) der natürlichen Gegebenheiten. In dieser natürlichen Ordnung können sie sich nicht täuschen, aber bezüglich dessen, was die übernatürliche Ordnung betrifft, können sie es; das geschähe zum Beispiel, wenn sie beim Anblick eines toten Menschen dächten, er werde nicht wiederauferstehen, oder wenn sie beim Anblick Christi in seiner menschlichen Natur glaubten, er sei nicht Gott . . . Die Verkehrtheit des Dämons besteht darin, nicht der göttlichen Weisheit unterworfen zu sein. Und die Unwissenheit bei den Engeln bezieht sich nicht auf das, was sie natürlicherweise vermögen, sondern auf die übernatürlichen Dinge.»*

die - Montfaucon de Villars so teuren - kleinen Menschen der Lüfte wieder zum Tagesgeschmack wurde. Sie werden immer noch heimlich gelehrt in den missionarischen Sekten dieser neuen Religion. Der dem «Traktat der praktischen Magie»[31] von Gérard Encausse entnommene Text, den wir nachfolgend wiedergeben und der eine regelrechte Dämonenbeschwörung darstellt, bezeugt es:

*«Komm, Anaël, komm, und es gereiche dir zu großem Vergnügen, mit mir zu sein durch deinen Willen im Namen des sehr mächtigen Vaters, im Namen des sehr weisen Sohnes, im Namen des sehr achtbaren Heiligen Geistes; komm, Anaël, im Namen des schrecklichen Jehovah; komm, Anaël, in der Kraft des unsterblichen Elohim; komm, Anaël, durch den Arm des allmächtigen Mithraton, komm zu mir, N. . . . (sage deinen Namen auf den Spiegel), und befiehl deinen Untergebenen, daß sie mit Liebe, Freude und Frieden meine Augen die Dinge sehen lassen, die mir verborgen sind. So sei es. Amen.»*

Siehe da, welchen Dingen sich diese angeblichen Väter des Menschengeschlechts insgeheim hingaben, diese Inquisitoren des Aberglaubens, dessen sie die katholische Kirche bezichtigten! Am bemerkenswertesten, und schlußendlich am traurigsten, ist es, daß sie derart erfolgreich bei so vielen Geistlichen waren, die es eilig hatten, den Glauben an die Engel abzulegen, und dafür - nach außen hin aufgeklärt erscheinend - umso begieriger waren, die Gunst dieser Herrschaften auf sich zu lenken! Denn diese Herrschaften wußten genau, daß die Verbannung der guten Engel aus der Lehre der katholischen Kirche den bösen Engeln die Ausübung ihrer Einwirkung auf die Geister und auf die Seelen sichern würde. Jacques Vallée wird also stets diese unglückseligen Geistlichen befragen können, die ihm versichern werden, daß die offizielle Theologie, das heißt die ihrige, nichts Nennenswertes über die Engel zu sagen hat!

Doch kommen wir auf die überlieferte Lehre der Kirche bezüglich des Dienstes der Engel zurück. Wenn es stimmt, daß Gott alle Dinge ohne Vermittlung, durch ein direktes Wirken, erschaffen hat und daß er auch direkt für die Erhaltung alles dessen, was existiert, sorgt, so ist es nicht weniger sicher, daß Gott unter den

---

31 «Traité de Magie Pratique».

Geschöpfen eine Rangordnung, eine Hierarchie eingerichtet hat. So hängen bestimmte niedere Geschöpfe in ihrer Erhaltung und ihrer Tätigkeit von höheren Geschöpfen ab; diese wiederum sind zwar unfähig, ohne das Wirken Gottes fortzubestehen, können aber gleichwohl zur Erhaltung anderer Geschöpfe im Dasein und zu deren Entfaltung beitragen.

In Anbetracht der Erhabenheit der reinen Geister und ihrer relativen Nähe zur ersten Ursache ist es keineswegs überraschend, daß sie in der göttlichen Regierung der materiellen oder der - wie der Mensch - aus Geist und Materie zusammengesetzten Geschöpfe eine sehr umfassende Rolle spielen.

Diese Lehre kommt mit derjenigen der alten Philosophen, namentlich des Aristoteles, überein, die nicht zögerten, den höheren Bewegungen, so derjenigen der Planeten oder der Sonne innerhalb der Tierkreiszeichen, einen beträchtlichen Einfluß auf die Lebensphänomene der Zeugung und Empfängnis zuzubilligen. Sie kommt überein - und das nicht ohne Grund! (wir kennen ja jetzt die Natur jener, die es sie lehrten) - mit den Hypothesen der Okkultisten, Astrologen und sonstigen Magier, die den von solchen Intelligenzen bewegten Sternen und den leibgetrennten Geistern eine weitreichende Macht über die irdischen Elemente und selbst über die Menschen nachsagen. Es nimmt also nicht wunder, daß die diesbezüglichen Ausführungen des heiligen Thomas in der Summa theologica das durch die UFOs aufgeworfene Problem einer Lösung zuführen.

Wir werden die katholische Lehre bezüglich der Macht der Engel über die Schöpfung unter drei Blickwinkeln darlegen: unter dem der körperlichen Geschöpfe, unter dem des Menschen und unter demjenigen der menschlichen Gesellschaften. Wir werden sehen, daß die katholische Lehre sämtliche Fälle von UFO-Erscheinungen beantwortet und erklärt, die wir künftig im Einklang mit der von der Theologie verwendeten Begrifflichkeit als «teuflische Belästigungen» bezeichnen werden.

## Die Macht der Engel über die körperliche Schöpfung

Die Engel sind keine «ätherischen», von der Schöpfung abgesonderten Kreaturen. Sie haben eine Rolle im Universum zu spielen. Für den heiligen Thomas *«gehören die Engel tatsächlich zum Universum; sie bilden kein besonderes und getrenntes Universum; sie gehen mit der körperlichen Natur in den Aufbau ein und desselben Universums ein. Der Beweis dafür findet sich in der Ordnung der Geschöpfe untereinander; diese Ordnung ist tatsächlich das Gute des Universums, durch die aber kein Geschöpf vervollkommnet würde, das vom Ganzen abgesondert wäre.»*

Es steht geschrieben: *«Am Anfang schuf Gott Himmel und Erde»* (Gen 1, 1). Unter *«Himmel»* muß man gemäß dem heiligen Augustinus, der diesen Vers kommentiert, die noch ungestaltete Natur der Engel und unter *«Erde»* die noch ungeformte körperliche Natur verstehen.

Erschaffen als reine Geister, angesiedelt an der Spitze der Pyramide der geschaffenen Wesen, beherrschen sie in gewisser Weise dieses materielle, sichtbare wie unsichtbare Universum, stehen seiner Leitung und Erhaltung vor. Sie sind die Ausführenden der göttlichen Vorsehung. Auf diesen Titel hin besitzen sie eine vollkommene Kenntnis der materiellen Ordnung der geschaffenen Dinge sowie der Gesetze, die deren Entwicklung bestimmen. Sie machen davon Gebrauch, um diesem Auftrag der allgemeinen Regierung nachzukommen und um ihre besonderen Sendungen zum Beistand der Menschen zu erfüllen, wie die Bibel durch vielfältige Beispiele bezeugt. Man sieht sie im Alten Testament die natürliche Gestalt des menschlichen Leibes annehmen, um Abraham und den Propheten zu erscheinen oder das hebräische Volk aus Ägypten herauszuführen; man sieht sie im Neuen Testament der Allerseligsten Jungfrau verkünden, daß sie den Erlöser gebären werde. Endlich sieht man sie die beiden Testamente hindurch in der Kraft Gottes Wunder wirken.

Das gilt von den guten Engeln, aber ursprünglich waren die Dämonen gleichfalls Bestandteil der Engelmächte, welche die irdische Ordnung lenkten. Auch sie gehörten zu den neun Engelchören, die mit der Leitung dieser irdischen Ordnung beauftragt wurden. Nun ist aber unter diesen neun Chören einer, der Chor der Kräfte, speziell zum Wirken von Wundern abgeordnet. Nach ihrem Ungehorsam aus dem empyreischen Himmel vertrieben, wurden die Dämonen in die Hölle gestürzt. Indessen werden sie erst am Jüngsten Tag endgültig dorthin verbannt werden und verfügen zwischenzeitlich über die Möglichkeit, ihre, wenn man so sagen darf, Kunst bezüglich der sichtbaren Schöpfung innerhalb der von Gott gesetzten Grenzen auszuüben. Da nun aber der Mensch der König und der Gipfel dieser Schöpfung ist, werden sie von nun an dazu getrieben, sich mittels des Menschen an Gott heranzuwagen. Ebenso, wie die ungestaltete Engelnatur zu Licht gemacht, d.h. im Ewigen Wort umgewandelt wurde, das ja Licht ist, und zwar durch eine Probe, die darauf angelegt war, ihre gehorsame Unterwerfung zu prüfen, so diente der Dämon unwissentlich dazu, die Treue des Menschen gegen seinen Schöpfer zu prüfen. Hätte er diese Prüfung siegreich bestanden, wäre der Mensch in das Licht verwandelt worden wie die guten Engel. Infolge des Ungehorsams des Menschen konnte Satan sich jedoch in die Insignien seines neuen Königtums kleiden und der «Fürst dieser Welt» werden, ein Titel, den ihm der Herr selbst im Evangelium zuerkennt.

Kommen wir auf diesen grundlegenden Punkt zurück. Wenn der Mensch überhaupt nicht gesündigt hätte, indem er ungehorsam war, hätte Satan nichts mehr weiter tun können. Er hätte sich niemals in die Lenkung des geschaffenen Universums einschleichen können. Das Urteil über ihn wäre endgültig gesprochen gewesen. Er wäre auf ewig in die Hölle verbannt und wir wären niemals mehr versucht worden. Durch die Sünde hat sich der Mensch und alles, was von ihm abhängig war, unter sein Banner begeben und Satan konnte bis zur Ankunft Christi die Wirkungen der göttlichen Lenkung, die durch den Dienst der guten Engel ausgeübt wurde, in der Welt durchkreuzen, ausgenommen freilich das hebräische Volk. Wir haben die Konsequenzen dieser Regierung angedeutet, die unermeßlichen Katastrophen und die blutigen Unruhen, die sie hervorgerufen hat.

Das Kommen des Erlösers und die anschließende Ausbreitung des Christentums haben seine Herrschaft für eine Weile beseitigt. Das war die in der Geheimen Offenbarung des heiligen Johannes beschriebene Fesselung auf tausend Jahre. «*Nur muß der im Wege Stehende noch weggeräumt werden, . . . und dann wird sich der Gesetzlose offenbaren*» (2 Thess 2, 7-8). Denn seit der Renaissance ist er im Begriff, seine Herrschaft über die Materie, die

Menschen, die Gesellschaften wiederzuerlangen und die Regierung der guten Engel immer mehr lahmzulegen. Gerade in unseren Tagen offenbaren diese Worte des heiligen Apostels Paulus mit packender Aktualität ihren vollen Sinn:

«*Die wartende Schöpfung harrt auf das Offenbarwerden der Söhne Gottes. Wenn sie der Nichtigkeit unterworfen wurde - nicht, weil sie es gewollt hätte, sondern um desjenigen willen, der sie ihr unterworfen hat -, dann mit der Hoffnung, daß auch sie von der Knechtschaft und der Vergänglichkeit befreit wird, um in die Freiheit der Herrlichkeit der Kinder Gottes einzugehen. Wir wissen ja, daß die ganze Schöpfung bis zur Stunde in Geburtswehen seufzt*» (Röm 8, 19-22).

Sie ist in diesen Zeiten, welche die letzten sind, mehr denn je den Sturmangriffen und der Gewalt des Dämons ausgeliefert. Und der Dämon sät, durch den Dienst des ihm willfährigen Menschen, überall nur Häßlichkeit und Unheil. Er greift direkt ein durch seine Kundgebungen (darunter die UFO-Erscheinungen), durch die Unglücksfälle aller Art, durch die Erdbeben[32], von denen man behauptet, daß sie oft mit UFO-Erscheinungen zusammenfallen, durch die Unordnung, die er in die regelmäßige

---

[32] Bezüglich der Erdbeben lesen wir in der Geheimen Offenbarung des heiligen Johannes: «*Der siebente Engel goß seine Schale in die Luft aus. Da erscholl eine gewaltige Stimme aus dem Tempel vom Throne her, die rief: "Es ist geschehen!" Darauf erfolgten Blitze und Schreie und Donnerschläge, und ein großes Erdbeben entstand, wie noch keines jemals war*» (Offb 16, 17-18).
Was die guten Engel tun können, vermögen die Dämonen gleichfalls zu bewerkstelligen, soweit Gott es ihnen gestattet, um zu züchtigen oder zu prüfen.
Im übrigen macht Jacques Vallée in «Das unsichtbare Kollegium» (S. 163ff) diese Anmerkung: «*Die Ufos sind nicht ungefährlich. Ein französischer Ufologe, Fernand Lagarde aus Tarbes, hat in seiner Studie über die fliegenden Untertassen einen wichtigen Punkt hervorgehoben. "Übertriebene" Zusammentreffen beweisen, daß die UFOs, die an unseren Himmeln verkehren, sich in einer allzu getreuen Weise genau senkrecht über den tektonischen Spalten aufhalten. Orte, an denen die Erdkruste sich bewegt oder häufig Erdbeben auftreten, kennen eine starke Aktivität von Überflügen durch Raumfahrzeuge unbestimmter Herkunft.*
«*Das ist für einen Seismologen einer großen Universität eine anerkannte Tatsache seit 1948, das heißt, seit man massive Erscheinungen geheimnisvoller Himmelsobjekte überall auf unserem Erdball verzeichnet, seit sich etwas schwierig zu Definierendes ereignet. Starke Kräfte sind im Erdinnern am Werk und erzeugen gewaltige Bewegungen der Erdoberfläche auf mehreren Kontinenten. Je länger das letzte große Beben zurückliegt, desto näher steht das folgende bevor. Ein Erdbeben läßt sich mit einer fürchterlichen unterirdischen Explosion vergleichen, die Schwingungen in alle Richtungen aussendet.*»

Abfolge der Jahreszeiten, in den Vegetationskreislauf hineinbringt, durch die unheilbringende fortschreitende Wüstenbildung in den seiner Herrschaft unterworfenen Ländern[33], durch die Störungen, die er in Raum und Zeit hervorruft, durch seine Scheinwunder aller Art und endlich durch die sehr oft unvermerkte Besitzergreifung vom Geist des Menschen[34].

Auf jeden Fall genügt die Macht der Engel über die materielle Schöpfung vollkommen zur Erklärung des UFO-Phänomens: unverhofftes Erscheinen und Verschwinden von Flugmaschinen in An- oder Abwesenheit menschenähnlicher Wesen. Alle diese Kennzeichen rechtfertigen vollauf die Einordnung des UFO-Phänomens in die Kategorie dämonischer Belästigungen. Man macht sich nunmehr ihre Ortsveränderungen mit phantastischen Geschwindigkeiten und ihr plötzliches Verschwinden durch die Tat-

---

33 Siehe diesbezüglich die Intuitionen von Guy Tarade in «*Die Tore von Atlantis*» («Les Portes de l'Atlantide», Verlag R. Laffon) namentlich betreffs Ägyptens.

34 Jean Daugeat zeigt in seinem Werk «Gibt es eine Wahrheit?» («Y a-t-il une vérité?», Verlag Téqui) auf den Seiten 459ff, die der Tätigkeit der Engel gewidmet sind, die Gewalt der Engel über die Natur auf. Hier einige Auszüge: «*Aus dem, was wir erklärt haben, resultiert auch, daß sich die reinen Geister nach ihrem Belieben in der körperlichen Welt in einer Weise bewegen können, die durch die sinnenhafte Erfahrung absolut nicht zu beobachten ist, denn es ist eine Tätigkeit, welche die körperlichen Wesen nicht von außen berührt wie das menschliche Tun, sondern im Innern dessen, was sie sind. Einmal angenommen - woran wir jedoch aufgrund des Fehlens seriöser experimenteller Bedingungen sehr stark zweifeln -, daß die von den Spiritisten angeblich beobachteten Phänomene echt wären, haben wir schon gesagt, weshalb man sie nicht durch ein Eingreifen, wenigstens durch kein direktes, der Seelen der Verstorbenen erklären könnte, aber sie ließen sich eventuell durch ein Eingreifen der reinen Geister erklären.*» Und seine Schlußfolgerung lautet: «*Das Vorstehende scheint uns nach einer Ergänzung dessen zu verlangen, was wir im Kapitel über die Schöpfung bezüglich des Problems des Bösen und des Leidens geschrieben haben, eine unerläßliche Ergänzung vor allem wenn man bedenkt, daß die Sünden, d.h. die Gott und der von ihm errichteten Ordnung entgegengesetzten Akte der Verweigerung durch die freien Geschöpfe, am Ursprung aller Übel und Leiden stehen. Nun gibt es aber Übel, die offenkundig nicht aus den Sünden der Menschen hervorgehen: man denke nur an den von Voltaire anhand des Erdbebens von Lissabon erhobenen Einwand. Das tierische Leiden (Tiere, die sich gegenseitig auffraßen) hat sicherlich vor der Erschaffung der Menschheit existiert. An diesem Punkt könnte die von bestimmten christlichen Denkern aufgestellte Hypothese ansetzen, derzufolge Luzifer der reine Geist wäre, welcher das gesamte Funktionieren des körperlichen Universums regierte (von daher der Name "Fürst dieser Welt", der ihm bisweilen gegeben wird) und darin aus Bosheit die Unordnungen angerichtet hätte, die es von dem göttlichen Plan hätten abweichen lassen. Das ist gewiß nur eine Hypothese, die jedoch viele Schwierigkeiten erhellen würde.*»

sache begreiflich, daß die Dämonen, anders als die Menschen, nicht dem Raum-Zeit-Kontinuum unterliegen. Ihre Fahrzeuge scheinen in eine andere Dimension einzutauchen, in ein anderes Universum, dasjenige des Geistes. Das entspricht zugleich der These gewisser Philosophen, welche die Existenz einer Engel-Zeit vertreten, die zwischen der göttlichen Ewigkeit und der menschlichen Zeit steht. Daugeat schreibt insbesondere:

*«Daraus folgt, daß die Zeitdauer der Engel (von der wir uns keine Vorstellung zu machen vermögen, weil wir von ihr keine Erfahrung haben) nicht ganz und gar in einem einzigen Augenblick ohne Aufeinanderfolge besteht wie die Ewigkeit Gottes, sondern eine aufeinanderfolgende Dauer wie für jedes Geschöpf ist. Allerdings ist sie keine kontinuierliche Dauer wie die Zeit der materiellen Welt, die aus einer ununterbrochenen Aufeinanderfolge besteht. Sie ist eine diskontinuierliche Dauer, in der Augenblicke aufeinanderfolgen, die fortdauern, derart, daß eine ganze Weile unserer Zeit in einem einzigen Augenblick der Engel gleichzeitig gegenwärtig sein kann; es kann auch vorkommen, daß etwas für uns noch Zukünftiges für manch einen Engelverstand bereits gegenwärtig ist.»*

Diese These wird es uns später ermöglichen, eine Parallele zwischen Orakeln und Prophezeiungen zu ziehen.

Über den Unterschied zwischen der Engel-Zeit und der Wahrnehmung der menschlichen Zeitdauer hinaus zeichnen weitere den Engeln vorbehaltene Fähigkeiten für das UFO-Phänomen verantwortlich: beispielsweise die für die reinen Geister bestehende Möglichkeit, sich nach Belieben zu materialisieren und zu entmaterialisieren, anders gesagt, die Formen oder Gestalten der materiellen Schöpfung, von Menschen oder Tieren, zu entlehnen. Die Schlange der Genesis, die Drachen der Alten, der menschliche Leib, alle diese, übrigens mehr oder weniger karikaturenhaften, Formen sind, woran wir schon erinnert haben, durch den «Fürsten dieser Welt» im Laufe der Menschheitsgeschichte der Reihe nach entlehnt worden. Bemerkenswert ist die Anpassungsfähigkeit der Formen an die Mentalität der Menschen im Wandel der Zeiten. Im Altertum wurde die Gestalt des Drachen wegen ihres schreckeneinjagenden und zur Unterwerfung geneigt machenden Charakters jedem anderen Aspekt vorgezogen. Was hingegen wäre in dieser Epoche der Technologie und Wissenschaft passender, raffinierter, «eindringlicher» und suggestiver als die Gestalt des Kosmonauten, des Archetypus des Menschen jener Zivilisationen, die sich für höherstehend halten oder ausgeben, in einem Wort, was wäre besser geeignet, den «modernen Menschen» zu verführen?

Abwechselnd - und im Dienste eines «höheren», nicht enthüllten Planes - schreckerregend oder verführerisch, so sind die Dämonen. Tatsächlich müßten wir sagen: schreckerregend und verführerisch in einem, denn nur durch das Gift der unmittelbaren Verführung kann ihr schreckeneinflößender Charakter von den Menschen nicht wahrgenommen werden. Sie bedienen sich der materiellen Schöpfung nach Art der Magier. Schon Porphyrius schrieb dazu:

*«Sie sind die Brüder der Magie. Auch jene, die durch den Rückgriff auf okkulte Praktiken böse Taten begehen, verehren sie und vor allem ihren Anführer. Sie besitzen verschiedenartige und falsche Abbilder der Dinge im Überfluß, und dadurch sind sie außerordentlich geschickt darin, die geheimen Kräfte spielen zu lassen, um ihre Täuschungsmanöver zu veranstalten.»*

Cazotte läßt das in seinem «Verliebten Teufel» nachklingen. Satan ist eben immer derselbe.

*«Bei seiner Rückkehr in die Welt kommt er mit sämtlichen Attributen seines antiken Herrschertums wieder: Orakel, Scheinwunder, vielfältige Manipulationen, das ganze Gefolge der Verführung, Insignien und Werkzeuge seiner Herrschaft, mit denen er die ganze antike Welt erfüllt hatte und immer noch die götzendienerische Welt erfüllt, mußten notwendigerweise wieder auftauchen in einer Welt, die infolge ihrer Entfernung vom Christentum erneut seine Domäne geworden war.»*[35]

Das Stück ist dasselbe, die Schauspieler sind gleichfalls dieselben, nur die Bühnendekoration hat gewechselt!

---

35 *Msgr. Gaume*, Traktat über den Heiligen Geist, a.a.O.

## Wunder und Scheinwunder

Doch wenn die Macht der Dämonen über die Materie außer Zweifel steht, folgt deshalb daraus, daß sie darüber eine unbeschränkte Gewalt haben, die so weit reicht, Wunder zu wirken? Der heilige Thomas gibt, wo er in der «Summa Theologica» die göttliche Weltregierung behandelt, auf diese Frage eine Antwort, indem er in den lebenden und beseelten Körpern zwei Wesensprinzipien unterscheidet:

- einerseits die **Materie**, die als solche jeder Differenzierung entbehrt und von einer totalen Formbarkeit ist, die sie mithin für sämtliche Modifikationen empfänglich macht;
- andererseits die **Wesensform**, die sich in der Materie entfaltet, sie eben dadurch organisiert und ihr erlaubt, eine jeweils bestimmte - mineralische, pflanzliche oder tierische - körperliche Wesenheit zu werden[36].

Wenn der Engel oder der Dämon sich auch an der Formbarkeit der ursprünglichen Materie erfreuen kann, so vermag er doch in nichts die Wesensform zu beeinflussen. Das steht nur Gott zu. Anders gesagt, die Dämonen können Scheinwunder wirken, aber keine Wunder. Die Verwandlung eines Steins in einen Frosch wäre also ein Wunder.

*«Ein Wunder im eigentlichen Sinne liegt vor, wenn etwas außerhalb der Ordnung der Natur erzeugt wird. Aber damit ein Wunder vorliegt, genügt es nicht, daß etwas außerhalb der Natur eines bestimmten Geschöpfes als solchen bewirkt wird: denn sonst würde jemand ein Wunder wirken, wenn er einen Stein nach oben wirft, weil das (Fliegen nach oben) ja außerhalb der Natur des Steins liegt. Deshalb ist etwas ein Wunder, wenn es außerhalb*

---

36 Man stößt bei Msgr. Saudreau, L'État mystique (Der mystische Zustand), Angers 1921, auf diese hochinteressante Bemerkung: «*Es scheint sogar, daß es dem Dämon nicht gestattet ist, die menschliche Gestalt vollkommen nachzubilden.*» Und er fügt in der Fußnote hinzu: «*Wir hatten diese Eigentümlichkeit aus verschiedenen Quellen erfahren, bevor wir davon bei Suarez lasen, der das Zeugnis mehrerer Autoren und die Geständnisse von Zauberern anführt. Eines Tages rieten wir einem Mitbruder, der uns wegen zweifelhafter Erscheinungen konsultierte, sich über die Gestalt der Füße zu vergewissern. Die Seherin schaute genau hin: es waren Füße von Tieren.*» Diese Bemerkung ist nicht uninteressant, wenn man sich aufmerksam die Berichte über «Menschenähnliche» betrachtet, welche die UFOs fliegen!

*jeglicher geschaffenen Natur geschieht. So etwas vermag Gott allein zu tun; alles hingegen, was ein Engel oder ganz gleich welches andere Geschöpf durch seine eigene Kraft bewirkt, wird gemäß der Ordnung der geschaffenen Natur bewirkt und ist mitnichten ein Wunder.»*

Später präzisiert der heilige Thomas seine Auffassung:

*«Weil wir die Macht der geschaffenen Natur nicht vollständig erkennen, erscheint etwas unseren Augen als ein Wunder, sobald es sich außerhalb der Ordnung dieser Natur ereignet. Wenn aber die Dämonen etwas kraft ihrer Natur bewirken, nennen wir auch das ein Wunder, freilich nicht absolut gesprochen, sondern in Bezug auf uns. Auf diese Weise bringen die Magier dank der Dämonen "Wunder" zustande.»*

Er führt die Magier des Pharao an, die durch die Macht der Dämonen «echte Schlangen und echte Frösche erzeugten». Für diese wundersamen Phänomene, die den Anschein eines Wunders bieten, liefert der heilige Thomas mehrere Erklärungen:

- Die erste fußt auf der Suggestionsgewalt des Dämons gegenüber dem menschlichen Geist. Wir werden noch Gelegenheit haben, diese Erklärung weiter zu entwickeln.

- Die zweite beruht auf der Macht, die der Dämon über die Natur besitzt, so daß er sich einen Körper zu bilden, das Aussehen eines Menschen oder eines Tieres anzunehmen vermag.

- Schließlich schreibt der heilige Thomas den Dämonen eine vollkommene Kenntnis der Gesetze des Lebens zu, um das Erscheinen lebendiger Wesen zu erklären. Er stellt die Hypothese auf, daß in der unbelebten Materie in verborgenem Zustand Lebenskeime existieren, die unter bestimmten außergewöhnlichen Bedingungen das Leben erzeugen können. Die Dämonen, intelligenter als wir, würden diese Bedingungen kennen. Erinnern wir daran, daß die Wissenschaft, nachdem sie gegen Ende des letzten Jahrhunderts die Hypothese von der spontanen Zeugung verworfen hatte, in unseren Tagen auf sie zurückzukommen scheint.

Wir treten jedoch nicht tiefer in die Untersuchung dieser Hypothese ein[37], die unser Thema nicht unmittelbar betrifft. Heben

---

37 Umso weniger, als eine vierte, sehr viel einfachere Hypothese uns wahrscheinlicher vorkommt! Der Dämon hätte ganz einfach solche Frösche herbeischaffen können, die er einige Kilometer weiter weg aufgesammelt hätte, um

wir statt dessen die Bedeutung hervor, welche die Unterscheidung zwischen einer übernatürlichen (Wunder) und einer außernatürlichen (Scheinwunder) Gegebenheit für das Studium des UFO-Phänomens besitzt. Die erstere kann nur Gott, den Schöpfer aller Dinge, oder die Engel zu Urhebern haben, denen er die Macht zum Wirken von Wundern gegeben hat. Die letztere kann zum Urheber nur den Dämon haben, der mittels einer uns unbekannten Wissenschaft die kosmischen Kräfte beherrscht. Gewisse Ufologen, darunter Jacques Vallée, haben eine Intuition dieser Kräfte gehabt. Ein Kapitel des schon zitierten Werkes «Das unsichtbare Kollegium» trägt den vielsagenden Titel *«Zu einer Morphologie des Wunders»*. Leider reduziert Jacques Vallée das Wunder, sämtliche Wunder, auf außernatürliche Gegebenheiten und stellt sie sodann dem UFO-Phänomen gleich. Anschließend wird jegliches Übernatürliche auf das UFO-Phänomen zurückgeführt, mithin auf eine Kundgebung der Überwissenschaft. Fortwährend geblendet durch das modernistische Postulat, hat Jacques Vallée alles durcheinandergebracht, alles auf den Kopf gestellt, alles verdreht. Da er Gott und seine Werke verschmäht, bleibt ihm nichts anderes übrig als sich unwissentlich denjenigen des Dämons zuzuwenden. Er ist geradezu die Veranschaulichung dieser Prophezeiung von La Salette:

*«Es wird an allen Orten außerordentliche Wunderzeichen geben, weil der wahre Glaube erloschen ist und das falsche Licht die Welt erleuchtet.»*

Durch Wunder ist der wahre Glaube bezeugt worden. Durch Scheinwunder wird sich die Religion des Dämons in den Geist der Menschen einschleichen. Dem Dämon macht es Spaß, den Schöpfer nachzuäffen. Er hält deshalb für die Zukunft einen ganzen Rattenschwanz von verblüffenden Scheinwundern für uns bereit, die - wie die Heilige Schrift sagt - imstande wären, selbst

---

sie den Pharaonen zu Verfügung zu stellen! Die Berichte über Entführungen von Menschen durch die UFOs sind zahlreich. Wer das Größere vermag, vermag auch das Geringere. Im magischen Kampf rechtfertigt einzig das Ziel die Mittel, mit denen die Geister in den Bann gezogen werden sollen. Das ist auch der Fall bei den berühmten philippinischen Zauberern, die, mit bloßen Händen arbeitend, aus dem Leib ihrer Patienten verschiedene Gegenstände herausziehen (Watte, Schere, etc.), welche die Patienten sehr beeindrucken, indessen nicht unbedingt von weit her kommen müssen: beispielsweise aus der Hosentasche des Akteurs!

die Gerechten wankend zu machen, wenn sie in dieser Zeit nicht durch eine besondere Gnade davor bewahrt würden!

Hinsichtlich der in unseren Tagen vollbrachten Scheinwunder, z.B. der UFOs, kann man sich mit Recht fragen, ob sie nicht am Ende das Werk von Menschen sind, die durch den Dämon selbst in die Wissenschaft des Dämons eingeweiht worden sind. So wie der Schöpfer sich des Dienstes der Engel bedient, um Wunder zu wirken, wie uns Schrift und Tradition lehren, so könnten auch die Dämonen auf den Dienst bestimmter Menschen zurückgreifen, um ihre Scheinwunder zu vollbringen. Die Menschheitsgeschichte bezeugt das in unzweideutiger Weise. Man denke nur an die Magier des Pharao zur Zeit von Moses. Gewisse schon vor über fünfzig Jahren in den Vereinigten Staaten unternommene Experimente könnten uns gleichfalls Anlaß dazu geben, diese Hypothese als gültig für die Gegenwart einzuschätzen. Das überraschendste dieser «paranormalen» Experimente war dasjenige, das 1943 von der US-Marine in Philadelphia und auf See durchgeführt wurde. Es wird von Charles Berlitz - welch beunruhigendes Zusammentreffen! - in seinem Werk «Das Bermuda-Dreieck»[38] wiedergegeben. Dieses Experiment hatte zum Ziel, die Wirkung eines starken Magnetstromes auf ein Überwasser-Schiff samt seiner Besatzung festzustellen. Die Ergebnisse erwiesen sich als verblüffend. Das Schiff und seine Passagiere wurden unsichtbar. Diese letzteren verspürten sogar ein merkwürdiges Gefühl der Entmaterialisierung. Und sie wurden erst wieder sichtbar durch den Einsatz einer Technik, die . . . in der Auflegung der Hände bestand. Man sieht, zu welchen Verirrungen die Anwendung einer gewissen Wissenschaft führen kann! Es ist nicht die *Enthüllung* der Gesetze des Universums, die uns zu bringen Christus gekommen ist, sondern vielmehr die Offenbarung der Wahrheiten der übernatürlichen Ordnung. Nicht als ob uns die Pforten der Wissenschaft inskünftig systematisch verboten wären, aber der Mensch im Stand der Erbsünde kann sie nicht ohne Gefahr durchschreiten, und wenn er sich darüber hinwegsetzt, steht das sicherlich nicht in Einklang mit dem Willen Gottes. «*Wissenschaft ohne Gewissen ist nichts als der Ruin der Seele*», schrieb Montaigne. Wenn es aber keineswegs der Schöpfer ist, der eine

---

[38] «Le Triangle des Bermudes», Flammarion 1975.

derartige Neugierde in uns erregt, dann kann es nur sein Feind, die durch die Sphinx symbolisierte «alte Schlange», diejenige der Genesis, sein. Die Gewalt, die der Dämon über den Menschen besitzt und über die wir im folgenden Abschnitt sprechen werden, wird uns eine zusätzliche Bestätigung dessen verschaffen.

Unter Berücksichtigung solcher Präzedenzfälle können wir eine direkte Intervention bestimmter Menschen in die Erzeugung des UFO-Phänomens nicht von vornherein ausschließen[39]. Jedenfalls könnte, wie soeben gezeigt, eine derartige Intervention einer indirekten, aber sicher gegebenen Tätigkeit des Dämons nicht entraten.

Wie wir später noch sehen werden, sind uns für eine nahe Zukunft viele weitere, mindestens ebenso überraschende Scheinwunder vorhergesagt, so etwa die Palingenese oder «Wiedergeburt» gewisser berühmter Persönlichkeiten des Altertums. In dem Werk «Die Rache der Pharaonen» von Y. Naud[40] stößt man auf folgendes:

*«Ra-Mak-Hotep behauptet, daß bestimmte Jünger, die im Ägypten der Pharaonen gelebt und gewirkt hatten, noch am Leben sind. Sie liegen im Koma, tief im Innern sorgfältig verborgener Gräber, die weder die Archäologen noch die Grabräuber je aufspüren werden. Die Leiber dieser begrabenen ägyptischen Jünger, erklärt Ra-Mak-Hotep, befinden sich in einem besonderen Zustand, den einzig das Wort "Trance" annähernd beschreiben kann. Ihr Geist ändert seinen Ort, reist, denkt mit einer vollkommenen Bewußtheit. So genießen sie den einzigartigen Vorzug, zwei Welten zu kennen: die materielle und die geistige. Ihre Leiber, fährt Ra-Mak-Hotep fort, sind in undurchdringlichen Gräbern verborgen und warten auf die Rückkehr ihrer Geister. Eines Tages werden diese auch wirklich zurückkommen und die Leiber im Koma wiederbeleben, die dann erneut die Außenwelt aufsuchen werden. Der Mechanismus dieser Rückkehr ins Leben muß*

---

39 Ohne daß notwendigerweise ein direkter und bewußter Einfluß vorliegen müßte, darf man auch annehmen, daß die Leser solcher [spiritistischer] Zeitschriften wie «Nostradamus» durch den Gebrauch gewisser eigens angepriesener Werkzeuge zur Erscheinung der Phänomene beitragen. Freilich wären sie dann in Wirklichkeit bloß die unglückseligen Mitwirkenden von Eingeweihten, die sie ohne ihr Wissen manipulieren.

40 Y. Naud, La Vengeance des Pharaons.

*von qualifizierten Leuten ins Werk gesetzt werden, die mit der erforderlichen Kenntnis ausgestattet sind. Ein Teil des Auferwekkungsrituals besteht darin, bestimmte geheime Gebetsworte zu singen.»*

Satan wird also am Ende der Zeiten alles aufbieten, um Gott in seinen Wundern «nachzuäffen» und sich Ihm entgegenzustellen. Diese falschen Auferstehungen (auf die wir weiter unten zurückkommen werden), gegründet auf die Einweihungstechniken der verlängerten astralen Verdopplung, vorbehalten den der Freiheit beraubten Seelen der Verdammten, sind von der Allerseligsten Jungfrau in ihrer Botschaft von La Salette angekündigt worden. Ja, Satan regiert, aber Gott wacht!

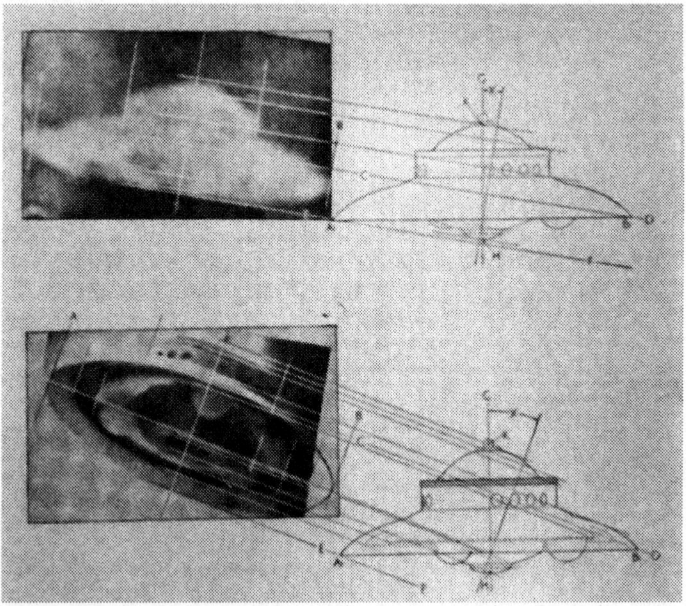

**Projektion der Seitenansicht nach einer Studie über zwei Photo-Aufnahmen, von denen die eine in England, die andere in den USA entstand.**

## Orakel und Prophetien

Man entdeckt zwischen Prophetie und Orakel dieselbe Parallele wie zwischen Wunder und Scheinwunder. Kann der Dämon die Zukunft kennen? Sich auf den heiligen Thomas stützend, unterscheidet Daugeat zwischen den Gegebenheiten der übernatürlichen Welt und denen des geschaffenen Weltalls. Was die ersteren angeht, so weiß die luziferische Schar, ganz wie die Menschen, darüber lediglich das, was Gott ihr offenbart hat so wie es ihm gefiel, jedoch mit dem Unterschied, daß die Dämonen seit dem Sündenfall auf dem Gebiet der geistigen Wirklichkeit in eine tiefe Blindheit gestürzt sind. Aus der Anwendung dieser grundlegenden Wahrheit ergibt sich, daß Gott allein exakt die zukünftigen Ereignisse vorhersehen und die menschliche Geschichte, unter Einbeziehung des freien Willens des Menschen, zu ihrem Ziel führen kann. Denn wenn es nicht so wäre, würde das entweder voraussetzen, daß die menschliche Freiheit nicht existierte, oder aber daß der Dämon im voraus sämtliche freien Entscheidungen zu erkennen vermöchte, die alle noch zur Welt kommenden Menschen jemals treffen werden. Doch das «Geheimnis des Herzens» gehört nur Gott allein. Der Dämon weiß nicht und wird nie wissen, wie der Mensch auf die Gnaden antwortet, die ihm der Schöpfer schon erwiesen hat oder noch erweisen wird.

Im Gegenzug kann der Teufel bezüglich der materiellen Welt, deren Gesetze er vollkommen erkennt, sicherlich die Folgen bestimmter Phänomene vorhersagen. Indem er die Ursachen erkennt, wird er auch deren Wirkungen gewahr, und dies selbst in den Fällen, in denen die Ereignisse unvorhersehbar für den Menschen sind, der die Verkettung der Ursachen und Abhängigkeiten niemals restlos durchschaut.

Die Vorhersage künftiger Ereignisse, die von freien Willensentscheidungen abhängen, fällt unter das, was man «Prophetie» nennt; die Vorhersage von durch Eingriffe des Dämons vorherbestimmten Geschehnissen gehört zum Bereich des Orakels. Die Dämonen sind also keine Propheten, sondern lediglich Wahrsager. Wenn darum im Alten Testament Gott seine Propheten hatte, hatte der Dämon seine Wahrsager. Manchmal gelangten sogar diese Wahrsager dazu, das Gegenteil dessen vorherzusagen, was die Dämonen wollten. Das zeigt die Geschichte von Balaam oder diejenige der Sibylle, die von der Höhe des Kapitols herab den Welterlöser in seiner Krippe in Bethlehem bezeichnete, bevor sie ihrer Kunst endgültig ein Ende setzte.

Seit jener Zeit ist die Stimme der Sibylle verstummt. Aber für immer? Hat sie nicht 1537 mit den sibyllinischen Büchern des Nostradamus wieder eine Stimme erhalten? Zumindest mit der schäumenden Woge von Hirngespinsten und Weissagungen, die sich daraus ergossen hat? Wieso diese Wiederkehr des Orakels? Weil der «wiedergeboren werdende» Mensch, indem er sich erneut der Gewalt des Dämons ergibt, ihm sicherlich eine gewisse Einflußnahme auf die Zukunft - seine eigene Zukunft! - ermöglicht, so daß die Wirklichkeit von nun an mit der Enthüllung des luziferischen Planes zusammenfallen kann. Es ist also sein Plan, den uns der Dämon mit der Zulassung Gottes und in einer übrigens hermetischen Sprache offenbart. Es steht sehr zu befürchten, daß ein Teil dieses Plans Wirklichkeit geworden ist in einer Welt, in der es ihm gelungen ist, sich zum Herrn der Ursachen zu machen, indem er sich Geist und Seele der Menschen wie der menschlichen Gesellschaften unterworfen hat. Das ist deswegen mitnichten eine Prophetie.

Um dieses Thema abzuschließen, sagen wir noch ein paar Worte zu den Gründen für ihre offenkundige und abweisende Dunkelheit. Die Prophetien und die Orakel sind in der Tat für gewöhnlich unbegreiflich, unabhängig von ihrer Sprache oder ihrem Stil. Merken wir zunächst an, daß sie für eine Zeit gegeben sind, von welcher die Zeitgenossen absolut keine Vorstellung haben. Hätten wir uns mitten im 12. Jahrhundert das Fernsehen vorstellen können? Weil die Darstellung des Fernsehens unmöglich war, wären auch die Worte, es zu beschreiben, sehr dunkel erschienen, hätten nichts Sinnenfälligem für das Erkenntnisvermögen des damals lebenden Menschen entsprochen. Außerdem kann man bezüglich der Prophetie in Betracht ziehen, daß Gott unsere Freiheit zunichte gemacht hätte, indem er uns die Zukunft zu deutlich geoffenbart hätte: Wozu unser Leben ändern, da wir doch in keiner Weise unser Schicksal ändern werden! Um ein modisches Wort zu verwenden: eine solche Vorgehensweise Gottes wäre eine Quelle moralischer «Demotivation». Doch Gott, der den Menschen frei geschaffen hat, respektiert seine Freiheit vollständig. Der heilige Augustinus sagte, Gott, der uns ohne unseren Willen erschaffen habe, könne uns nicht ohne unsere Mitwirkung retten. Das ist so wahr, daß alle endzeitlichen Botschaften der Allerseligsten Jungfrau Maria seit 150 Jahren stets bedingungsweise formuliert sind: «Wenn ihr euch nicht bekehrt . . . Wenn ihr euer Leben nicht ändert . . .» Sie hat niemals behauptet, daß es Kriege geben werde, egal was wir tun.

Was die Orakel betrifft, so begreift man, daß ihre Dunkelheit nicht allein daher rührt, daß Satan der Affe Gottes ist oder daß das Rätsel, eine Quelle der Faszination und der Verführung, beim Menschen die Entfaltung des Machttriebs begünstigt; sie rührt gleichermaßen auch daher, daß er nicht der Herr der freien Willen ist und somit die Zukunft nicht exakt vorhersagen kann. Überdies stellt die Dunkelheit, der doppelte oder dreifache Sinn, einen bequemen Schutzschirm dar. So kann er keinen Einbruch erleiden, indem er bei einer Lüge ertappt wird. Es ist eine simple Vorsichtsmaßnahme von seiten Luzifers. Außerdem leuchtet mit zunehmendem zeitlichem Abstand ein, daß eine Prophetie nur vollständig begriffen werden kann, wenn sie sich erfüllt hat.

Um dieses Kapitel über den Einfluß des Dämons auf die Materie zu beenden, bleibt uns noch eine Frage zu beantworten, die dem Leser bestimmt in den Sinn kommen wird. Wie werden wir übrigen, wir von bloß menschlicher Natur, jemals das Wahre vom Falschen, das Wunder von der Magie unterscheiden können, da wir doch das Geheimnis des Herzens und die Gesetze der Materie nicht kennen? Die Antwort findet sich im Katechismus (im alten, vor dem II. Vatikanum gelehrten, versteht sich!). Wir können das Wahre vom Falschen, das Wunder von der Magie unterscheiden durch die Gabe der Unterscheidung der Geister, die wir bei der Firmung empfangen. Freilich ist dazu erforderlich, daß unsere Seele sich dem Empfang dieser Gabe nicht verschließt.

Es bedarf eines der Lehre der katholischen, apostolischen und römischen Kirche unterworfenen Glaubens; es bedarf eines durch die sakramentale Praxis, durch beständiges Gebet und Buße gestärkten Glaubens. Umgekehrt führen der systematische Zweifel, die «Suche», wie man jetzt sagt, die Diskussion der geoffenbarten Wahrheiten, begleitet von einem Leben der Zerstreuung und

Weltlust, früher oder später zu übernatürlicher Blindheit und machen die Seele aufs höchste verwundbar für die Kunstgriffe des Dämons. Genau daran erinnert uns die Allerseligste Jungfrau in ihren Botschaften von La Salette, Lourdes und Fatima, um nur die bekanntesten und im übrigen von der katholischen Kirche unstreitig anerkannten zu nennen. Das ist der einzige mögliche Schutz vor dem Dämon. Es gibt keinen anderen. Die Novelle von Cazotte «Der verliebte Teufel» ist eine perfekte Illustration dafür.

# III

# Die Außerirdischen und die Herrschaft der Dämonen über den Menschen

*«Wir haben ja nicht zu kämpfen gegen Fleisch und Blut, sondern gegen die Mächte, gegen die Gewalten, gegen die Weltherrscher dieser Finsternis, gegen die Geister des Bösen, welche die Himmelsräume bewohnen. Legt darum die Waffenrüstung Gottes an, damit ihr am bösen Tag zu widerstehen und fest zu bleiben vermögt, nachdem ihr alles ins Werk gesetzt habt.»*

*St. Paulus, Epheserbrief 6, 12-13*

Dieser Text des heiligen Paulus würde es verdienen, in Stein gemeißelt zu werden.

Wie üben diese Mächte und diese Gewalten, gegen die wir zu kämpfen haben, ihre Herrschaft über die Menschen aus? Sie tun es auf dem Weg über die Sinne und die Einbildungskraft. *«Nichts ist im Verstand, was nicht zuvor in den Sinnen ist.»* Dieselbe Wahrheit bringt der heilige Paulus zum Ausdruck, wenn er sagt: *«Die unsichtbaren Dinge werden erkennbar durch den Anblick der sichtbaren Dinge»* (Röm 1, 20).

## Die Sinne, die Einbildungskraft und die Seele

Nehmen wir Bezug auf die drei weiter oben analysierten Kategorien von UFO-Erscheinungen. In der ersten Kategorie haben wir gesehen, wie die Sinne des Betrachters durch das Talent des

Magiers schockiert werden, der Maschinen, Geschwindigkeit, Lichter, Menschenähnliche, etc. zum Einsatz bringt. In der zweiten Kategorie ist es die Einbildungskraft des Betrachters, die durch die Symbolik der Erscheinung angeregt wird. Schließlich, in der dritten Kategorie, werden sein Herz und sein Verstand einbezogen. Der Betrachter gelangt zu einer gewissen Anschauung der «unsichtbaren» Dinge. Genauso nehmen die Dinge in der Genesis ihren Lauf. Am Anfang steht die Verstellung. Die Schlange läßt die Schönheit der Frucht durchblicken, deutet der Einbildungskraft ihre unvergleichlichen Eigenschaften an: *«Ihr werdet sein wie Götter»*, erregt die intellektuelle Neugierde. Am Ende gehen ihnen die Augen auf: *«Sie sahen, daß sie nackt waren.»*

Der Dämon kann sich nicht direkt an den menschlichen Willen heranmachen - er fände keinen Angriffspunkt. Er besitzt keine Gewalt über die Geister, denn *«das Herz des Königs ist in der Hand des Herrn, der es lenkt wie Er will»* (Spr 21, 1). Der Dämon hat lediglich Macht über die Materie. Deshalb kann er sich nur durch ihre Vermittlung - ist sie ja die Umhüllung, die der Schöpfer der Seele gegeben hat, um mit der sichtbaren Welt in Verbindung zu treten - den Menschen untertan machen. Aus diesem Grund wird dem Menschen ans Herz gelegt, seine Sinne und seine Phantasie im Zaum zu halten, um nicht in Versuchung zu geraten. Das ist die Waffenrüstung Gottes, von welcher der heilige Paulus im Epheserbrief spricht. Ohne diese Rüstung läuft der menschliche Wille - wie jeder Soldat, dem sie fehlen würde - Gefahr, den Angriffen des Feindes zu erliegen.

Die Theologie weist, wo sie von dieser Einwirkung des Dämons auf die Sinne spricht, darauf hin, daß der Engel, wie schon gezeigt, von Natur aus die Fähigkeit besitzt, einen sinnenfälligen Gegenstand zu präsentieren, sei er nun durch die Natur gebildet oder von ihm selbst hervorgebracht. Der häufigste Fall ist derjenige, in dem der Engel einen Leib annimmt. Diese direkte Einwirkung auf die Sinne ist am leichtesten aufzudecken. Aber der Dämon kann auch im Innern des Menschen tätig werden, indem er seine Launen beeinflußt oder ihm Sachverhalte, Phänomene, Erscheinungen suggeriert, die gar nicht existieren, wie im Falle von Halluzinationen. Es ist allerdings außerordentlich heikel, diese Art von Belästigungen einer außernatürlichen Ursache zuzuschreiben, weil sie genauso gut natürlichen Ursprungs sein können.

Was die Einwirkung auf die Phantasie angeht, so beruht sie auf einer Einwirkung auf die Sinne, von denen sie ausgeht. Der Dämon vermag der Einbildungskraft nämlich keine Formen einzuprägen, die vorher in keiner Weise durch die Sinne Eingang gefunden hätten. Er könnte beispielsweise einen von Geburt an Blinden sich keine Farben einbilden lassen. Er wird nur tätig, indem er sich des durch unsere Sinne angehäuften Materials bedient. Der Kontakt des Geistes des Engels mit der Phantasie des Menschen kommt also nicht durch eine wesenhafte Vereinigung zustande, wie sie zwischen zwei Engeln stattfände, sondern durch den auf die Einbildungskraft ausgeübten Einfluß so wie wir ihn gerade erklärt haben. Der Engel läßt den Menschen das sehen, was dieser selbst kennt, allerdings nicht in der Weise, in der er es (natürlicherweise) kennt.

Diese Einwirkung der Engel und Dämonen auf die Sinne und die Phantasie des Menschen hat die Kirchenväter[41] und die Verfasser wissenschaftlicher Werke über die Mystik[42] sehr schnell dazu geführt, drei Arten von Visionen zu unterscheiden, die sich mit unseren Kategorien von UFO-Erscheinungen decken. Es sind das die körperlichen, eingebildeten und geistigen Visionen. Die körperlichen oder äußerlichen Visionen kommen mit Hilfe des Gesichtssinns zustande, wobei das Wesen, das die Vision auslöst, einen Leib oder wenigstens einen Scheinleib annimmt: von dieser Art war die Vision der drei Engel, die sich Abraham, dann Lot und den Bewohnern von Sodom zeigten; auch diejenige des heiligen Antonius in der Wüste, die Jacques Vallée anführt und die wir im ersten Kapitel dieses Werkes wiedergegeben haben. Johanna von Orléans sagte, vom heiligen Michael sprechend:

*«Ich habe ihn, ihn und die Engel, mit meinen eigenen Augen so deutlich gesehen, wie ich euch - euch, meine Richter - sehe. Ich habe mit meinen Armen die heilige Katharina und die heilige Margaretha umarmt.»*

---

41 Unter anderen der *heilige Augustinus* in der «Genesis im Wortsinne» (Desclée de Brouwer), Seite 375ff.

42 Unter ihnen *Msgr. Saudreau* in «Der mystische Zustand», Angers 1921, dem wir diese Zeilen entlehnen.

Es war auch mit den Augen, daß Bernadette in Lourdes und die Kinder in Pontmain und Fatima Maria sahen, die für alle übrigen unsichtbar blieb. Die UFO-Erscheinungen der Kategorien 1 und 2 zählen zu dieser Art von Vision. Gleichwohl gehört die Kategorie Nr. 2 auch zu den eingebildeten Visionen. Bei diesen bietet der Gegenstand zwar gleicherweise eine materielle Form dar, wird aber durch den inneren Sinn des Einbildungsvermögens wahrgenommen. Die Visionen, die im Traum stattfinden, sind allesamt eingebildete Visionen, doch stellen sich diese häufiger im Wachzustand ein. In derartigen Visionen verschwindet die äußere Welt und die Seele sieht nur noch das Wesen, das sich ihr zeigt, sei es allein, sei es umgeben von Gegenständen, die gleichfalls von ihrer Phantasie gemalt werden; sobald die Vision aufhört, scheint es ihr, als kehre sie aus einer anderen Welt zurück. Diese Züge entsprechen vollkommen der dritten Kategorie, den Erscheinungen von Uri Geller, derjenigen des Patriarchen der Mormonen Joseph Smith, denen des Alchemisten von Königin Elisabeth I., John Dee.

Allerdings kann man selbst in den von nachweisbaren und dauerhaften materiellen Spuren begleiteten Fällen annehmen, daß viele UFO-Erscheinungen, die auf Anhieb der ersten Kategorie zugeordnet werden, trotzdem auf eingebildete Visionen zurückgehen. In den Fällen, die wir untersucht haben, scheint das zwar nicht zuzutreffen. Aber an diesem Ende des 20. Jahrhunderts, da wir - leider! - in ein okkultes Universum getaucht sind, können bestimmte Hypothesen, wenn nicht ihre Bestätigung finden, so doch wenigstens in der unerwartetsten Weise entstehen. Im vorliegenden Fall ist dieser Gedanke uns bei der Lektüre eines Comics (verfaßt von E.P. Jacobs, verlegt bei Dargaud[43]) mit dem Titel «Das Geheimnis der Großen Pyramide» gekommen. Im zweiten Teil dieses Werkes sieht man auf den Seiten 42ff klassische Rächer einen Räuber in eine geheimnisvolle Kammer der Großen Pyramide Ägyptens verfolgen, die von völlig trockenen Gräben umgeben ist. Plötzlich füllen sich die Gräben mit Wasser

43 Was die für die Jugend bestimmten Werke von E.P. Jacobs betrifft, so raten wir ihre Lektüre entsprechend vorgewarnten Personen an. Sie werden feststellen, daß alle einen okkulten Charakter besitzen wie der Roman von der Rose oder die König-Arthur-Legende.

und eine Armee von Krokodilen schickt sich an, sie zu verschlingen. Unsere Freunde glauben sich verloren, als der Zauberer, der Hüter dieser geheimen Stätten, erscheint. Schlagartig verschwindet das Wasser, und mit ihm seine gefräßigen Bewohner. Nachdem er den Räuber verhext hat, erklärt ihnen der Zauberer das Verschwinden des Wassers und der Krokodile. Es war nichts als eine Beschwörung, eine Suggestion ihrer Einbildungskraft, hervorgerufen durch einen magischen *Willen*. Gerade so arbeiteten übrigens die Zauberer des Pharao, als sie vor Moses alle Arten von Scheinwundern wirkten und namentlich das Auftauchen von Heuschreckenschwärmen hervorriefen.

Es existieren schon alle möglichen Drogen, die derartige halluzinatorische Visionen erzeugen können; warum also sollte es unmöglich sein, auf die Entfernung die Einbildungskraft eines Einzelnen oder einer Gruppe von Menschen zu manipulieren? Wir haben gezeigt, daß es in der Gewalt des Dämons steht, das zu tun. Es liegt nichts Außergewöhnliches in der Annahme, daß er sich bestimmter Menschen bedienen könnte, um es zu tun. Das Alte Testament bietet reichlich Beispiele dafür. Vielleicht beruht darauf das Geheimnis gewisser Einweihungen. Nicht übersehen hat diese Hypothese Jacques Vallée, der zu dem Schluß gelangen konnte, das UFO-Phänomen sei in uns. Er findet darin, übrigens genauso wie C.G. Jung, nicht weiter als die Wiederkehr grundlegender Archetypen der menschlichen Natur. Doch diese Archetypen, diese Symbolik wie auch alles, was sie zum Ausdruck bringt, schreibt Hervé Masson[44], ist älter als das Erscheinen des Menschen auf der Erde. Es ist eine buchstäblich *vormenschliche* Sprache. Gerade weil es von einem Esoteriker kommt, ist dieses Eingeständnis von großem Gewicht, um unsere These zu bestätigen.

In diesem Stadium unserer Überlegungen angekommen, ist unsere Schlußfolgerung definitiv: das UFO-Phänomen, ganz gleich, ob die Natur der Vision körperlich oder eingebildet ist, hat zum Urheber den Dämon, den der Genesis, den Menschenmörder von Anbeginn, mag er nun direkt oder durch Vermittlung ihm mit Leib und Seele verkaufter Menschennaturen agieren.

---

44 «Wörterbuch der Einweihung», a.a.O.

Der Ungläubige wird einräumen: Gestehen wir einmal zu, daß es der Dämon sei. Und weiter? Ich sehe nichts Alarmierendes in diesen Kundgebungen, die bloß zum Ziel haben, uns nach Art der Fakire auf dem Markt zu ergötzen oder zum Narren zu halten, ganz wie man will. Das ist ganz einfach Kinderei! - Wir antworten darauf: Wer die Geduld hat, uns bis zum Ende dieses Buches zu folgen, wird die allgemeine Einordnung des Phänomens erhalten, das - leider! - sehr wohl einen Sinn, einen tragischen Sinn besitzt.

Doch kehren wir zu unserer Ausdeutung der über- und außernatürlichen Visionen zurück. Die intellektuellen oder geistigen Visionen gehen ohne Bilder vonstatten. Es ist in gewisser Weise ein Schauen Auge in Auge mit den göttlichen Wirklichkeiten, mit jenen, an denen nur die guten Engel teilhaben. Von diesen Visionen konnte der heilige Paulus schreiben:

«*Ich weiß einen Menschen in Christus, der vor vierzehn Jahren, das weiß ich, - war es in seinem Leib oder außer seinem Leib, ich weiß es nicht, Gott weiß es - bis in den dritten Himmel entrückt wurde*» (2 Kor 12, 2).

Diese Visionen sind die erhabensten. Die Dämonen, die körperliche Gestalten annehmen und sich den Augen zeigen, die gleichermaßen in der Phantasie Darstellungen erzeugen und eingebildete Visionen hervorrufen können, vermögen keine intellektuellen oder geistigen Visionen zu verleihen. Gott, und Gott allein, der uns in den Stand versetzt hat, in dem wir uns befinden, ein Zustand, in dem die Seele nicht unabhängig vom Leib tätig sein kann, vermag diesen Zustand, sogar augenblicklich, zu verändern und die menschliche Seele in den Rang der reinen Geister zu erheben.

Noch die am wenigsten tugendhaften Seelen, sogar die Sünder, können ebenso wie die größten Heiligen körperliche und eingebildete Visionen haben.

«*Die fortgeschrittenen Seelen*», bemerkt der heilige Johannes vom Kreuz, «*werden öfter mit eingebildeten als mit äußeren und körperlichen Visionen begünstigt.*»

Aber nur jene Seelen, die Gott in den engelgleichen Zustand erhebt, können intellektuelle Visionen haben, und es gibt, so glauben wir, kein Beispiel dafür, daß Gott diese Gunst solchen Seelen erwiesen hätte, die nicht bereits in den mystischen Zustand eingetreten und bei denen nicht folglich die höheren Seelenvermögen von der Herrschaft der Sinnenvermögen befreit gewesen wären[45]. Es ist auf dieser Ebene, daß die Gabe der Prophetie in den Seelen zum Tragen kommt, im Gegensatz zu dem, was bei einem Orakel geschieht. Und man versteht, wieso es für uns so schwer ist, diese Prophezeiungen zu entschlüsseln. Die göttlichen Wirklichkeiten sind so schwer in unsere menschliche Sprache zu übertragen! Bis zum Ende der Zeiten wird der Mensch die in den Büchern Ezechiel, Isaias und, uns schon näher liegend, die in der Geheimen Offenbarung des heiligen Apostels Johannes verborgenen Geheimnisse erforschen. Die Prophetie, wir haben es schon gesagt, wird auf menschlicher Ebene erst richtig begriffen, wenn sie in Erfüllung gegangen ist. Die Ankunft des Erlösers war die Vollendung der Prophetien des Alten Testaments, das die Wege des Heils vorbereitete. Dieses jedoch wird nur in der Hoffnung erlangt, wie der heilige Paulus sagt, und wird endgültig erst am Ende der Welt mit der Auferstehung des Leibes Wirklichkeit werden. Zwischenzeitlich bleibt uns alles, was das Geheimnis der Nationen betrifft, noch verhüllt.

Am Schluß dieser Darstellung der Gewalt der - guten oder bösen - Engel über die materielle Schöpfung und über die menschliche Einbildungskraft können wir bekräftigen, daß das UFO-Phänomen einem direkten oder indirekten Versuch von seiten der

---

[45] Msgr. Saudreau trägt in seinem schon zitierten Werk auf Seite 213 zu den soeben entwickelten Gedanken eine wichtige Präzisierung bei. «*Man darf*», schreibt er, «*die intellektuelle Vision nicht mit den inneren Erleuchtungen verwechseln, die man bisweilen auch intellektuelle Erleuchtungen nennt - im Gegensatz zu den Phantasien und Ausgeburten der Einbildungskraft -, die aber sehr verschieden von den Schauungen der Engel sind. Ribet hat in seiner Mystik gesagt, daß es beim Festmahl des Königs Belsazar eine doppelte Vision gab: eine körperliche Vision der Hand, welche Schriftzeichen auf die Wand schrieb, und eine intellektuelle Vision im Geist Daniels, der deren Bedeutung verstand. Ebenso wäre es ihm zufolge eine intellektuelle Vision gewesen, durch welche die Magier begriffen hätten, was der Stern bedeutete. Die Lichter, die der Heilige Geist durch seine Gaben mitteilt, die Gedanken, die er im menschlichen Geist mit einer manchmal blendenden Klarheit und einer festen Überzeugung von ihrer Wahrheit niederlegt, wie auch diejenigen, welche die heiligen Engel einflößen, sind gewiß im Verstand, aber er erfaßt diese Wahrheiten, ohne seinen normalen Zustand menschlichen Denkens zu verlassen; er ist also weit davon entfernt, nach Art der reinen Geister zu erkennen und zu denken.*»

Dämonen entspricht, sich ausgehend von einer körperlichen oder eingebildeten Vision des Geistes des Menschen zu bemächtigen und die zeitgenössischen Gesellschaften zu beherrschen. Es ist zugleich eine Form individueller wie kollektiver dämonischer Besessenheit.

Sicher, in unseren Tagen gehört es selbst bei den Geistlichen zum guten Ton, zu lächeln, wenn man die Besessenheit erwähnt. Die überlassen wir dem Mittelalter, als das Volk noch so unwissend war! - Unsere gelehrten Zeitgenossen haben vergessen, daß der Dämon, weniger dumm als es scheint und insbesondere weniger dumm als sie selbst, sich vor allem zu maskieren versteht. Wir haben beim Studium des UFO-Phänomens festgestellt, daß, wenn auch Identität in der Erscheinung, d.h. der Belästigung gemäß der Begrifflichkeit der katholischen Theologen, besteht, keine Identität in den Erscheinungs*weisen* des Phänomens vorliegt. Was es charakterisiert, ist vielmehr seine Formbarkeit. Der Teufel hat es verstanden, sich zu einem «Menschen» des 18. Jahrhunderts, sogar zu einem Ideal des Menschen des 18. Jahrhunderts zu machen, um die «Auserwählten» in diesem Jahrhundert zu verführen; und er versteht es, sich zu einem Menschen des 20. Jahrhunderts zu machen, um unter uns zu wohnen. Die teuflische «Besessenheit» geht ganz einfach eine Verbindung mit ihrem jeweiligen Jahrhundert ein. Der Teufel ist immer modern. Er **ist** die Mode!

Was ist Besessenheit? Wie äußert sie sich? Die Theologen unterscheiden gewöhnlich mehrere Grade der Einwirkung des Dämons auf den Menschen.

1. Die gewöhnliche Weise, zu Werke zu gehen, ist die Versuchung. Durch die Versuchung wirkt er vor allem auf die Phantasie ein, weil der Wille, wie gezeigt, nur indirekt seiner Einwirkung unterliegen kann. Er operiert also mit Suggestionen, mit der Aufwühlung der Leidenschaften, die den Menschen dazu bringen, Gottes Gebote zu übertreten. Niemand entrinnt seinen stürmischen Angriffen. Das sind seine gewöhnlichen Tätigkeiten. Das UFO-Phänomen ist, auf seine Weise, eine Versuchung weniger zur Überschreitung eines Gebots als vielmehr zur Leugnung seines Urhebers, Gott. Wir haben es gezeigt: es führt dazu, unseren

Glauben an einen Schöpfergott und an seine Offenbarung wieder in Frage zu stellen.

2. In anderen Fällen geben die Dämonen ihre Anwesenheit durch peinliche Beunruhigungen kund. Man findet Beispiele dafür im Leben aller Heiligen. Sie lassen lärmende Geräusche vernehmen, sie bewegen gewisse Gegenstände, transportieren sie, stellen sie auf den Kopf und zerbrechen sie bisweilen; es ist das, was man Belästigung nennt. Das UFO-Phänomen ist eine, wenn nicht gar «die» moderne Form der Belästigung.

3. Die *Umsessenheit*, die als eine Einwirkung des verdammten Engels auf das Gehirn definiert wird. Er stumpft dabei die Seelenvermögen ab, ohne sie jedoch jeglicher Tätigkeit zu berauben. Er verdunkelt den Verstand und nimmt der Seele dadurch einen Teil ihrer Freiheit; oder er prägt der Phantasie gewaltsam und unwiderstehlich abscheuliche Bilder ein. Er deponiert im niederen Teil der Seele, ihrem Vorzimmer, zu dem er Zutritt hat, falsche Ideen, die sie nicht verjagen kann, krankhafte Bestrebungen, teuflische Gefühlsregungen, von denen die Seele sich einbildet, ihnen zuzustimmen, so mächtig ist der Antrieb zum Bösen! Die Seele glaubt dann, Gott zu hassen und die Gotteslästerung zu lieben, während sie aber, ihr unbewußt, im höheren Teil ein gewiß freies und freiwilliges starkes Widerstreben dagegen aufrechterhält, das sie vor der Sünde bewahrt. Von daher kommen viele unvermittelte Triebregungen, besonders bei den Jugendlichen. In einer Novelle mit dem Titel «Der Spiritist» erzählt Théophile Gautier die Geschichte eines armen Menschen, der sich selbst den Tod gegeben hat - um im Jenseits eine Kreatur vorzufinden, die ihn ständig umlagert. Auch insofern ist das UFO-Phänomen wieder eine moderne Form der Umsessenheit. Sieht man nicht gegenwärtig zahlreiche Leute, die, besessen von dieser Frage, erfolgreich oder auch nicht einen Jenseitskontakt herzustellen versucht haben? Solche Kontakte haben sich sogar durch das Fernsehen eingestellt! Wie der zur Suche nach dem Stein der Weisen aufgebrochene Alchemist suchen sie fortan den Kontakt um jeden Preis und warten darauf, in andere, irreale und phantomartige Universen entrückt zu werden. Doch der Unterschied zwischen den beiden Umsessenheiten, der alten und der modernen, besteht darin, daß es für die alte Heilmittel gab. Die Seele

glaubte an Gott, die Gesellschaft war christlich. Spezielle Gebete, von Priestern verrichtet, konnten davon befreien. In ihrer modernen Form ist die Umsessenheit, abgesehen von einer besonderen Gnade Gottes, ohne Heilmittel. Die Seele glaubt nicht mehr an das, was sie retten könnte, und die Konzilskirche glaubt in der Person ihrer Priester nicht mehr an den Dämon. Diese Art von Umsessenheit findet in ihrer kritischen Phase kein Heilmittel außerhalb der psychiatrischen Anstalten; das ist der Grund, warum diese letzteren überfüllt sind!

4. Man sieht also, durch welche wohlüberlegten Schritte der Dämon dazu gelangt, sich der Menschen bis zur völligen Besessenheit zu bemächtigen, dieser vierten, erstickenden Phase, in deren Verlauf der böse Geist diesmal den menschlichen Organismus in Besitz nimmt. Er verfügt über die Glieder, die Zunge, den ganzen Leib des Besessenen, den er nach Belieben in Bewegung setzt, sehr häufig, indem er sein Opfer einschläfert und es jeden Bewußtseins beraubt.

Jedoch geht die Besessenheit nie bis zur Beseelung. Der Dämon informiert nicht den Leib, den er besitzt. Er teilt ihm nicht das Leben mit. Die Seele fährt fort, diese wesentliche Funktion zu erfüllen. Aber durch einen Vorgang, der uns nicht faßbar ist, vereint er sich mit dem beseelten Leib. Es scheint, als ob er ins Innerste des Gehirns und des Nervensystems eindränge. Er hindert die Seele daran, nach ihrem Belieben zu handeln, und indem er sich an ihre Stelle setzt, erlegt er den Gliedern die Bewegungen auf, die er will; er prägt der Physiognomie charakteristische Züge ein, die häufig - und anscheinend bisweilen gegen seinen Willen - seine eigenen Emotionen, seine Wut, seinen Stolz enthüllen; er scheint mit den Augen des Besessenen zu blicken; er spricht mit seinem Mund; er ist so eng mit dem Leib verbunden, dessen er sich bemächtigt hat, daß er unter der Berührung dieses Leibes mit geweihten Gegenständen leidet. Es ist eine ganz innige Vereinigung und gleichsam eine Nachäffung der Inkarnation.

Doch auf der anderen Seite ist der Dämon in seinen Handlungen durch die Veranlagungen und Gewohnheiten des Besessenen eingeengt; der geschickteste Künstler hängt stark von dem Instrument ab, dessen er sich bedient. Auch kommt es vor, daß der Dämon, wie wider Willen, von dem Besessenen dessen gewohnte

Ausdrucksformen entlehnt. Es hat den Anschein, daß er eher die im Gehirn eingravierten Gegebenheiten benutzt als neue zurechtschmiedet.

Ein Dämon, der sich eines Leibes bemächtigt hat, macht daraus nicht seine ständige Bleibe, es sei denn, er würde dazu durch eine höhere Macht gezwungen. Er geht vielmehr nach Belieben ein und aus. Überdies ist seine Tätigkeit, auch wenn er gerade im Leib ist, nicht immer dieselbe. Manchmal ist sie gar nicht vorhanden, manchmal schwach, manchmal stark. Endlich, wenn er sein Opfer einschläfert, spricht er allein, handelt er allein. Daraus folgt, daß der Besessene unterschiedliche Stadien durchläuft. Im Zustand völliger Ruhe ist er absolut so wie jene, die nicht besessen sind. Im Zustand der perfekten Krise hat der Besessene nicht mehr die Freiheit seiner Bewegungen. Wenn er eingeschläfert ist, erinnert er sich nach der Krise weder der Handlungen noch der Worte, die ein anderer mittels seiner Organe vollzogen bzw. gesprochen hat. Falls er das volle Bewußtsein behält, vermag er weder die heftigen Bewegungen seines Leibes noch die Gesten noch die Worte zu verhindern, aber sie sind ihm völlig fremd.

*«An diesen Zeichen»*, schreibt Dr. Berthet[46], *«kann man den Besessenheitszustand erkennen: wenn die Person außergewöhnliches Gebrüll ausstößt, Schreie von wilden Tieren hören läßt, Kräfte entfaltet, deren sie physisch gar nicht fähig ist, in außergewöhnliche Krisen und Erschöpfungszustände fällt. Man kann noch sicherer von einer Person sagen, daß sie besessen ist, wenn sie ihr unbekannte Sprachen spricht, sie schreibt und versteht, wenn sie mit einem Mal Einblick in die schwierigsten Wissenschaften besitzt; wenn sie sich der Hellsehergabe, der Telepathie, der Levitation erfreut; wenn es ihr ersichtlich unmöglich ist, die Namen Jesu, Mariä, Josephs auszusprechen, wenn die heiligen Dinge, die Kirche, die Evangelien ihr instinktiv Abscheu verursachen.»*

---

[46] *Dr. Berthet*, Mystère et Ministère des Anges (Geheimnis und Dienst der Engel), Éditions Rosicruciennes (Rosenkreuzer-Verlag), Lausanne, Seite 331. Als von einem Schüler des Lyoner Magiers *Meister Philippe* kommend, sind die Aussagen von Dr. Berthet von umso größerem Interesse, und wir erachten sie als ein gewichtiges Zeugnis zugunsten unserer These.

## Die Herrschaft der Dämonen über unsere Zeitgenossen

Alle diese Anzeichen finden sich bei gewissen, in unserer Epoche berühmten Individuen, so zum Beispiel bei Uri Geller.

Diese gewaltsame Form der Besessenheit, wie sie von den katholischen Theologen und von den Exorzisten beschrieben wird, existiert zwar noch, ist aber nicht mehr die momentan übliche Vorgehensweise des Dämons in den sogenannten zivilisierten Ländern unserer Tage, und das aus folgenden Gründen:

1. Es ist dem Dämon gelungen, den Menschen des 20. Jahrhunderts glauben zu machen, daß er nicht existiere. Auch würden solche Besessene, ohne daß er irgendeinen Vorteil davon hätte, schlicht und einfach als Geistesgestörte und reif für die Anstalt betrachtet.

2. Diese Weise, auf den Menschen einzuwirken, die sehr oft die logische Straffolge einer schweren Sünde des Besessenen, eines sakrilegischen Aktes oder eines aus Haß mit Satan geschlossenen Paktes, ja sogar in gewissen Fällen und häufiger als man glaubt[47] eine Zulassung Gottes zum Zweck der Prüfung eines seiner Diener war, gereichte meistens zu seiner Beschämung und zum Ruhm der Kirche. Bezeugte nicht die Kirche durch ihre Exorzismen, welche die Befreiung des Besessenen nach sich zogen, ihre Gewalt über den Dämon? Wenn er nichtsdestoweniger darauf zurückkam, dann weil er dazu genötigt war, gewissermaßen gefangen in der Notwendigkeit des Bösen[48] - seine Zauberer sahen sich in der Tat veranlaßt, seine Kräfte in Anspruch zu nehmen, um ihre Gegner oder Feinde zu peinigen - und in seinem Hochmut, d.h. in seinem Bestreben, die Menschen daran zu erinnern, daß der Fürst dieser Welt immer gegenwärtig war.

3. In unseren Tagen, da die Zitadelle umzingelt ist, bedarf es keiner solchen Kniffe mehr. Der «Rauch Satans» hat die katholische Kirche heimgesucht, die ihrer schützenden Sendung als weitblickende Wächterin nicht mehr nachkommt. Der Mensch dieses letzten Viertels des 20. Jahrhunderts ist sich selbst überlas-

---

47 Vgl. das schon zitierte Werk von Msgr. Saudreau.

48 Im Unterschied zum Menschen gibt es in den Handlungen des Dämons keine Mischung von Gut und Böse. Wie alle reinen Geister kann er sich nur entweder für das Gute oder für das Böse entscheiden. Er hat sich aber für das Böse entschieden.

sen, ohne geistlichen Schutz. Er ist verwundbar für die satanischen Belästigungen geworden. Sein Wille kann fortan auf unsichtbare Weise ausgeschaltet werden. Das ist die absolute und moderne Form der Besessenheit. Der Mensch unserer Tage ist Gegenstand der ihm unbewußten Besessenheit, für die ihm auch niemand ein Heilmittel reichen kann, abgesehen von einem besonderen Eingreifen des Himmels! So ist die Lage. Die ordentlichen Gnadenströme, welche die Kirche ehemals ausspendete, sind nunmehr an der Quelle versiegt. Es gibt nur noch Gnaden in Gott und in Gott allein, entweder direkt oder durch seine übernatürlichen Mittler, die Allerseligste Jungfrau Maria, die Heiligen und die Engel, welche die unsichtbare Kirche bilden.

Wie dem auch sei, kein Mensch käme gegenwärtig mehr auf den Gedanken, diese klassischen Anzeichen der dämonischen Besessenheit, die Dr. Berthet beim Namen genannt hat, dem Dämon zuzuschreiben. Man zieht es vor, derartige Manifestationen - wie im Falle von Edgar Cayce - als das Erwachen eines kosmischen Bewußtseins zu interpretieren, das auf anderen Schwingungen als den unsrigen beruht! Oder als das Arbeiten von bislang untätigen Gehirnzellen. Den Wissenschaftlern fehlt es nicht an Phantasie (einmal ist keinmal! . . .), um das Unerklärliche zu erklären. Einige werden schließlich dahin gelangen, diese Kundgebungen als einen Kontakt mit höheren außerirdischen Wesen verständlich zu machen. Da haben wir die tatsächliche Verbindung zwischen der Besessenheit und den UFOs, wofür der «Fall Uri Geller» derzeit die beste Illustration ist. Die UFOs fassen die Gesamtheit der vom Dämon entdeckten Mittel zusammen, den modernen Menschen in Besitz zu nehmen, diesen im Wandel begriffenen Menschen, der unseren neuen Theologen so teuer ist!

Luzifer wird keine sonderlichen Anstrengungen mehr unternehmen müssen, um von dieser Welt, seiner Welt, Besitz zu ergreifen, seit der Mensch, der sich auf die Errungenschaft des Übermenschen stürzte, zur Suche nach sich selbst und gleichzeitig - unwissentlich - nach der dämonischen Besessenheit aufgebrochen ist. Schauen wir uns doch diese Versessenen an, die nunmehr die Welt durchqueren. Sieht man sie nicht bereitwillig die Einweihung in gewisse Kulte, so den Voodoo-Kult, empfangen, auf deren «mittelalterlichen» Charakter zu verweisen niemandem mehr in den Sinn kommt? Sie laufen zum Hexensabbat mit seinen psychedelischen Tänzen, seinen Drogen, seinen Massenorgien. Bemerkenswert ist die Feststellung, daß bestimmte religiöse Bewegungen wie die Pfingstler bei ihren Jüngern Symptome hervorrufen, die gemäß den Kriterien von Dr. Berthet Kennzeichen der Besessenheit sind. Überall liefert sich der Mensch mit Leib und Seele hier dem «Heiligen Geist» oder den «Geistern», dort dem Geist des Hypnotiseurs, wieder anderswo dem des Psychoanalytikers aus. Alle diese angeblich modernen Praktiken stellen in Wirklichkeit nichts anderes dar als die Aktualisierung von Riten, die so alt sind wie die Welt. Sie sind ebensoviele Konditionierungen und Zubereitungen des menschlichen Geistes für die teuflische Besessenheit. Man ist versucht, das Urteil des im übrigen tief eingeweihten René Guénon über den Okkultismus darauf anzuwenden, das wir weiter oben schon zitiert haben.

Die «Fliegende-Untertassen»-Welle ist übrigens womöglich nicht unbeteiligt an den Selbstmord-Epidemien, von denen derzeit in regelmäßigen Intervallen besonders die Jugendlichen betroffen sind.

Verglichen mit den «Besessenheiten» der Vergangenheit stellt das UFO-Phänomen einen klaren Fortschritt dar. Von der Renaissance bis in unsere Tage betraf die Besessenheit immer nur Einzelpersonen. Mit dem UFO-Phänomen erstreckt sie sich jetzt auf die Masse der Menschen selbst, wie es Jacques Vallée in diesen wenigen Zeilen so richtig vorausgeahnt hat:

*«Haben wir es mit einer Technologie zu tun, die in einer präzisen Absicht die Wahrnehmung der Realität durch die Zeugen verändert? . . .*

*«Wenn es möglich wäre, bestimmte Hirnregionen aus der Entfernung zu stimulieren, würde man in der Folge vielleicht dahin gelangen, symbolische Bilder auf ganze Landstriche zu projezieren, Bilder, die unterschiedliche Eindrücke in verschiedenen Individuen hervorrufen könnten. Man könnte das Verhalten ganzer Bevölkerungen beeinflussen, ohne daß es unmittelbar entdeckt würde.»*

Es ist genau die Einwirkung des Dämons auf die Einbildungskraft, wie sie der katholischen Theologie geläufig ist, die in diesen Zeilen zusammengefaßt wird! Leider gibt es keine nachhaltiger Erblindeten als jene, die Augen haben, um nicht zu sehen. Das UFO-Phänomen ist exakt die Synthese sämtlicher Mittel zur Versklavung, deren sich der Dämon seit Anbeginn der Welt bedient hat. Und der moderne, desorientierte[49] Mensch rennt in sein Verderben. Wir eilen mit Riesenschritten einer dieser «Walpurgisnächte» im kosmischen Maßstab entgegen.

---

49 Erinnern wir an einige ehedem von der Kirche im alten Katechismus gelehrte Wahrheiten, die uns anzeigen, daß der Mensch dem Dämon nicht waffenlos gegenübersteht. Jeder Mensch hat ab seiner Geburt einen Schutzengel, der von Gott beauftragt ist, ihn moralisch und physisch zu beschützen. Dieser kann erfolgreich angerufen werden, um sich vor teuflischen Belästigungen wie z.B. beunruhigenden Einflüsterungen zu schützen. Es genügt, daran zu denken und es zu wollen. Wir haben irgendwo anders einen merkwürdigen Fall eines UFO-Szenarios herausgestellt, in dessen Verlauf scheußliche Gestalten versuchten, eine Frau zu entführen. Als diese merkte, daß sie verschleppt wurde, betete sie zu ihrem Schutzengel und rief die Heiligste Dreifaltigkeit an. Augenblicklich wich das Szenario. Das Mittel ist unfehlbar; gleichwohl sollte man nicht vergessen, daß, wenn die Engel nichts gegen den menschlichen Willen vermögen, unser Schutzengel auch nichts für uns zu tun vermag, wenn wir ihn in der Stunde der Gefahr nicht anrufen.

# IV

# Die Macht des Dämons über die menschlichen Gesellschaften

Nehmen wir drei Zitate wieder auf, die imstande sind, unser Thema zu erhellen:

*«Man kann sich fragen, ob nicht viele Religionen im Gefolge eines solchen Mechanismus entstanden sind, der das Zusammentreffen gewichtiger gesellschaftlicher und politischer Erscheinungen beinhaltete.»*[50]

*«Falls irgendjemand einen tiefgreifenden Einfluß auf die menschliche Gesellschaft ausüben wollte, den weder die kultivierte Minderheit noch die Kirche noch die Militärbehörden aufzudecken vermöchten und der auch weder die Ebene der Politik noch das Räderwerk der Verwaltung störte, obwohl er auf ganz grundlegender Ebene die Keime einer philosophischen Revolution ausstreute, würde er nicht anders handeln.»*[51]

*«Jedes Jahr am 30. April kehrt die Walpurgisnacht wieder. In dieser Nacht wird gemäß dem Volksglauben das Volk der Geister von seinen Ketten befreit. Es gibt auch kosmische Walpurgisnächte, Exzellenz. Sie folgen einander in zu langen Abständen als daß sich die Menschheit ihrer entsinnen könnte. Deshalb hält man sie jedesmal für ein neues, noch niemals erlebtes Phänomen.*

*«Jetzt kündigt sich eine dieser kosmischen Walpurgisnächte an. Da wird eine Umkehrung stattfinden, so daß sich das, was oben ist, unten und das, was unten ist, oben befinden wird.»*[52]

---

50 *Jacques Vallée*, Le Collège Invisible, a.a.O.
51 Ebd.
52 *Gustave Meyrink*, La Nuit de Walpurgis (Die Walpurgisnacht), Édition La Colombe.

Dieses letztere Zitat zielte auf die Ereignisse von 1917 in Ungarn ab und prophezeite das Kommen der bolschewistischen Gesellschaft.

Die beiden ersteren Zitate, die wir wiedergegeben haben, sind nochmals dem grundlegenden Werk von J. Vallée «Das unsichtbare Kollegium» entnommen. Sie belegen, daß dieser Autor eine sich aufdrängende, aber für einen agnostischen Geist wahrscheinlich zu erdrückende Wahrheit nicht anerkennen wollte. Diese Wahrheit ist die folgende; sie ist chemisch und alchemistisch zugleich: Bei jeder gesellschaftlichen revolutionären Operation muß die Reaktionsgeschwindigkeit der Basis fortwährend von der Spitze kontrolliert und koordiniert werden. Wenn nun aber die Spitze der gesellschaftlichen Pyramide, das heißt die sichtbaren Regierungen der bürgerlichen Gesellschaften, von den geheimen Gesellschaften manipuliert wird[53], muß es notwendigermaßen einen parallelen Mechanismus zur Fernsteuerung der Basis, das heißt des kollektiven Unbewußten, geben. Die Evolution der Spitze und der Basis muß, ohne abzugleiten, «harmonisch» Hand in Hand gehen. Könnte man sich vorstellen, daß US-Präsident Jimmy Carter die Absendung von Botschaften an die Außerirdischen, wozu er ja im Sommer 1977 die Initiative ergriff, gefördert hätte, und sei es selbst vermittels der UNO, ohne die geistige Akzeptanz einer solchen Weihe des kosmischen Lebens durch das amerikanische Volk, das von da an in seinem kollektiven Unterbewußtsein pervertiert wurde? Jede zeitliche Verschiebung zwischen der hypnotischen Kontrolle der bürgerlichen Regierungen und derjenigen der Masse, des Volkes des Schattens, wie es Gustav Meyrink anspielungsreich nannte, könnte sich gegen den Urheber des Geheimnisses der Bosheit wenden und würde riskieren, durch Kettenreaktionen die durch Jahrhunderte akkumulierten Auswirkungen der Ideen der Renaissance zunichtezumachen.

Deshalb kann man annehmen, daß im gesellschaftlichen Rahmen die UFOs auf der Ebene des einfachen Volkes das Gegenstück zur Tätigkeit der Geheimgesellschaften auf der Ebene der bürgerlichen Gesellschaften und der Inhaber der Autorität sind. Die UFOs haben den Auftrag, durch massive Erscheinungen, die

---

53 Siehe *Serge Hutin*, Sociétés Secrètes et Gouvernements Invisibles (Geheime Gesellschaften und unsichtbare Regierungen), Sammlung «J'ai lu».

von den Massenmedien - Presse, Rundfunk, Fernsehen und Kino, angefangen von dem Film «Begegnungen der dritten Art» bis hin zu dem Streifen «Independence Day»[54] - aufgegriffen werden, im kollektiven Unterbewußtsein der Völker Keime der Neuen Religion auszustreuen, da ja die perversen und doch als grundlegend erachteten Fragen unweigerlich zur Infragestellung der etablierten Ordnung führen. Die UFOs sind also Motoren infolge der Impulse, die sie durch das kollektive Unterbewußtsein der Einzelmenschen auf die bürgerlichen Gesellschaften übertragen, und gleichzeitig Regulatoren durch ihre Funktion der Koordinierung mit den Operationen der Geheimgesellschaften. Von daher nochmals diese von Jacques Vallée konstatierte Ähnlichkeit zwischen *«bestimmten UFO-Begegnungen und den Ritualen der esoterischen Gesellschaften»*: sie haben denselben Urheber, fließen aus derselben Quelle, erzeugen dieselbe Belästigung. Geheime Gesellschaften und UFOs handeln einfach auf verschiedenen Ebenen.

In diesem Stadium veranlaßt uns die fortan von den UFOs bezüglich des menschlichen Schicksals wahrgenommene Katalysator- und Regulator-Funktion, damit zu rechnen, daß wir uns dem Ende der Renaissance-Ära nähern. Tatsächlich hatte der «wiedergeboren werdende» Geist bis zum 19. Jahrhundert das Sprießen humanistischer Philosophien zur Folge, die in sozialen und ökonomischen Theorien wurzelten. Das 19. und die erste Hälfte des 20. Jahrhunderts hatten zum Ziel die Suche nach einer Praxis, einer Anwendung dieser sozialrevolutionären Theorien. Sie alle treten jetzt in eine Phase der Zurückweisung ein. Der Kapitalismus wird seit langer Zeit angeklagt und von der denkenden Elite verworfen. Was den Marxismus angeht, der bis vor kurzem die Intelligenzia, namentlich die französische, fasziniert hat, die unfähig war, sich davon zu lösen, so scheint es, daß seine hypnotische Kraft jetzt abnimmt oder daß er gar zusammenbricht. Es kommt nunmehr für Luzifer darauf an, die dritte Phase ins Werk zu setzen (die übrigens der dritten Ebene gesellschaftlicher Sub-

---

54 Das ist so wahr, daß sich beim Herauskommen dieses ersteren großen Films die UFO-Erscheinungen über Los Angeles verdoppelten (Auftauchen eines Bildes in Gestalt einer Untertasse über der Stadt mehrere Tage hindurch) und kollektive Panik bzw. Faszination hervorriefen (vgl. «Paris-Match» vom 9. Februar 1983).

version der Massen entspricht - immer wieder die Zahl drei!), um das Volk des Schattens zu vereinnahmen, das ihm andernfalls zu entkommen droht. Die Rede ist von der Vereinnahmung durch die kollektive satanische Besessenheit vermittels der Präsentation eines Phänomens, das die im 20. Jahrhundert unerläßliche Technologie mit der Metaphysik in einer einzigartigen Synthese vereint. Diese Synthese herbeizuführen wird - wir werden noch sehen, wie - insbesondere die Aufgabe weiterer UFO-Szenarien sein.

# DRITTER TEIL

# DAS GEHEIMNIS DER BOSHEIT
# Die menschliche Geschichte hindurch

## I

## Die Erschaffung der Engel und das Geheimnis ihres Falles

Am Ende unserer Erklärung des UFO-Phänomens angelangt, könnten wir dort stehenbleiben. Wozu noch fortfahren, nachdem der Urheber des Szenarios demaskiert ist? Nun, es ist nicht uninteressant für uns Menschen, der historischen Fährte und dem eigentlichen Grund dieses unermeßlichen Kampfes, dieses «magnum proelium» (Apk 12, 7) nachzugehen, der sich in der Welt seit ihren Anfängen abgespielt hat. Und sein Verständnis ist nicht bloß der Schlüssel zur Vergangenheit, sondern auch zur Gegenwart und zur Zukunft.

Denn wir sind Teilnehmer an einem Kampf, dessen Einsatz über uns hinausgeht:

*«Der Mensch hat noch eine andere Dimension als die gesellschaftliche oder individuelle: seine Seele ist eine Arena, in der sich der Himmel und die Hölle ein erstaunliches Duell liefern, und seine Freiheit bewirkt, daß er sich seinen Sieger auswählt, dem er mit seinen guten Eigenschaften und Mängeln, seinen La-*

*stern und seinen Tugenden dient. Aber man bedenke: wenn die Menschen einander bekämpfen, dann nicht nur wegen kleinlicher Interessen, sondern um diesem verborgenen Herrn zu dienen, den sie insgeheim von Herzen lieben, und dies vielleicht auf beiden Seiten, ohne ein klares Bewußtsein davon zu haben.»*[1]

Wir haben weiter oben gezeigt, wie die Existenz der Engel sich dem katholischen Glauben aufdrängt und sich gleichzeitig auf die Heilige Schrift des Alten und Neuen Testaments wie auch auf die Überlieferung (Schriften der Kirchenväter, Dekrete der Konzilien, Verkündigung des kirchlichen Lehramts) stützt.

*«Den Beschluß der Welterschaffung vorausgesetzt»*, sagt der heilige Thomas in einem bereits angeführten Text, *«ist die Existenz gewisser unkörperlicher Geschöpfe eine Notwendigkeit. Tatsächlich ist ja das Hauptziel der Schöpfung das Gute. Das Gute oder die Vollkommenheit besteht in der Ähnlichkeit des geschaffenen Seienden mit dem Schöpfer, der Wirkung mit ihrer Ursache. Die Ähnlichkeit der Wirkung mit ihrer Ursache ist dann vollkommen, wenn die Wirkung die Ursache darin nachahmt, wie sie die Wirkung hervorbringt. Nun bringt Gott aber die Schöpfung durch den Verstand und den Willen hervor. Die Vollkommenheit des Universums erfordert folglich, daß es vernunftbegabte und unkörperliche Wesen gibt.»*

Kommen wir auf die grundlegende Auslegung der ersten Kapitel der Genesis durch den heiligen Augustinus zurück:

*«Es ist keine zeitliche Abfolge, sondern eine solche des Ursprungs, dergemäß die Schöpfung zuerst gestaltlos und dann gestaltet war; andererseits bedeutet der Himmel, von dem gesagt wird, daß er zuerst erschaffen worden sei, die gestaltlose Natur der Engel. Dann aber muß man unter diesen Worten: "es werde Licht, und es ward Licht", die durch ihre Hinwendung zum (Ewigen) Wort gestaltete Natur der Engel verstehen. Es ist also in der Zeit, daß die Natur der Engel geschaffen wurde und daß sie zu Licht gemacht wurde; sie war unterschieden von der Finsternis, und unter der Finsternis muß man die sündigen Engel verstehen, was soviel besagt, als daß gewisse Engel vom ersten Augenblick ihrer Erschaffung an beseligt waren und andere in die Sünde fielen.»*

---

1 *Pierre Tilloy*, Saint Pie V (Der heilige Pius V.).

Man kann sich sodann fragen, wie die Engel als wesenhaft intellektuelle Naturen, als - wie könnte es auch anders sein? - natürlicherweise gut geschaffene reine Geister, sündigen konnten und welcher Natur diese wesenhaft unverzeihliche Sünde ist. Wenn man überdies weiß, daß unter der Sünde eine Überschreitung des göttlichen Gesetzes oder, wie der heilige Thomas sagt, «*eine Abweichung von der Rechtheit des zu setzenden Aktes*»[2] zu verstehen ist, lautet die Frage wie folgt: Welche fatale Überschreitung haben bestimmte Engel denn eigentlich begangen?

Die Antwort auf diese Frage bringt die höchste und schwierigste Theologie ins Spiel, deren erschöpfende Darlegung den Rahmen dieses Werkes sprengen würde. Wir können unsere Leser, die sich gründlich in diese Frage vertiefen möchten, nur auf den hervorragenden «Abriß der Dämonologie» von Jean Vaquié[3] oder auf das Studium der Summa Theologica des heiligen Thomas verweisen.

Dennoch müssen wir an das Wesentliche betreffs des Sturzes eines Teils der Engel erinnern, denn er ist der Schlüssel, der Ursprung dieses **Geheimnisses der Bosheit**, in dem die Außerirdischen und die UFOs ihren Platz haben und ihre Erklärung finden.

Diese «Versuchung» der Engel hat gemäß der katholischen Theologie in einem Akt des Glaubens und der Demut gegenüber Jesus Christus, dem Sohn Gottes, bestanden. Nun erschien ihnen aber das fleischgewordene Wort als von menschlicher Natur, mithin als von einer weniger vollkommenen Natur als die ihrige, weil an die körperliche Ordnung gebunden.

Daraufhin rebellierte Luzifer, indem er seine Anbetung verweigerte, und zog eine ganze Myriade von Engeln hinter sich her, die mit ihm in die Hölle gestürzt wurden. «*Da erhob sich ein Kampf im Himmel. Michael und seine Engel kämpften gegen den Drachen; auch der Drache und seine Engel kämpften. Doch sie vermochten nicht zu siegen und es fand sich kein Platz mehr für sie im Himmel*» (Apk 12, 7f).

Von daher verstehen wir, daß der Dämon der «*Menschenmörder von Anbeginn*» (Joh 8, 44) gewesen ist, denn es war das Ge-

---

[2] *St. Thomas von Aquin*, Summa Theologica q. 63 a. 1.

[3] *Jean Vaquié*, Abrégé de démonologie, erhältlich bei den Éditions Sainte Jeanne d'Arc, F-18260 Villegenon.

heimnis der Menschwerdung, das den Stein des Anstoßes für die revoltierenden himmlischen Scharen darstellte, und genau gegen diesen Stein erhebt sich fortan, entfesselt bis zum Endgericht, das Banner sämtlicher satanischer Rebellionen.

So begreift man auch, wieso der aufrührerische Engel dem Menschen seit seiner Erschaffung nachstellt. Es ist nicht bloß deswegen, weil der Mensch dazu bestimmt ist, die durch den Aufstand der Dämonen entstandenen Lücken im Himmel der Seligen zu füllen, sondern vor allem deshalb, weil er nach dem Bilde Dessen geschaffen ist, der die Ursache seines - des Dämons - Verderbens ist. Und genau unter dieser Rücksicht stehen die Menschen in gewisser Weise noch über den Engeln: «*Wer sich erniedrigt, wird erhöht werden, und wer sich erhöht, wird erniedrigt werden*» (Lk 14, 11). Welch überragende Würde der menschlichen Natur in der christlichen Religion! Welche Philosophie, welche Ideologie würde einem Vergleich mit ihr standhalten?

«*Nun versteht man aber*», erläutert uns Abbé Arminjon in seinem Werk «Das Ende der gegenwärtigen Welt», «*warum es dem Schöpfer gefallen hat, in ein und demselben Subjekt zwei so disparate, in ihrem Wesen und ihrer Eigenart so gegensätzliche Prinzipien wie den Geist und den Leib zu vereinigen; warum Er nicht gewollt hat, daß der Mensch, so wie der Engel, ein reiner Geist sei. Gott hat das getan, damit der Mensch wahrhaftig der König und die Zusammenfassung aller seiner Werke sei, damit er nach dem Beispiel Christi in seiner Personalität die Gesamtheit der geschaffenen Wesen repräsentiere, damit er die Mitte aller Dinge sei, damit er, Geist und Leib, die sichtbare und die unsichtbare Ordnung zusammenführend, der einen wie der anderen als Sprachrohr dienen und sie beide zugleich dem Allerhöchsten in seinen Ehrerweisungen und in seiner Anbetung aufopfern könne.*»[4]

---

[4] Merken wir an, daß dieses Geheimnis des Falles der Engel und des Menschen definitionsgemäß jede Metaphysik ausschließt, die sich auf die Existenz von Mittlerwesen zwischen dem Menschen und dem Engel gründet, diesen bequemen und liberalen dritten Weg, der unseren Kabbalisten genauso teuer ist wie ihren modernen verwandelten Brüdern, den Ufologen.
Diese Lehre ist tückisch in die nachchristliche jüdische Überlieferung (das Sohar), in die Apokryphen (das Buch Henoch), in das Pseudoevangelium des heiligen Thomas eingeführt worden. Sie wurde von bestimmten Schriftstellern wie

Deshalb ist der Mensch gut und gerne der Einsatz dieses fürchterlichen Kampfes, der sich seit dem Anbeginn und bis zum Ende der Welt im Zwischenhimmel und auf der Erde abspielt. Der Zwischenhimmel ist seit der Revolte der Engel in übernatürliche Finsternis getaucht. Wird sie durch die Bemühungen der rebellischen Engel am Ende auch noch unsere Erde einhüllen? Darauf zielen die Pläne ab, die im Rat des Fürsten der Finsternis geschmiedet werden.

Man stellt in Raoul Auclairs Buch «Die Prophezeiung der Päpste» die Frage: «*Was bedeutet also das Geheimnis der Bosheit in der Heiligen Schrift und vor allem im Alten Testament?*», um sie so zu beantworten: «*Sagen wir klipp und klar, daß es der Tag Jahwes ist.*»[5]

Wie aber stellt dieser sich dar? Das Buch Joël sagt es uns:

«*Das ist ein Tag der Düsterkeit und der Finsternis, ein Tag der Wolken und des Dunkels*» (Joël 2, 2).

Und um welche Finsternis handelt es sich, wenn nicht um diejenige der Hölle? Das **Geheimnis der Bosheit** ist gerade eben dieses Werk der geistigen Verfinsterung der erlösten, durch das Blut Christi losgekauften Menschheit. Diesen Gedanken entwickelt Msgr. Gaume in seinem schon zitierten Werk so:

«*Im Himmel entstanden, warten die Stadt des Guten und die Stadt des Bösen nur auf die Erschaffung des Menschen, um sich auf der Erde niederzulassen. In der Tat, der Einsatz des Kampfes ist der Mensch . . .*

«*Den Menschen mit dem fleischgewordenen Wort dergestalt zu verbinden, daß aus allen Menschen und aus allen Völkern ebensoviele fleischgewordene Worte werden, das ist das höchste Ziel der Religion.*

«*Als er sieht, wie sich der göttliche Plan, den er im Himmel bekämpft hat, auf der Erde verwirklicht, erbebt Satan. Um das Werk der unendlichen Weisheit aufzuhalten, entfaltet sein Haß alle seine Hilfsmittel. Der Religion, die den Menschen vergöttlichen und zu einem ewigen Glück hinführen soll, setzt er eine Re-*

---

Origenes aufgegriffen. Sie hat, wie wir gesehen haben, das ganze Mittelalter vergiftet und war nichts als ein dialektisches Moment, dazu bestimmt, die Wiederkehr des Pantheismus vorzubereiten, von dem das UFO-Phänomen einen Bestandteil bildet.

[5] *Raoul Auclair*, La Prophétie des Papes, Nouvelles Éditions Latines.

*ligion entgegen, die ihn vertieren und auf immer in den Abgrund des Unglücks ziehen soll. Alles, was Gott unternimmt, um den Menschen zu retten, äfft Satan nach, um ihn zu verderben. Die Parallele zwischen den Mitteln der Heiligung und denen der Verderbnis ist perfekt.»*

Es ist die Anwendung dieser Mittel der Verderbnis im Verlauf der Geschehnisse der Vergangenheit und Gegenwart, die wir nun leider aufdecken müssen. In der Tat, wenn die Geschichte der sich ausbreitende und sich mitteilende Jesus Christus selbst ist, dann sorgt der Neid des gefallenen Engels dafür, daß sie zugleich das Werk seiner Versuchungen ist, um die Usurpation wirksam werden zu lassen, die er schon im Augenblick seines «non serviam» gewünscht und gewollt hat, das heißt, um der König und Gott des ganzen Universums, der Engel und der Menschen, des Himmels und der Erde, der sichtbaren und der unsichtbaren Welt zu werden.

# II

## Das Geheimnis der Bosheit vor der Sintflut und dem Turmbau zu Babel

Seit der Erschaffung des ersten Menschen ist also der gefallene Engel bei ihm. Und er zieht Adam und Eva in *den Sündenfall* hinein. Aus dem Bericht der Genesis wissen wir, wie. Die menschliche Natur ist seither verwundet, aber gleichwohl dank der göttlichen Barmherzigkeit die Trägerin der Hoffnung auf die Erlösung, die Gott selbst ihr durch seine Menschwerdung bringen wird.

Die menschliche Natur ist befleckt durch den Fall, den Luzifer provoziert hat, indem er sie in seinen Aufruhr mit hineinzog. Alles weitere läuft so ab, als ob sich der Fürst der Finsternis von nun an seines Sieges gewiß glaubte. In der Tat: da alle Menschen durch die Erbsünde befleckt sind, kann kein Wesen auf Erden mehr das fleischgewordene Wort in sich verbergen. Mit dem Fall des Menschen ist der Horizont gelichtet; Luzifer braucht den Menschen nur noch zu einem fortschreitenden Abstieg zur Hölle zu verleiten.

Deshalb wird Luzifer sich künftig dem Unterfangen widmen, den Menschen endgültig von Gott zu trennen. Durch diese Unterjochung des Menschen unter die Hölle wird Satan seinen Haß zwar befriedigen können, aber er zählt vor allem darauf, ihm ein für allemal das Geheimnis der Geheimnisse, das Mysterium, das Prinzip des Universums zu entreißen, das der nach dem Bilde des Unerschaffenen gemachte Mensch notwendigerweise in sich trägt. Wie wird diese Usurpation vor sich gehen? Die modernen Eingeweihten liefern uns dazu den Schlüssel, indem sie uns ihre in Vergessenheit geratene Definition der Kleinen und der Großen Mysterien in Erinnerung rufen, das oberste Ziel aller Kosmogonien und falschen, luziferischen Religionen:

*«Jenseits der kleinen Mysterien»*, sagt uns zum Beispiel Raymond Abellio, *«welche diejenigen der Inkarnation, das heißt, des einhüllenden Abstiegs des Geistes, des den Menschen besuchenden Gottes sind, bilden die großen Mysterien diejenigen der Himmelfahrt, das heißt, des verklärenden Aufstiegs der Körper, des Gott werdenden Menschen.»*

Diesem gefallenen und sicherlich nach seiner Rehabilitierung strebenden Menschen wird Satan also eine falsche Wiederaufrichtung vorschlagen, die über die teilhabende Aneignung seiner Engelsnatur durch eine Verkehrung, ein Trugbild der «hypostatischen Union» verläuft, wozu uns die Genesis den Schlüssel an die Hand gibt (Gen 6, 1-4):

*«Als die Menschen auf der Erde zahlreich zu werden begannen und ihnen auch Töchter geboren wurden, fanden die Gottessöhne, daß die Töchter der Menschen ihnen gefielen, und nahmen sich zu Frauen alle diejenigen, die sie mochten. Da sprach der Herr: "**Mein Geist soll nicht für immer im Menschen erniedrigt werden**, weil er Fleisch ist; sein Leben soll nur noch hundertzwanzig Jahre dauern." In jenen Tagen und auch nachher noch waren die Riesen auf der Erde, als die Gottessöhne mit den Töchtern der Menschen zusammenkamen und diese ihnen Kinder gebaren; das sind die Helden der Urzeit, diese berühmten Männer.»*[6]

---

6 Wir berücksichtigen bei diesem Text die drei traditionellen Interpretationsebenen, die einander ergänzen und die religiöse Belehrung, welche uns die Bibel erteilen will, lediglich vertiefen. Diese Ebenen reichen von der wörtlichen Auslegung bis zur mystischen Erklärung.
*Erste Bedeutung: die wörtliche.* Wir beschränken uns darauf, an die Erklärung der Kirchenväter (namentlich des heiligen Hieronymus, des Verfassers der Vulgata) zu erinnern: Es handelt sich um die Kinder Seths - eine heilige und darum als Kinder Gottes bezeichnete Nachkommenschaft -, die sich verführen ließen und Töchter aus der Abstammungslinie Kains heirateten, woraus die perverse Rasse erwuchs.
*Zweite Bedeutung: die symbolische.* In der Bibel bezeichnet «Söhne Gottes» zugleich auch die Engel. In der Tat stehen die Engel kraft ihrer vollkommen geistigen Natur der göttlichen Natur näher als die Menschennatur. Nun können aber die Engel als reine Geister keinen fleischlichen Verkehr in dem Sinne, in dem wir das verstehen, mit Wesen aus Fleisch und But haben. Wohl aber können sie durch ihren Einfluß auf die Psychologie, die Phantasie oder das Unter-

Es gibt keine Unklarheit in dieser Offenbarung der Genesis, sofern man nur recht begreifen will, daß diese Vereinigung zwischen den gefallenen Engeln und den Menschen, auf die hier Bezug genommen wird, keinen - im übrigen unmöglichen - fleischlichen, sondern einen grundlegend geistigen Charakter hatte und auf die Vollendung der «großen Mysterien» abzielte. Luzifer schlug damals dem Menschen vor, sich einem Experiment im großen Maßstab zur genetischen, geistigen und geistlichen Verwandlung zu unterziehen, das darauf abgestellt war, aus ihm einen Übermenschen zu seinen - Luzifers - Diensten zu machen, einen geschworenen Komplizen bei der Ergreifung der Macht über die Schöpfung. Unter dem Vorwand, aus dem Menschen einen Gott zu machen: *«Ihr werdet sein wie Götter»*, versuchte er, durch den Menschen die Prinzipien des Weltalls zu verändern und sie in ihrer abscheulichen Entstelltheit in die Hölle zu verpflanzen. Dadurch, daß er den nach *seinem* düsteren Abbild pervertierten Menschen in die abgründigen Tiefen stürzte, hoffte

---

bewußtsein des Menschen durchaus Gefühlsregungen sexueller Art bei den menschlichen Wesen hervorrufen, die diesem Einfluß unterliegen. Folglich konnten die Töchter der Menschen Verkehr mit dem Dämon in dem Sinne haben, in dem ihn das Mittelalter auffaßte, wenn es von Vampirwerdung, Hexensabbat, Sukkuben und Inkuben sprach. Gewisse UFO-Szenarien nehmen im übrigen Bezug auf unglückliche Opfer, die behaupten, von den «kleinen, von anderswoher gekommenen Wesen» vergewaltigt oder in Besitz genommen worden zu sein. Das Mittelalter hatte die Sabbatphänomene restlos begriffen und verurteilte ihre Teilnehmer zum Tode. Natürlich kann aus einer solchen «Vereinigung» keine Rasse entstehen. Wohl darf man annehmen, daß ein solcher Verkehr durch Transport des Samens eines männlichen Spenders «im Traum» zu einem weiblichen Empfänger «im Traum» zustandekommen konnte, ohne daß es zwischen beiden notwendigermaßen sexuelle Beziehungen gegeben hätte. Daß aus solchen Experimenten «genetisch» pervertierte Riesen entstanden wären, die vom Teufel besessen waren, der ihnen seine Kräfte mitgeteilt hätte, erscheint durchaus plausibel; dabei wäre ihr «vergeistigter» Körper bestrebt gewesen, sich entsprechend seiner Kraft auszudehnen, sicherlich nicht im Maße ihrer Intelligenz, aber doch über das gewöhnliche menschliche Maß hinaus.
*Dritte Bedeutungsebene: die mystische.* Diese Deutung stimmt mit der von uns entwickelten These überein, ist aber bis jetzt noch nie vom kirchlichen Lehramt gestützt worden. Wir unterwerfen uns deshalb demütig und schon im voraus seiner Zensur.
Es ist nicht denkunmöglich, daß der Satan so, wie das Geheimnis der Inkarnation die Ursache seines Sturzes war, dieses Geheimnis seit dem Ursprung der Menschheit zu seinen Gunsten pervertieren wollte, d.h. er hätte eine Nachahmung der «hypostatischen Union» zwischen seiner und der menschlichen Natur zuerst vorgeschlagen, dann zu verwirklichen gesucht.
Erinnern wir daran, daß dies in jedem Falle das Ziel ist, das er mittels der Person des Antichristen zu erreichen trachten wird.

Luzifer wohl, den Schöpfungsplan scheitern zu lassen, indem er ihn seines Sinnes entleerte und seine strahlende Vollendung zum eigenen Vorteil verhinderte.

Durch seine Inbesitznahme der Seele des Menschen verwirklichte Luzifer zwar seinen Plan und ließ die Menschwerdung des Wortes vorläufig scheitern. Hingegen ist es falsch, mit den Eingeweihten zu behaupten, daß er eine wahrhaftige Menschwerdung zustandegebracht hätte, die einzig unserem Herrn Jesus Christus möglich ist.

Die Periode vor der Sintflut war also jene, in deren Verlauf Luzifer versuchte, durch eine satanische Vergeistigung des Menschen die Hölle auf Erden zu errichten. Diese allgemeine Vergeistigung des Menschen hatte in ihrem Gefolge eine «Pseudo-Verleiblichung» der Natur des gefallenen Engels, der gleichsam sichtbar auf der Erde weilte. Alle auf diese Periode bezüglichen Legenden, darunter auch diejenigen, welche die berüchtigten Vimanas schildern, von denen wir weiter oben gesprochen haben, bekräftigen, daß das Ende dieser Ära durch verschiedene Ereignisse oder Unternehmungen markiert wurde:

- Die *Vermassung und wahrscheinlich Kollektivierung* der menschlichen Gesellschaft, worauf übrigens die Genesis anspielt, wenn sie daran erinnert, daß *«die Menschen auf der Erde zahlreich zu werden begannen»*. Dieser Prozeß der Gesellschaftsbildung ist tatsächlich das notwendige Fundament jeder theokratischen Regierung. Im folgenden Kapitel werden wir sehen, wieso die Unterwerfung des Menschen unter das eherne Gesetz der theokratischen Herrschaft eine Vorbedingung der Errichtung jedweder prometheischen[7] Zivilisation ist.

- Die *innige Allianz von Technologie, positiver Wissenschaft, Para-Wissenschaften und esoterischen Kenntnissen*, dieses Über-Wissen der Schlange, gipfelte hochwahrscheinlich in der Fabrikation eines veränderten, genetisch in seinem Leib und geistig in seiner Seele pervertierten Menschen, des *Homunculus der Hermetisten*, eines echten Frankensteinschen Monstrums, «angepaßt» an diese machtvolle Entfaltung der «natürlichen» Fähigkeiten des Menschen, das als eine höhere «Mutante» des Menschen zu betrachten die Eingeweihten die Unverschämtheit besaßen!

---

7 Autonomen, selbstherrlichen, gegen Gott rebellierenden.

- Die *Errichtung der «Strahlenden Stadt der Weisen»*, die Krönung der im Entstehen begriffenen Zivilisation der Erde, die vom Satan beherrschte Stadt des Bösen.

- Der *Versuch*, im Rahmen eines Bündnisses zwischen den rebellierenden Menschen und Engeln *das sichtbare und unsichtbare Universum zu erobern*, der in einer regelrechten Umkehrung und mithin totalen Zerstörung des Universums hätte gipfeln können, das heißt, in einer Vergeistigung der materiellen Schöpfung und einer Art von «Verleiblichung» des unsichtbaren Universums. Dieses Ziel wurde perfekt zusammengefaßt und beinahe erreicht in den damals konstruierten Vimanas. Es wird faktisch nahegelegt durch die aktuellen UFO-Szenarien.

So waren die sechzehn Jahrhunderte, die gemäß der biblischen Zeitrechnung den Sündenfall von der Sintflut trennten, nichts als ein langer Abstieg der Menschheit auf dem Weg in den Abgrund, dem Weg in den Tod der Andersartigkeit; denn die Sintflut war ja die Vernichtung der menschlichen Rasse, die vollständig der gefallenen Natur Luzifers teilhaft geworden war. Da war es, daß «*Gott sah, daß die Schlechtigkeit des Menschen auf Erden groß war und daß sein Herz den ganzen Tag lang nur auf Böses sann. Der Herr bereute es, den Menschen gemacht zu haben auf Erden, und er betrübte sich in seinem Herzen. Und der Herr sprach: "Ich werde die Menschen, die ich geschaffen habe, vom Erdboden vertilgen, und mit den Menschen die großen und kleinen Tiere sowie die Vögel des Himmels. Denn es reut mich, sie gemacht zu haben"*» (Gen 6, 5ff).

Der Triumph des Geheimnisses der Bosheit? Nein, denn wenn Gott wirklich den Menschen aus dem Universum getilgt hätte, wäre das eine Niederlage oder jedenfalls eine Absurdität gewesen, die sich mit der Vollkommenheit des Ungeschaffenen Seins nicht verträgt. Nein, denn wie immer beteiligte sich Satan gegen seinen Willen an der Vollendung des Geheimnisses der Gnade: als Noe die Arche verließ, war es eine teilweise heilige Menschheit, welche die Erde wiederbevölkerte.

Das war gewiß der vollständigste und umfassendste von der Schar der gefallenen Engel unternommene Versuch, die Schöpfung an sich zu reißen und sich, unter Mittäterschaft des Menschen, das sichtbare und unsichtbare Universum zu unterwerfen.

Entspricht er, historisch gesehen, der Legende von dem Kontinent Atlantis, oder war das Verschwinden dieses Kontinents lediglich eine Episode im Verlauf dieser unermeßlichen Tragödie, durch die Gott dem luziferischen Vorgehen barmherzig Einhalt gebieten wollte?

Gleichwohl wehte, sobald die nachsintflutliche Menschheit die Erde teilweise wiederbevölkert hatte, erneut ein starker luziferischer Wind diesen Menschen entgegen, die sich des ursprünglichen Geschenks der Einheit der Sprache erfreuten: «*Sie sprachen untereinander: "Auf! Laßt uns eine Stadt mit einem Turm bauen, der den Himmel berührt"*» (Gen 11, 4). Die Menschheit wurde aufs Neue, mit dem Turmbau zu Babel, eine solche in der Revolte.

Es hat jedoch nicht den Anschein, daß der Mensch in dieser Periode eine Macht erlangt hätte, die mit derjenigen vergleichbar gewesen wäre, welche die Sintflut auslöste. Auf diese Unzucht, die das schönste seiner Geschenke, die familiäre Einheit des Denkens und der Sprache mißbrauchte, antwortete Gott mit der Verwirrung der Sprache der Menschen und mit ihrer Zerstreuung in verschiedenen Nationen über die gesamte Erdoberfläche, was von seiner Seite eine wunderbare Gabe war. Denn wenn Gott scheinbar die Menschheit der schismatischen Herrschaft der Finsternis auslieferte, so berief er in Wirklichkeit den Abraham und machte ihn zum «Erben seiner Verheißung», das heißt, der Gnade der göttlichen Adoptivsohnschaft in Jesus Christus: ihn . . . und die Nation, die aus ihm hervorgehen sollte.

Seitdem schlägt begreiflicherweise für Luzifer nicht mehr die Stunde eines Generalangriffs, sondern die einer schlichten Verteidigung. Er muß um jeden Preis das jüdische Volk vernichten und die Menschwerdung des Wortes verhindern. Das wird 1900 Jahre lang seine einzige Sorge sein!

# III

# Das Geheimnis der Bosheit vom Turmbau zu Babel bis zur Geburt Christi

Künftig gibt es also nur noch ein einziges, der übergroßen Mehrheit der Menschen gänzlich verborgenes Ziel, eine einzige ständige Besessenheit: alle Hebel in Bewegung zu setzen, um die Fleischwerdung des Erlösers der menschlichen Rasse zu verhindern und, falls diese Fleischwerdung doch stattfinden sollte, alles zu veranlassen, um sie rasch zu zerstören bzw. um ihre wirksame Entfaltung zu hintertreiben.

Wie aber ein solches Resultat erzielen? Satan würde vollkommen logisch bleiben in seinem **Plan der Bosheit**. Er würde einerseits weltweit die seiner totalitären Kontrolle unterstellte Stadt des Bösen errichten und andererseits versuchen müssen, um jeden Preis das jüdische Volk, das auserwählte Volk Gottes, den Treuhänder des Geheimnisses der Inkarnation, zu vernichten.

Wer das nicht begriffen hat, hat überhaupt nichts begriffen, weder von der Geschichte des Altertums noch von den tieferliegenden Triebkräften der Zivilisationen vor der Ankunft Christi.

Wie kam es in den antiken Zivilisationen zum Aufbau der Stadt des Bösen? So wie in unseren Tagen, das heißt, durch die Errichtung von Reichen mit stark zentralisierten Strukturen, die allein imstande waren, die perfekt kontrollierte Organisation der Gesamtheit der religiösen und politischen Kräfte voranzutreiben.

Durch einen faktischen Zusammenschluß - in den Händen Satans und vermittels der Hierarchie der Eingeweihten, wahrhaftiger den Monarchen beherrschender unbekannter und verborgener Oberer - der drei grundlegenden Gewalten: der priesterlichen

Gewalt, der zeitlichen oder königlichen Gewalt und der Macht der Wissenschaft. Ein Zusammenschluß, der ihm in der Tat die natürliche (aber nicht die übernatürliche) Garantie der körperlichen, geistigen und geistlichen Kontrolle der Gesamtheit der Menschen und der «Kanalisierung» ihrer freien Willen gab.

Das ist genau jener Zivilisationstypus, den Luzifer auf dem gesamten Planeten einzuführen versuchte. Gerade das bezeugen die ältesten Überlieferungen, wenn sie uns davon unterrichten, daß im Orient, in Persien, in Phönizien, in Ägypten, wie auch bei den Inka-Völkern, Luzifer sich - meist in Gestalt der Schlange - nicht bloß als der höchste Gott, sondern auch als der Fürst der Gesetzgeber, die Quelle allen Rechts und aller Gerechtigkeit etc. anbeten ließ. Tatsächlich lief in der gesellschaftlichen wie in der religiösen Ordnung alles so ab, als ob das Licht von der Spitze der Pyramide käme, wo das allwissende und allsehende Auge des Schlangengottes wachte, der sich den größten der Götter nannte.

«*Zarathustra der Magier*», präzisiert Porphyrius im heiligen Ritual der Perser, «*drückt sich in diesen Worten aus: "Der Gott mit dem Sperberkopf ist der Fürst aller Dinge, unsterblich, ewig, ohne Anfang, unteilbar, ohnegleichen, Maßstab alles Guten, unvergänglich, der Hervorragende der Hervorragenden, der erhabenste Denker, der Vater der Gesetze, der Billigkeit und der Gerechtigkeit, sein Wissen nur sich selbst verdankend, universal, vollkommen, weise, einziger Erfinder der geheimnisvollen Kräfte der Natur."*»

Kein Wunder also, wenn man beim Studium der alten Zivilisationen regelmäßig denselben Organisationstypus antrifft, da ja ihr Großer Inspirator derselbe ist. Diese Organisation fußt auf einer hierarchisierten, geschichteten und hermetisch abgeschlossenen Sicht der zeitlichen und geistlichen Ordnung. Wie konnten derartige Strukturen aufgebaut werden? Durch eine lange Folge von destabilisierenden Impulsen, welche in der Abwechslung von verborgenen Bebrütungen der Geister in einem Umfeld oberflächlicher Ruhe mit Nächten der Raserei, jenen berüchtigten «römischen Nächten», regelrechten Walpurgisnächten, bestanden, die in ihrem Ablauf von den Eingeweihten vorbereitet, ausgelöst, überwacht und gelenkt, endlich zum Schluß von ihnen gebändigt wurden.

Versammlung von Verehrern der Außerirdischen bei Giseh

Am Ende einer solchen alchemistischen Arbeit gesellschaftlicher Transformation triumphiert das Große Werk der Eingeweihten. Der «Novus Ordo Saeclorum», die abschließende Ordnung, eine wahrhaftige Schwarze Ordnung, regiert. Diese Ordnung hat drei Ebenen:

1) **Die Spitze der Ordnung**, symbolisiert durch das allwissende und allsehende, in den Stein der Pyramide eingemeißelte Auge. Dieses Auge ist für die Masse der Menschen unsichtbar. Sie wissen nicht darum. Es ist das Auge der Schlange, das nur die Seelen der großen Eingeweihten «betrachten» können, die sich selbst verdammt haben. Es überwacht die ganze seinem ehernen Gesetz unterworfene Pyramide. Folglich «informiert»[8] die Spitze die Basis und das dazwischen angesiedelte Räderwerk. Dieses «unsichtbare Kollegium», verantwortlich für die Geschicke der seiner Kontrolle unterliegenden Gesellschaft, organisiert den geistigen, ja sogar den leiblichen Tod der unglücklichen, auf den Fuß der gesellschaftlichen Pyramide zurückgeworfenen Menschen. Einer der Aspekte der Rolle dieser versteckten Manipulationen ist von Papus, einem eingeweihten Schriftsteller am Beginn unseres Jahrhunderts, beschrieben worden:

*«Es haben aber zu jeder Zeit nicht bloß auf der astralen, sondern auch auf unserer physischen Ebene Menschen existiert, die danach trachteten, bestimmte gesellschaftliche Reformen zu verwirklichen, ohne zu den sichtbaren Körperschaften der Gesellschaften zu gehören. Diese in zwei kleinen Gruppen zusammengeschlossenen Menschen schufen die Werkzeuge, die* ***je nach Zeitpunkt, gewähltem Land und damaliger Mentalität veränderlich waren****. Sie handelten gemäß einer alten Wissenschaft von der gesellschaftlichen Organisation, die aus den Heiligtümern Ägyptens hervorgegangen und in gewissen, sogenannten hermetischen Zentren sorgsam gehütet worden war.»*[9]

2) **Der Fuß der Pyramide** - «informiert» von den mittleren Schichten des gesellschaftlichen Gefüges -, wo sich die fortschreitende Verwirklichung der Verfinsterung und Versklavung des Geistes der Menschen vollzieht.

---

[8] D.h. gibt ihr die Form, die Gestalt.
[9] Auszug aus der Zeitschrift «Mysteria».

Geistig unbewußt durchdrungen vom Willen der Eingeweihten, als Medien, Agenten und Diener des Bösen zugleich, kehren die in kollektive Hypnose versetzten Völker in einen Zustand zurück, der schlimmer ist als derjenige der Tiere, weil sie ihre Würde des nach dem Bild und Gleichnis Gottes geschaffenen Menschen verlieren.

3) Schließlich **die Mitte der Pyramide**, wo sich die Regierenden und weltlichen Vertreter der gesellschaftlichen Organisation befinden, unbewußte oder bewußte Diener, in jedem Falle aber zu praktischer Ohnmacht verdammt in diesem subversiven Gefüge, auf das sie faktisch keinerlei Einfluß mehr besitzen.

Das ist es, was die modernen Eingeweihten, rehabilitiert, ja sogar zu Wohltätern der Menschheit hochstilisiert insbesondere seit der Veröffentlichung des Werkes «Der Morgen der Magier» durch die Herren Pauwels und Bergier[10], uns als «goldenes Zeitalter» zu präsentieren die Stirn haben, das dazu bestimmt sei, die Menschheit zum Glück und zum allgemeinen Gleichgewicht auf geistiger, sittlicher und materieller Ebene zu führen! Die organisierte Hölle! An der Spitze die Eingeweihten, die eine Verewigung des Bösen, den «Tod des Todes», den «zweiten Tod» vorbereiten und einen endgültigen Pakt mit Satan schließen. An der Basis ein solches Sklaventum und ein derartiger Greuel, daß sich die besten heidnischen Philosophen und namentlich Lucrecius nicht enthalten können, entrüstete Klage über die «*Religion, die Ratgeberin für namenlose Schrecken und sogar verbrecherische Bosheiten*» zu führen.

Dem skeptischen Leser, der uns den phantastischen Charakter einer solchen Aussage einerseits und die angeblich hochgerühmte Weisheit der Alten, besonders der Griechen und Römer, anderseits entgegenhalten möchte, legen wir diesen Text von Msgr. Gaume vor:

«*Die alten und modernen Epikuräer sind gezwungen, die Tatsache der Orakel zuzugeben; aber so wie sie es darstellen, waren die Orakel derart plumpe Betrügereien, daß sie nicht einmal vermocht hätten, auch nur sechs Wochen lang die dümmsten und unwissendsten Leute vom Land zu täuschen. Ihnen zufolge sprach man zu den Götzenanbetern aus innen hohlen Standbildern; man*

---

10 *Louis Pauwels/Jacques Bergier*, Le Matin des Magiciens, Gallimard.

*dröhnte ihnen mit Trompeten die Ohren voll; man schläferte sie mit was weiß ich für Drogen ein; man ließ vor ihren Augen Marionetten auftreten.*

*«Und über zweitausend Jahre lang haben alle Völker geglaubt, das alles sei göttlich, übernatürlich, wunderbar, mit einem Wort, das Werk der Götter und der Ausfluß ihrer Macht gewesen! Unter den klügsten Philosophen, im Schoß der aufgeklärtesten Nationen, hat sich niemand gefunden, der den Schwindel aufgedeckt hätte! Waren die damaligen Menschen etwa unfähig, zu argwöhnen, man könne oder wolle sie irreführen? Wenn die Götzenpriester Interesse daran hatten, sie zu belustigen und zu verführen,* ***mußten sie sich dann nicht umso mehr genau davor hüten . . .?***

*«In Wahrheit muß man einen recht unverwüstlichen Glauben besitzen, um dafürzuhalten, so viele große Männer, so verschiedenartige Nationen hätten sich eine so lange Folge von Jahrhunderten hindurch in einer so wundersamen Blindheit befunden. Da fällt es noch leichter, das zu glauben, was sich an Unglaublichstem und Wundersamstem in den Fabeln findet. Nichtsdestoweniger glaubt ihr an dieses Wunder, als die Feinde des Wunderbaren, die ihr doch seid! Wie das?* ***Nun, viele Leute hören es nicht gerne, wenn man von den Dämonen*** *oder von irgend etwas* ***spricht****, was einen Bezug auf sie hat. Das läßt nämlich bestimmte Gedanken an das andere Leben wieder wachwerden, die nicht angenehm sind.* ***Sie glauben zwar an die Wahrheiten der Religion - auf deren spekulative Begründung hin. Doch allzu greifbare Beweise dieser selben Wahrheiten sind ihnen lästig.****»*

Betreffs des phantastischen Charakters einer authentischen «Höllenfahrt der großen Eingeweihten» mit Leib und Seele beschränken wir uns darauf, an die esoterische Legende von dem unter der Cheopspyramide verborgenen Agartha zu erinnern; dort sollen sich auch die Leiber der früheren Hohenpriester befinden, anscheinend im Zustand der lethargischen astralen Verdopplung, von Luzifer dazu bestimmt, am Ende der Zeiten betrügerisch «wiederauferweckt» zu werden. Diese Legende berührt sich seltsamerweise mit den Erklärungen der Allerseligsten Jungfrau Maria in La Salette, namentlich mit jenen, die wir auf Seite 82f angeführt haben und in denen gesagt wird, die Dämonen würden Personen «*von einem Ort zum anderen*» tragen, oder sie würden «*Tote auferstehen lassen*»[11].

Wenn also die Menschheit vor der Fleischwerdung des Wortes dem zersetzenden Rationalismus und Materialismus entging, so verfiel sie dafür der Niedertracht und Schande des rituell praktizierten Pantheismus.

Aber diese Macht, die Satan über die Menschen am Fuß und im mittleren Teil der Pyramide, über das Volk und seine weltlichen Herrscher, ausübt, ist bloß ein Mittel: das Ziel, dem der Fürst dieser Welt - «princeps huius mundi» - zustrebt, ist, nicht bloß von seinen Eingeweihten, sondern von allen Menschen als der Mensch gewordene Gott angebetet zu werden. Das ist das einzige Mittel, das ihm zu Verfügung steht, um hinsichtlich der Menschen scheinbar Gott ähnlich zu werden und solchermaßen den Willen des Schöpfers zu vereiteln! Auch bemüht sich der Usurpator, um die Ankunft des rechtmäßigen Königs zu verhindern, mit allen Mitteln um die Vernichtung des Volkes Gottes, des einzigen unter den Völkern des Altertums, das nicht seiner Verehrung ergeben ist. Denn das jüdische Volk war im Altertum nachweislich das einzige, das der Geißel des Götzendienstes und des Heidentums entging. Bei all seinen Verirrungen, die ihm mancherlei Ausfälle verursachten, geriet das jüdische Volk bemerkenswerter Weise niemals vollständig unter die Autorität Satans. Der heilige Augustinus erinnert uns daran mit folgenden Worten:

«*Um zu wissen, daß alle zeitlichen Güter, deren sich die Menschen so begierig zeigen, eine Wohltat des wahren Gottes und nicht das Werk des Dämons sind, genügt es, das hebräische Volk zu betrachten. Ohne die Göttin Lucina anzurufen, brachten die jüdischen Frauen glücklich zahlreiche Kinder zur Welt. Diese nahmen die mütterliche Brust ohne die Göttin Bubara; sie schliefen in ihrer Wiege ohne die Göttin Eumina; sie tranken und aßen ohne die Göttinnen Educa und Patina; sie wuchsen heran ohne irgendeinen der Götter der Kinder. Die Gärten waren fruchtbar ohne den Kult des Priapus. Obwohl sie Neptun nicht*

---

11 Ist das nicht die den UFOs zugefallene Rolle, auf die schon vor 150 Jahren die Allerseligste Jungfrau Maria hinwies?

*anriefen, wich das Meer vor ihnen auseinander und verschlang ihre Feinde. Als das Manna vom Himmel fiel, weihten sie keine einzige Statue der Göttin Marnia und als der Fels sie labte, beteten sie weder die Nymphen noch die Lymphen an.*

*«Ohne die grausamen Opfer an Mars und Bellona führten sie Krieg. Sicherlich siegten sie nicht im mindesten ohne den Sieg, aber sie betrachteten den Sieg nicht als eine Göttin*[12]*, sondern als eine Wohltat Gottes. Ohne Segeta fuhren sie ihre Ernten ein, ohne Bubona hatten sie Rinder, ohne Mellona Honig, ohne Pomona Früchte. So empfingen die Juden alle Dinge, welche die Heiden ihren Gottheiten zuschrieben, in glücklicherer Weise von Gott.»*[13]

Ein fortdauerndes Wunder, dieses von Gott erwählte Volk, heute wie gestern. Physisch den im Nildelta dem tiefsten Geheimnis der Pyramiden errichteten Dämonenaltären entrissen, wo Luzifer es unter der wachsamen Obhut seines allwissenden Auges gefangen zu halten vermocht hat, schlägt es mit Gottes Hilfe die ägyptische Nation in einem Kampf, in dem die sichtbaren und unsichtbaren Armeen des Universums einander frontal gegenüberstehen, durchquert unter dem Schutz der göttlichen Vorsehung das Rote Meer und führt einen unaufhörlichen Kampf sowohl gegen die barbarischen und götzendienerischen Horden, die Satan gegen es losläßt, als auch gegen ihn selbst. Alles dient dem Versuch, das israelitische Volk zu vernichten und es erfolgreich von innen heraus zu verderben. Alles das, geschehen vor der Ankunft Jesu Christi, hinterläßt natürlich Spuren. Die Kabbala, das Sohar zum Beispiel werden mit den erhabenen Schauungen der Herrlichkeit Gottes häretische Elemente der Gegen-Überlieferung verknüpfen. Der Kult des goldenen Kalbes wird aufkommen, um von Moses zerschlagen zu werden. Sogar Salomon wird nach dem Bau des Tempels vom Materialismus und von den Verlockungen zeitlicher Macht versucht werden.

Nichts wird endgültig sein, und die antike Geschichte, damals reduziert auf den Mittelmeerraum, kreisend um die Erhaltung des

---

12 Wie die heidnischen Römer die Göttin *Victoria* («victoria» war zugleich das Wort für «Sieg»).

13 Der Text stammt aus «De Civitate Dei» und ist hier zitiert nach *Msgr. Gaume* a.a.O.

jüdischen Volkes in der Prüfung der Zerstreuung wie im Glanz des Gott geweihten Reiches, muß als die Summe der von Luzifer errichteten inneren und äußeren Hindernisse zur Vereitelung der Fleischwerdung des Wortes, der Ankunft des Messias verstanden werden. Es ist schließlich die große Prophetie Daniels, die den Schlüssel zum antiken Zeitalter liefert. Pierre Tilloy erläutert uns in seinem Vortrag vom 29. Oktober 1975 in Port-Marly, wie Gott über die Stadt des Bösen triumphieren wird und wie diese Stadt in einer von Ihm gewollten bewundernswürdigen Umkehrung der Auferbauung und der Ausbreitung der Stadt des Guten dient.

*«Die Szene spielt in Babylon, am Hofe von Nebukadnezar, der 575 Jerusalem belagert und geplündert hatte, um die Blüte und Elite des Stammes Davids mit sich in die Gefangenschaft zu führen.*

*«Eines Nachts beunruhigte ihn ein Traum so sehr, daß er ihn nicht mehr einschlafen ließ, denn er suchte vergebens dessen Deutung. Er ließ also Magier und Astrologen kommen, um sie darüber zu befragen. Weit entfernt davon, ihnen den Traum zu offenbaren, forderte er sie auf, ihm seinen Traum und dessen Deutung mitzuteilen. "Wenn ihr mir nicht den Traum, den ich hatte, sagt, und was er bedeutet, werdet ihr alle zum Tode verurteilt." Allgemeine Bestürzung und Ohnmacht! Sie waren im Begriff, hingerichtet zu werden, als Daniel, durch eine nächtliche Vision von Gott unterrichtet, vor dem König der Könige erschien . . . Er begann mit einem Danklied, worin er bekräftigte, daß Gott der Herr der Zeiten und Jahrhunderte, der Kaiser- und Königreiche ist; und nach diesem Gebet suchte er den König auf und enthüllte ihm seinen Traum und dessen Bedeutung:*

*«"Du, o mein König, hast eine Vision gehabt; es war ein Standbild. Es war enorm und von kolossalen Ausmaßen. Es erhob sich vor dir und sein Angesicht war schrecklich. Sein Kopf war von sehr reinem Gold; seine Brust und seine Arme waren aus Silber, sein Bauch und seine Lenden aus Erz, seine Beine aus Eisen, seine Füße teils aus Eisen, teils aus Ton. Während du es betrachtetest, löste sich ohne Zutun einer Hand ein Stein vom Berg, traf das Standbild an seinen Füßen aus Eisen und Ton und zerschlug sie. Daraufhin wurden auch Eisen, Ton, Erz, Silber und*

*Gold zerschlagen . . . und sie wurden wie Schaumbläschen, die der Wind davonträgt, und er trug sie davon, ohne etwas übrigzulassen; der Stein aber, der das Standbild getroffen hatte, wurde ein großer Berg und erfüllte die ganze Erde.»*

Das war der Traum. Daniel lieferte Nebukadnezar die Deutung; er erklärte ihm, daß dieses Standbild die vier Reiche symbolisierte, die das geistige, aber wahrhaft weltumspannende Reich herbeiführen und ihm voraufgehen sollten. Welches Reich? Dasjenige Jesu Christi, der von Gott gekommen war, ohne daß irgendeine menschliche Kraft ihn vom dreimal heiligen Berge Gottes losriß: denn der Stein ist Christus, würde der heilige Paulus sagen (vgl. 1 Kor 10, 4).

Ein machtvolles Licht, das die blutige Seite der Geschichte «ante Christum Natum» - vor Christi Geburt - erhellt. Denn die vier Reiche mögen zwar durchaus voneinander unterschieden sein, aber das hindert nicht, daß sie in den Augen des Himmels nur einen einzigen Leib bilden, der gänzlich im Dienst der Verheißung, des Volkes der Verheißung steht.

**Der goldene Kopf** ist das babylonische Reich, das von Minos im Jahre 1058 bis zu Belsazar im Jahre 532 dauern wird.

Assyrien, das an seiner Macht teilhat, «*hat die Macht nur erlangt, um zu bestrafen*», sagt der Prophet Habakuk (Hab 1, 12). Deshalb war es Assur, das die Königreiche von Israel und Juda züchtigte, um ersteres zu bestrafen und das letztere durch die Geradheit und Reinheit seines Betragens geeigneter zu machen, das heilige Erbe der Überlieferung zu bewahren, und würdiger, den Messias hervorzubringen.

**Die Brust und die beiden Arme aus Silber** sind das medisch-persische Reich von Cyrus im Jahre 532 bis zu Darius Codoman im Jahre 330.

Persien hatte einen Friedensauftrag: es siedelte die zerstreuten Kinder Israels und Judas wieder in ihrer Heimat an, es erhob Jerusalem aus der Schande der Gefangenschaft und baute den Tempel wieder auf, in dem der Messias zunächst lehren und in dessen Nähe er sterben sollte.

**Der Bauch und die Lenden aus Erz** sind das Alexanderreich: ein unermeßliches Reich, das nach seinem Tod nicht völlig unterging und trotz seiner Teilung die Einheit der hellenischen Sprache und Kultur bewahren würde (327-146, als Griechenland zur römischen Provinz erklärt wurde).

Griechenland kam der auserwählten Nation mit seiner Sprache zu Hilfe, in welcher sie die Heiligen Schriften und mithin die Messiaserwartung verbreitete und in der sie auch die ersten theologischen Schriften anbot.

**Endlich die Beine und Füße**: das ist das Römerreich, welches das Universum durch seine Waffen und seine Gesetze beherrschte, während es durch seine Meinungsverschiedenheiten und brudermörderischen Kämpfe zerrissen war.

Was Rom angeht: wenn es der Erde durch die Eroberung seine Souveränität auferlegte, dann deshalb, weil es die Sendung erhalten hatte, die menschlichen Rassen für die Verkündigung des Evangeliums vorzubereiten und, indem es das gottesmörderische Volk züchtigte, der Kirche den Zugang zu allen Nationen zu öffnen.

Die Geschichte des Altertums? Sie ist somit die Bereitung der Wege für den Messias, die Erwartung des Ersehnten der Völker, der Aufruf zur Unterwerfung unter den König der Könige und Herrn der Herren; denn Er, Jesus Christus, ist der Stein, der sich vom Gebirge losgelöst hat, und das ewige Reich, das er gegründet hat, ist dasjenige seiner Kirche, der Mutter und Lehrerin aller Nationen.

Zwar sind die alten Reiche verschwunden, aber die Nationen, die sie miteinander verschmolzen und aus denen sie bestanden, haben sie überlebt. Und die Geschichte «post Christum Natum» - nach Christi Geburt -, seit der Epiphanie in Bethlehem, sieht sie eine nach der anderen in den Schoß der Kirche eintreten, um dort Miterben, Teilhaber an der Verheißung zu werden, die Gott «in Christo» durch das Evangelium gegeben hat, um dort die Kirche, der Mystische Leib Christi zu werden[14].

---

[14] Msgr. Lémann hat ein großartiges Buch über diesen Kampf Luzifers zur Verhinderung der Ankunft Christi geschrieben: «**Die Jungfrau und der Emmanuel**». Es ist erhältlich bei den Éditions Sainte Jeanne d'Arc.

# IV

# Das Geheimnis der Bosheit von der Ankunft Christi bis zur Renaissance

Das Unvermögen Luzifers, die Fleischwerdung des Wortes und anschließend die Ausbreitung des Wortes Gottes im Raum und in der Zeit zu vereiteln, weiht die antiken Zivilisationen endgültig dem Untergang. Denn die Stadt des Bösen wird in sich zusammenfallen. Das ist eine fühlbare, unwiderlegliche Wirklichkeit. An ihrer Stelle wird die Stadt des Guten regieren, deren Entfaltung dank der allmächtigen und bewundernswürdigen Weisheit Gottes im Rahmen einer Umwidmung der von Luzifer aufgestellten Hindernisse zu Mitteln der Verkündigung der Lehre Christi erfolgen wird; insbesondere die theokratischen Reiche Assurs, Persiens, Griechenlands und Roms, die er errichtet hat, werden untergehen.

Es läßt sich nicht leugnen, daß der Thron Satans umgestürzt wurde, seit das freiwillige Opfer des Erlösers der Menschheit auf dem Kalvarienberg vollendet und die Eucharistie eingesetzt worden ist. Es ist eine grundlegende Tatsache, die wir Menschen des 20. Jahrhunderts fast völlig aus dem Blick verloren haben, daß damals auf der ganzen Erde die Orakel verstummten und die Götzenbilder zertrümmert wurden. Wir meinen die erste Evangelisierung des Erdballs, die für die Hölle niederschmetternd und längst vor dem Fall Jerusalems im Jahre 70 vollzogen war. Danach trifft man keine blutigen Opfer mehr an, weder bei den Muselmanen noch in den ägyptischen oder orientalischen Zivilisationen. Sie sind bei den Völkern, die sich in den Rahmen der christlichen Zivilisation und Geschichte gestellt sehen, außer Kraft gesetzt.

Im Laufe der ersten Jahrhunderte brechen die ontologischen Fundamente der irdischen Stadt, der Stadt des Bösen, zusammen, um der neuen Stadt Platz zu machen, die der Herrschaft Christi und seinem Mystischen Leib, der Kirche, unterworfen ist. Die totalitäre Stadt des Todes zerfällt zugunsten der Stadt des Guten.

Es ist gewiß, daß, während die Stadt des Bösen einen absoluten Bruch darstellt, der Aufbau der Stadt des Guten, die Vorbereitung der himmlischen Stadt, selbst wenn sie menschlich und somit unvollkommen bleibt, dazu neigt, sich von selbst nahezulegen. Gemäß der Anordnung Christi «informiert» die Kirche als geistliche und universale Gewalt die zeitliche Gewalt des Königs. Der Himmel ist unleugbar auf der Erde anwesend, aber bis zum Ende der Zeiten, das heißt bis zur zweiten Ankunft Christi, ist die Ausgestaltung der Beziehungen zwischen den beiden Gewalten den Risiken der menschlichen Fehlbarkeit, der menschlichen Versuchbarkeit unterworfen, denn der freie Wille des Menschen wird prinzipiell respektiert. Wenn in der Stadt des Bösen die Erde und die Hölle dazu neigen, sich zu vermischen, so vermischt sich der auf der Erde gegenwärtige Himmel keineswegs mit ihr! Erst am Ende der Tage und im Augenblick des jüngsten Gerichts wird Jesus Christus der Inhaber sämtlicher Gewalten, wird er entsprechend der Heiligen Schrift gleichzeitig Hoherpriester, Prophet und König sein.

Getrieben von seiner kalten Intelligenz und seinem angeborenen Sinn für die Spaltung, unmittelbar sensibel für alle Aspekte der menschlichen Schwäche, wird Satan darum versuchen, die Könige und Fürsten anzugehen und sie gegen den Papst aufbringen, und zwar dergestalt, daß ihr Eigenwille sie veranlaßt, sich von der Lenkung der göttlichen Vorsehung zu emanzipieren und sich von ihren Verpflichtungen gegenüber dem Christentum, seinen Gesetzen, seinen Einrichtungen, seinen Tugenden loszumachen, bevor er - immer gemäß dem «solve ac coagula[15]» - ihnen die Verlockungen der Fürsten- oder Staatsräson vor Augen halten wird, die *«je nach den zufälligen Möglichkeiten des Augenblicks argumentiert, kämpft oder nachgibt, ohne Achtung vor, trotz oder gar entgegen dem Natur- und dem christlichen Recht»*[16].

---

[15] Satanistisch-okkulte Devise: «Löse auf und klumpe (wieder) zusammen».

[16] *Jacques Ploncard d'Assac*, L'Église occupée (Die besetzte Kirche), Chiré-en-Montreuil 1975, Seite 23.

Umgekehrt werden sich gewisse Päpste bisweilen von ihrem Ehrgeiz dazu fortreißen lassen, die theokratische Herrschaft über die zeitliche Welt und ihre Reichtümer zu begehren.

So muß man wohl zutreffenderweise die Geschichte dieser Periode interpretieren, die vom Ende des Mittelalters bis zum Jahrhundert der Renaissance reicht, das ihr Endresultat markieren wird: Streitigkeiten zwischen Priestertum und Reichsgewalt, veranschaulicht durch den Gegensatz von Kaiser Barbarossa und dem Papst oder von Philipp dem Schönen und Bonifaz VIII. Nachfolgestreitigkeiten, die dazu führten, daß die Christenheit beim Anbruch des 16. Jahrhunderts im vierten Teil Europas gelebt *hatte*. Für die christliche Ordnung umso folgenschwerere Streitigkeiten, als die Kreuzzüge die Ausdehnung des Islam seit dem 12. und 13. Jahrhundert nicht hatten verhindern können, eine Ausdehnung, die erst durch die Niederlage der Türken in der Schlacht von Lepanto endgültig zum Stillstand gebracht wurde. Umso beunruhigendere Streitigkeiten schließlich, als diese Eroberungswelle des Islams eine teuflische Erwiderung der christlichen Kreuzzüge war, in deren Verlauf gewisse daran beteiligte Fürsten mit den Mysterien des Orients eine Verbindung eingingen und zu eingeweihten Anstiftern der Großangriffe häretischer Obödienz wurden, der Katharer, Albigenser etc. (deren Narben noch immer nicht verheilt sind), die der Renaissance sowie einer subtileren und verfänglicheren Häresie die Wege bereiten sollten, der Häresie des Protestantismus.

Satan wurde also erneut losgelassen, im eigentlichen wie im übertragenen Sinne. Sein Werk der Auflösung der Christenheit sollte sich künftig auf den Konstitutionsebenen des Menschen selbst vollziehen: auf der körperlichen, geistigen und geistlichen Ebene.

# V

# Das Geheimnis der Bosheit von der Renaissance bis zum 20. Jahrhundert

*«Das Mittelalter dauerte tausend Jahre. Tausend Jahre, in denen sich der Orbis Christianus, das christliche Universum herausbildete. Es war der gewaltigste Versuch zur Errichtung eines universalen Reiches, der jemals erfolgreich unternommen und aufrechterhalten wurde.*

*«Das hauptsächliche Bemühen der führenden - geistlichen - Klasse, galt der Einigung des Planeten. Die Devise lautete: reducere ad unum - auf eines zurückführen. Ein einziges Oberhaupt: der Stellvertreter Gottes auf Erden. Eine einzige Sprache: das Latein. Ein einziges Gesetz: das Gesetz der Kirche. Das Ideal war, sämtliche Formen des Lebens mit allen ihren - nicht verneinten, aber untergeordneten - Werten und Tugenden von der Kirche abhängen zu lassen.»*[17]

Indem solchermaßen Jesus Christus fortschreitend die Gesamtheit der Geister und der Herzen durchdrang, war das Abendland eine einzige Familie, ein einziger ihm zu Diensten stehender Leib geworden. Durch die Erwählung eines Konstantin und eines Chlodwig, Karls des Großen, des heiligen Ludwig, nicht zu vergessen der Heiligen Heinrich von Deutschland, Stefan von Ungarn, Wenzeslaus von Böhmen, Ferdinand von Kastilien, Eduard von England, wie durch die Wahl heiliger und eifriger Päpste, der Heiligen Leo I., Gregor der Große, Gregor VII., Innozenz und Bonifatius, schienen die Prophezeiungen erfüllt und die Vollzahl der Nationen in die Kirche eingetreten zu sein. Wer hätte sich vorzustellen vermocht, daß das apostatische Bestreben

---

[17] *Jacques Ploncard d'Assac*, L'Église occupée (Die besetzte Kirche), Chiré-en-Montreuil 1975, Seite 23.

der Könige und Fürsten zu einer alles erfassenden Konfrontation mit ihrem einzigen Feind, Luzifer, führen würde? Denn die Renaissance erscheint als ein tückischer und allumfassender Versuch der Empörung des Menschen gegen seinen Schöpfer. So war der heilige Pius V., was Pierre Tilloy in Erinnerung bringt, nachgerade ein Papst, dessen apostolische Wachsamkeit ihn «*zum Kreuzfahrer ins ferne protestantische Reich, zum Kreuzfahrer ins ferne islamische Reich, zum Kreuzfahrer ins ferne humanistische Reich*»[18] machte.

Man muß wohl anerkennen, daß von diesen drei Übeln: dem Protestantismus, dem Islamismus und dem Humanismus, das tiefwurzelndste und für die christliche Ordnung verderblichste der Humanismus war, die unmittelbare und praktisch ausschließliche Frucht der Renaissance, von welcher der Protestantismus letztendlich nichts weiter als der geistige Abkömmling ist.

Ein seltsamer Ausdruck übrigens: Renaissance, Wiedergeburt, neue Geburt des Menschen, etwas wesenhaft Okkultes. Denn dieser neue Mensch ist eine vollendete Perversion des Christen so wie ihn der heilige Paulus definiert hat. Er ist ein von neuem durch die Sünde versuchter Mensch, auf den die Worte der Genesis innerhalb der Erzählung von Adams und Evas Fall zutreffen:

«*Da gingen ihnen die Augen auf, und sie sahen, daß sie nackt waren; sie hefteten darum Feigenblätter zusammen und machten sich daraus Schürzen*» (Gen 3, 7).

Ist nicht unsere ganze derzeitige Herausforderung in diesem Satz wunderbar beim Namen genannt? Adam und Eva werden wiedergeboren, ihre Augen öffnen sich wie die der Neugeborenen und sie stellen fest, daß sie nackt sind, das heißt, sie konstatieren eine Diskrepanz, eine Absonderung ihrer ontologischen Situation von der Natur. Erst da sie sich dialektisch dieser Natur und folglich ihrem Schöpfer entgegenstellen, urteilen sie in aller Unabhängigkeit, ausgehend von ihren menschlichen Maßstäben, daß diese Befindlichkeit der Nacktheit ihnen ganz und gar nicht steht. Da heften sie Feigenblätter zusammen; sie einigen sich auf eine materialisierte und besitzergreifende menschliche Solidarität, in der Gott nicht anders als abwesend sein kann. Sie machen sich

---

18 *Pierre Tilloy*, Saint Pie V (Der heilige Pius V.), Seite 19.

daraus Schürzen, setzen solchermaßen einen Menschen in Marsch, dessen Bestimmung es ist, sich durch die Arbeit und die Werkzeuge, mit denen er sich versieht, fortschreitenderweise das Weltall einzuverleiben, einen Menschen, der potentiell das Weltall in einen Modus der Macht zu verwandeln trachtet, einen Menschen, der die Schöpfung neu schafft.

Es ist genau dieser Mensch, von dem der heilige Paulus später sagen wird, daß er «ein Gesetz in seinen Gliedern» entdeckt, «das dem Gesetz seines Geistes widerstrebt» (Röm 7, 23), doppelt sündhaft, weil er zum Schluß unerbittlichermaßen veranlaßt sein wird, den «Neuen Bund» zu verwerfen, die Erlösung zurückzuweisen, sich ihr schließlich gar entgegenzustellen, - es ist dieser Mensch, der sich ab dem 15. Jahrhundert in Bewegung setzt. Ja, diese vom christlichen Europa hervorgebrachte «Wiedergeburt» trug bereits in sich alle die selbstmörderischen Keime des geistigen Todes des Abendlandes, dessen Zeugen wir seither sind. Aber es ist ihr eigentümlich, so heuchlerisch und heimtückisch zu sein, daß man wirklich Rabelais oder, nach ihm, Montaigne lesen muß, um den explosiven Inhalt ihrer Schriften zu erfassen. Was gäbe es scheinbar Harmloseres, Maßvolleres, was etwa Tugendhafteres und Ausgewogeneres als diese knappen Auszüge des Humanisten Montaigne - der in Wirklichkeit ein Apostat war -, die schlicht und unspektakulär für die Menschen das Recht beanspruchen, gemäß den Geboten einer unabhängigen Philosophie zu leben:

*«Ich lege menschliche und sonderbare Einfälle vor, einfach als menschliche und gesondert betrachtete Einfälle . . . etwas, was ich von mir aus erörtere, nicht das, was ich in Gott glaube.»*

Mußte Montaigne nicht um die Konsequenzen solcher Parolen wissen?

Und es ist just Montaigne, den diese fortan von der Wissenschaft der Araber, der Algebra, der Kartographie, der Ozeanographie, etc. verführten Monarchen und Fürsten zu ihrem geistlichen Lehrmeister machen. Als Tod des christlichen Menschen und Geburt des neuen Menschen, als «Inkarnation», die sich seit Adams Erwachen dem Geheimnis der Inkarnation widersetzt, als das **Geheimnis der Bosheit** in Gegensatz zum **Geheimnis der Erlösung**, ist diese falsche Geburt aller Geburten schlußendlich nichts anderes als der den großen Eingeweihten von Luzifer dargebotene Tod aller Tode, die Höllenfahrt der Menschheit.

Wie jeder aufs Ganze gehende Anschlag gegen die Personalität des Menschen, wird Luzifer seinen Angriff auf den drei Stufen entfesseln, die den drei Ebenen des Menschen entsprechen.

**Die geistliche Ebene**:

Das angestrebte Ziel lautet, beim Menschen eine Verinnerlichung der Antworten auf die großen religiösen und metaphysischen Fragestellungen zu fördern, die schließlich in die Individualisierung der Interpretation des Offenbarungsgutes einmündet, also faktisch in eine Relativierung der Offenbarung. Diese Haltung kann die Menschen nur in eine dialektische Situation des Aufstands gegen die Kirche und gegen jegliche kirchliche Autorität bringen, die nunmehr beide als angemaßt und mißbräuchlich betrachtet werden.

**Die geistige Ebene**:

Der Angriff auf die geistigen Strukturen der Menschen zielt darauf ab, in ihnen eine neue Gnosis zu deponieren, die sich auf eine Revision der Stellung, der Rolle und der Bestimmung des Menschen innerhalb der Schöpfung gründet. In der Tat hat die Entwicklung der positiven Wissenschaften die erneute Infragestellung des Menschen zur logischen Folge. Einzig diese totale Infragestellung vermag die wahre Tragweite dessen zu erklären, was gegen Ende des 17. Jahrhunderts zur Galilei-Affäre werden sollte. Um hier nur ihre allgemeinen Konsequenzen festzuhalten: sie stellte eine richtiggehende Revolution dar, indem sie den biblischen Anthropozentrismus, den Anthropozentrismus des Gottmenschen, des Gottes, der Mensch geworden ist, damit in Ihm der Mensch Gott werde, durch den humanistischen Anthropozentrismus jenes Menschen ersetzte, der sich selbst zu Gott macht. Eine geistige Umwälzung, die eine Dichterhand treffend in diese Verse übertragen hat, die man die Schüler des Lyceums Pierre Corneille in Rouen zwischen 1907 und 1915 auswendiglernen ließ:

*«Die Zeiten, nein, sie sind nicht mehr, als Königin allein,*
*Sitzend auf unbewegtem Thron, man ließ die Erde sein.*
*Der Wagen, der das Taggestirn den Himmel trug entlang,*
*Durcheilt nicht länger seine Bahn vom Auf- zum Niedergang.*
*Das Firmament ist nicht mehr das Gewölbe aus Kristall,*
*Auf dessen Bläu' als Punkte nur leuchten die Sterne all.*
*Nicht länger mehr für uns allein schuf Gott der Herr die Welt.*
*Doch, fern jeder Erniedrigung, sehn wir uns hochgestellt.*
*Denn wenn wir auch verzichten auf ein falsches Königtum,*
*Erhebt uns doch die Wissenschaft zu Gottes Herrscherruhm.*
*Je weniger der Leib noch gilt, je größer wird der Geist.*
*Der Adel wächst, je niedriger sich unser Stand erweist.»*

Das «solve» des übernatürlichen Königtums - für das «coagula» des prometheischen oder besser luziferischen Königtums . . .! Die Folge dieser Zurückweisung der Beziehungen zwischen dem Weltall und dem Menschen ist die großartige Herausstellung neuer, um den Menschen kreisender Philosophien, als da sind: der Materialismus, der Rationalismus, der Scientismus, der Positivismus, der direkt zur marxistischen Dialektik führt . . . ein Vorspiel zur Theosophie, zur Anthroposophie und zu den Forschungen der Magier des neunzehnten Jahrhunderts, allesamt Vorankündigungen eines wahrhaft prometheischen Wiederaufstiegs der Erde zum Himmel.

**Die gesellschaftliche Ebene**:

Die erneute Infragestellung der mittelalterlichen Gesellschaft durch die Aufstellung der liberalen Thesen führt zur Verwerfung der geistlichen, moralischen, politischen und gesellschaftlichen Herrschaft des Christkönigs.

In der Tat: während die katholische Kirche sich bemühen wird, die Völkerschaften der Neuen Welt der christlichen Ordnung zu unterwerfen, sieht die Alte Welt ganze Städte aus dem «Orbis Christianus» herausfallen. Das Gold der Neuen Welt, das die katholischen Länder sittlich ruinieren wird, wird dazu dienen, den deutschen Protestantismus und den Kalvinismus auszubreiten.

Die neuen protestantischen Fürsten nehmen den Grundsatz der Reformation: «Cujus Regio, hujus Religio» (die Religion des Fürsten ist die Religion des Volkes) an. Solchermaßen wird Heinrich VIII. von England seine eigene Liturgie festsetzen (Prayer's Book).

Die rigorose Konsequenz dieser grundsätzlichen Infragestellung: an dem Tag, an dem die Fürsten Atheisten werden, muß auch das Volk atheistisch werden, ein Prinzip, das schon vor der Französischen Revolution von Friedrich II. in Preußen angewendet werden wird. Als wahrhaftiger «Philosophenfürst», gekrönt zum obersten Fürsten der Heiligen Stadt Jerusalem - ein mystischer Rosenkreuzergrad oberhalb des 33. Freimaurergrads, wird Friedrich II. der Inhaber sämtlicher Gewalten sein, die christliche Ordnung des Mittelalters endgültig auf den Kopf stellen und zur theokratischen Situation des antiken Staats zurückkehren.

Um die schleichende Durchtränkung der Menschen mit diesen neuen Giften gefahrlos zu beschleunigen, wird Satan die höchste List gebrauchen, die darin besteht, sich von ihnen leugnen zu lassen und dadurch jede Furcht ihrerseits zu hemmen. Von daher das berühmte Wort, demzufolge «die wirksamste List Luzifers darin besteht, glauben zu machen, daß er nicht existiere». Seit der Renaissance stellt man einen verminderten Eifer fest, die Werke der Kirchenväter zu lesen und auszulegen. Wie könnte es auch anders sein! Das goldene Zeitalter des Menschen wird ja nicht mehr mit einer mythischen Vergangenheit verwechselt, sondern wirklich und wahrhaftig als eine künftige Möglichkeit angesehen, die sich auf den Eroberungswillen und das Genie des Menschen gründet. In diesem Zusammenhang der menschlichen Bestrebungen, eine strahlende Zukunft zu errichten, zerstört der gefallene Engel, wohlgemerkt, jeden konkreten Sinn und jede greifbare Realität, genauso wie der gefallene und wieder erlöste Mensch! Das ist die Rückkehr der «Vimanas». Denn der Fürst dieser Welt, der sich scheinbar aus der Welt zurückzieht, erhält eben dadurch jede Möglichkeit, die Menschen zum besten zu halten, sie zu verführen, sie in Erstaunen zu versetzen, folglich ohne ihr Wissen zu verhexen und in seine Gewalt zu bringen. Das UFO-Szenario, eine satanische Kundgebung, unvorstellbar zur Zeit des Orbis Christianus, der mittelalterlichen Stadt des Guten, paßt sich perfekt an die notwendige «Aufweckung» der Geister beim Heraufdämmern der Renaissance an. Denn dieses seitdem massiv zum Einsatz gebrachte Szenario erscheint wie eine Antwort auf die in den Menschen aufkommenden - oder vielmehr wiedergeboren werdenden - Bestrebungen von Machtgier und Ewigkeitswillen, Bestrebungen zum Ausgleich der - leider! - kollektiven Herabwürdigung des wahren christlichen Glaubens und der Zurückweisung der durch den Sohn Gottes gewirkten Erlösung seitens vieler Menschen.

Es liegt also ganz in der Logik der Renaissance, daß im Geist ihres Urhebers, der so schnell zur Stelle ist, unsere leisesten Schwächen anzufachen und auszubeuten, die Konzeption des UFO-Szenarios aufkeimen mußte. Damit wäre ein weiteres Mal bewiesen, daß es die Menschen sind, die sich von Gott entfernen, und nicht etwa umgekehrt, und daß die Abweisung Gottes vom sofortigen Auftritt Satans begleitet wird.

Aber wenn auch die Konzeption des Szenarios bis auf die Renaissance zurückgeht, so benötigten doch seine Inkubation und seine Vorbereitung viel Zeit, so daß die endgültige Umsetzung, wie wir gesehen haben, mit dem im Verlauf des 18. Jahrhunderts unternommenen großangelegten Umsturzversuch in eins fiel, auch wenn dieser bereits tiefgreifend im 17. Jahrhundert begonnen hatte. Der Fall von Alençon, der praktisch mit der Hinrichtung Ludwigs XVI. zusammenfiel und wenige Jahrzehnte nach Fontenelles Spekulationen über die Vielzahl bewohnter Welten sowie ein paar Jahre nach dem ersten Ballonflug kam, war also voller düsterer Vorzeichen.

Historisch lassen sich in der (im erweiterten Sinne verstandenen) Renaissance drei Etappen unterscheiden, die drei grundsätzlichen dialektischen Momenten entsprechen:

1) Die Morgendämmerung der Renaissance, die vom Aufkommen der Häresien bis zur Französischen Revolution reicht (1517-1789).

2) Die Periode der europäischen Revolutionen, ausgehend von der Französischen Revolution, welche die Souveränität der anmaßenden und ohne den katholischen Glauben errichteten Staaten bestätigt (1789-1917).

3) Die 1917 eingeläutete Epoche der internationalen Revolution und des Niedergangs der Nationen, in der wir gegenwärtig leben; eine kritische Epoche, an deren Ende das abgefallene Europa, zumindest vorläufig, eine totale Verfinsterung auf geistlicher, geistiger und . . . materieller Ebene erleiden könnte, infolge seiner endgültigen Zerstörung durch die Ideen und Kräfte, denen es sich ausgeliefert hat, namentlich:

**Die spiritualistischen Häresien** (Protestantismus, Kalvinismus und ihre Verlängerungen wie das Mormonentum und andere Kulte; rosenkreuzerische und davon abgeleitete Kosmogonien, die gegenwärtig in der New Age-Bewegung gipfeln), deren Herz und Geist in den Vereinigten Staaten angesiedelt sind und welche die materialistischen und messianischen angelsächsischen Demokratien beherrschen. Sie bilden fortan den westlichen Arm der Welt-Synarchie.

**Die gesellschaftlichen Häresien** wie der im Sowjetblock fleischgewordene dialektische historische Materialismus, welche die östliche Synarchie bilden; sie sind unmittelbar den okkulten Mächten untergeben, deren weltlichen Arm sie darstellen.

**Die totalitären Religionen** des Orients mit vorherrschend esoterischem Charakter, deren Speerspitze die islamische Welt bildet, welche die Völkerschaften des Mittleren Ostens und des muselmanischen Afrika unter ihrer Fahne versammelt. Denn es ist unleugbar, daß der Islam seit fünfzig Jahren eine außerordentlich dynamische Erneuerung erlebt, die durch die marxistischen Beiträge auf der einen und die liberalen auf der anderen Seite beschleunigt wird.

Es gehört nicht zu unserem Thema, die Genese der Protestantisierung der Herzen und Geister der Menschen wie auch der katholischen Nationen ab dem 16. Jahrhundert nachzuzeichnen. Gleichwohl ist es nützlich, daran zu erinnern, daß - wie immer - der Geist der Materie vorangegangen ist und sie regiert hat. Es ist weder der Zufall einer brutalen Ausweitung der Handels- und Produktionsbeziehungen zwischen den Menschen noch der Zufall der großen geographischen und wissenschaftlichen Entdeckungen, der dazu geführt hat, die Dogmen zu verdunkeln, den Glauben abzutragen und immer mehr den Kult des Menschen an die Stelle desjenigen der Heiligsten Dreifaltigkeit zu setzen, sondern genau umgekehrt. Nehmen wir nochmals das schon zitierte Buch von Ploncard d'Assac zur Hand, der mit Recht feststellt:

*«Am Ende eines Jahrtausends stellte ein Phänomen alles auf den Kopf: das Auftauchen des Kapitalismus. Wie konnte das geschehen? Ganz einfach, das Geldwesen und die Wirtschaft brachten es fertig, sich den Anordnungen der Kirche zu entziehen, und begannen, sich entsprechend dem Gesetz des Profits zu entwickeln. Das fiel mit Luthers Thesenanschlag an der Tür der Kirche von Wittenberg im Oktober 1517 zusammen; der Orbis Christianus brach auseinander.*

*«. . . Der Zusammenbruch der christlichen Ethik im 16. Jahrhundert unter den Schlägen des erasmischen Liberalismus, der lutherischen und calvinistischen Reformation, der jüdischen Ethik, erlaubte das Entstehen eines spekulierenden Kapitalismus, der zur Plutokratie tendierte . . .*

*«Analysiert man die Unternehmerklasse der "neuen kapitalistischen Städte" des 17. Jahrhunderts, entdeckt man, daß diese Klasse im wesentlichen aus Auswanderern besteht und daß diese, unabhängig von ihrer Religion, in der Hauptsache aus vier Regionen stammen. An erster Stelle kommen die flämischen Kalvinisten. Danach kommen die Juden aus Lissabon und Sevilla. An dritter Stelle stehen die Süddeutschen, besonders aus Augsburg. Schließlich, an vierter Stelle, kommen die Italiener.»*[19]

Sie alle haben einen gemeinsamen Nenner, sagt Ploncard d'Assac: *sie haben mit dem Christentum gebrochen.*

Diese Internationale des Goldes wächst zusammen und formiert sich gegen die Körperschaften, über welche die Kirche die Kontrolle behält. Sie wird ihre Buchungen ausgehend von einer tückischen und recht eigentlich magischen Entdeckung tätigen, der Grundlage des «Novus Ordo Monetarium», der «Neuen Geldordnung»: die Vergütung des Geldes, entgegen den Lehren des

---

[19] *Jacques Ploncard d'Assac,* L'Église occupée (Die besetzte Kirche), Chiré-en-Montreuil 1975, Seite 24, im letzten Absatz bezugnehmend auf: *H.R. Trévor-Ropor,* De la Réforme aux Lumières (Von der Reformation zur Aufklärung).

heiligen Bernhard, für den «der Kapitalzins ein Diebstahl» ist. Das «goldene Kalb» wird solchermaßen erneut vergötzt, liefert das Fundament zur gesellschaftlichen Errichtung der im Bau befindlichen «**Stadt des Bösen**».

Was die großen Entdeckungen, zum Beispiel die Entdeckung des amerikanischen Kontinents, angeht, so läßt sich ebenso leicht aufzeigen, daß sie nicht bloß die wohltätige Folge einer Initiative unabhängiger Menschen waren, sondern auch und vor allem ontologische Wurzeln haben.

Ausgehend von einer noch übernatürlichen Sicht, die aber sehr bald, wenn nicht gar von vornherein vom Naturalismus befleckt wurde, verpflanzten die Pioniere auf die amerikanische Erde das irdische Paradies, von dem ihnen eine Bibel erzählte, die sie nach den Maßstäben der freien Forschung lasen; von daher gelangten sie dazu, eine wahrhaftige Übertragung des ursprünglichen Paradieses in die Länder der Neuen Welt ins Werk zu setzen. So wurde aus dem irdischen Paradies das Paradies auf Erden. Erinnern wir namentlich an den Bau solcher Städte wie Salem, Neues Sion oder Philadelphia. Schnell war bei ihnen wie auch bei ihren Predigern keine Rede mehr davon, durch die Loslösung von den Gütern dieser Welt und die Befolgung der Lehren Christi, des einzigen Erlösers der Menschen durch sein Kreuz und sein vergossenes Blut, zur Glückseligkeit der Heiligen zu gelangen, sondern vielmehr davon, auf Erden allein mit menschlichen Kräften, insbesondere mit den «vergöttlichten» Kräften der menschlichen Arbeit, das verlorene Paradies neu zu schaffen. Die «Vergöttlichung», man könnte auch sagen «Vergeistlichung», der menschlichen Arbeit ließ allmählich den Mythos vom unbegrenzten Fortschritt entstehen. Durch den grenzenlosen Fortschritt, und durch ihn allein, würden der Mensch oder seine Nachfahren eines Tages dieses goldene Zeitalter wiederfinden, das aus einer vagen Vergangenheit, die in ihrem Geist infolge ihrer wachsenden Entfernung zunehmend mythischen Charakter annahm, in die Zukunft einer Hoffnung projeziert wurde, die sich nach und nach zu einer zuversichtlichen Erwartung mauserte. So verkehrte sich der christliche Glaube unmerklich in die Vision eines schrankenlosen Fortschritts, die Hoffnung in einen materialistischen «Optimismus» und die Liebe in eine radikal horizontalisierte Konzeption einer pflichtgemäßen Solidarität unter den Menschen, die sich auf egoistische Berechnungen stützte.

Man darf nicht vergessen, daß ganz Lateinamerika einschließlich Mexikos und dessen, was vom französischen Kanada noch übrig ist, katholisch wurde und blieb, weil seine Kolonisierung von katholischen und antiprotestantischen Ländern ausging: Spanien und Portugal.

Doch die eschatologische Vision, die bei der Taufe des nordamerikanischen Kontinents durch die angelsächsischen Pioniere Pate stand, war bereits ein vollendetes Vorbild der Vereinigten Staaten und ihrer Sendung. Denn in den Vereinigten Staaten würden sich die religiösen und okkulten Sekten wie auch sämtliche kosmogonisch orientierten Gruppen neu formieren. Gerade auf dem nordamerikanischen Kontinent würden sich, bevor sie nach Europa herüberschwappten, der Wirtschaftsliberalismus, die Demokratie der Spekulanten, der «American Way of Life», in jüngerer Zeit unter der Ägide einer «erneuerten», d.h. esoterischen militanten Freimaurerei schließlich die falschen satanischen Religionen entwickeln, angefangen vom Spiritismus, auf den Msgr. Gaume vor über hundert Jahren warnend hinwies, bis hin zur Gesamtheit der philosophischen, ethischen, okkultistischen oder kosmogonischen «Gegen-Kulturen» (Zeugen Jehovahs, Mormonen, dann New Age, etc.). Seit ihrer okkulten Taufe haben die Vereinigten Staaten stets die Funktion eines messianischen Verstärkers und der «Inkarnierung» - im Sinne einer potenzierten Verwandlung - eines neuen Menschen gehabt, jenes Menschen, der dazu bestimmt ist, in seiner Endphase eine schlichte Umkehrung des mittelalterlichen Menschen zu sein. Und immer noch finden sich in den verschiedenen Komponenten dieser amerikanischen Invasion - und sei es in rigoros säkularisierter Form - der religiöse Enthusiasmus und die eschatologischen Erwartungen, welche die Pioniere beseelt hatten. Satan kennt «seinen» nordamerikanischen Kontinent genau, dem er die Berufung zuteil werden lassen möchte, nicht bloß die ontologischen Fundamente des katholischen Europa zu untergraben, sondern womöglich auch den Anbruch des Zeitalters des «coagula» zu beschleunigen. (Die gegenwärtigen mysteriösen Forschungsprojekte des CIA, das überraschende Umfeld der Eroberung des Mondes . . . und die nicht weniger überraschenden Umstände ihrer Einfrierung, die Unternehmungen der esoterischen Sekten, alles das sind offenbare Anzeichen dafür.)

Fügen wir hinzu, daß die UFOs zu ihrem eigentlichen Vaterland, wenn man so sagen darf, die Vereinigten Staaten haben, wo sie . . . eine Faszination ohnegleichen ausübten und nie dagewesene Verheerungen anrichteten. (Auch wenn, wie wir noch sehen werden, die politisch-religiöse Synthese des UFO-Szenarios gute Chancen hat, in Frankreich, beispielsweise in Rennes-le-Château, über die Bühne zu gehen.) Den besten Beweis dafür liefert jene berüchtigte von Orson Wells 1938 inszenierte Ulk-Radiosendung! Und doch gehörten die «Flying Saucers» damals noch nicht zur Zierde Amerikas! Man muß annehmen, daß das luziferische Werk der Durchtränkung des kollektiven Unterbewußtseins bei unseren Freunden jenseits des Atlantik bereits weit fortgeschritten war!

Direkt oder indirekt, sichtbar oder unsichtbar ist die Geschichte Europas von der Renaissance bis zur Französischen Revolution also lediglich Ausdruck eines übernatürlichen Kampfes zwischen der katholischen Kirche in ihrer Verteidigung der christlichen Ordnung, des «Orbis Christianus», und dem liberalen Humanismus, dem tückischen und übrigens nach außen hin durchaus beruhigend wirkenden Vehikel der Unterwelt, der Stadt des Bösen.

Indessen wird die Französische Revolution die Maske endlich fallenlassen. Wie Albert Camus in «Der revoltierende Mensch» («L'homme Révolté») völlig zu Recht bemerkt, *«läutete der 21. Januar 1793 durch die Ermordung Ludwigs, des gesalbten Königs göttlichen Rechtes, die moderne Ära ein, das heißt die bewußte Ablehnung der religiösen und sittlichen, gesellschaftlichen und politischen Herrschaft des Christkönigs. Durch ihre Begründung und ihre Konsequenzen bildet die Verurteilung des Königs den Dreh- und Angelpunkt unserer zeitgenössischen Geschichte. Sie symbolisiert die Entheiligung dieser Geschichte und die Verflüchtigung des christlichen Gottes. Bis dahin mischte sich Gott durch die Könige in die Geschichte ein. Doch man tötet seinen geschichtlichen Vertreter, es gibt keinen König mehr. Es gibt nur noch einen Anschein Gottes, den man in den Himmel der Prinzipien verbannt hat.»*

Reine Unschuld von Albert Camus? Denn diese allumfassende Zerstörung der Kirche und des Christentums ist doch bloß die Vorderseite des Geheimnisses der Bosheit; man darf seine Rückseite nicht vernachlässigen, da der Dämon das Werk Christi nur zertrümmert, um es mit seinem eigenen Werk, seiner Kirche, seiner Gegenkirche des Todes zu vertauschen, ist es doch sein Verlangen, das Reich Christi an sich zu reißen, sich in den Herzen und Seelen der Menschen an seine Stelle zu setzen. Denn im Schatten der rationalistischen, atheistischen Philosophien, die begierig waren, «die Verruchte auszurotten», und oftmals ohne ihr Wissen, verehrten so seltsame Persönlichkeiten wie Louis Claude de Saint Martin, Martinez de Pasqually, Fabre d'Olivet und vor allem der Gründer des Illuminatentums, Weishaupt, bereits insgeheim den «Großen Baumeister des Weltalls», der ihrer Meinung nach Christus besiegen muß. Und seitdem, möglicherweise ohne daß unsere damaligen, von den Eingeweihten gelenkten revolutionären Zauberlehrlinge sich dessen klar bewußt waren, waren das unreine Tier, das eines Tages ein abgefallenes Europa zermalmen sollte, und seine Frucht, dieser von den Jakobinern gewollte neue, unabhängige Mensch, wieder auferstanden. Fürwahr eine grausige und schreckenerregende Vision, diejenige des Abbé Barruel, der schon 1797 in seinen «Erinnerungen als Beitrag zur Geschichte des Jakobinismus» die zukünftigen Folgen des Abfalls der Nationen prophezeite:

*«Egal, welcher Religion, welcher Regierung, welchem gesellschaftlichen Stand ihr angehörtet, wenn der Jakobinismus obsiegt, wenn die Pläne, die Schwüre der Sekte in Erfüllung gehen, ist es aus mit eurer Religion, euren Besitztümern und euren Richtern. Eure Vermögen, eure Felder, eure Häuser, selbst eure Hütten, ja eure Kinder, all das wird nicht mehr euch gehören. Ihr habt geglaubt, die Revolution in Frankreich sei beendet. Dabei ist die Revolution in Frankreich selbst nichts weiter als ein erster Versuch der Jakobiner. Und die Gelübde, die Eide, die Verschwörungen des Jakobinismus verbreiten sich über England, Deutschland, Italien, über alle Nationen genau so wie über die französische Nation.»*[20]

---

20 *Abbé Augustin Barruel*, Mémoires pour servir à l'histoire du Jacobinisme, Éditions D.P.F. [Diffusion de la Pensée Française], Chiré-en-Montreuil.

Aber die Kirche hält stand. Gewiß gewinnt die Revolution an Boden und greift auf Europa über. Trotz ihres Namens wird die Heilige Allianz die Souveränität der usurpatorischen Staaten bestätigen, die den katholischen Glauben nicht oder nicht mehr haben. Nichtsdestoweniger verschwinden die Standbilder der Göttin Vernunft von den Altären und ein nicht vernachlässigbarer Teil der katholischen Eliten der europäischen Nationen erhält, ungeachtet einer mehr oder weniger opportunistischen Aussöhnung mit der neuen wirtschaftlichen und liberalen Ordnung, durch seinen Eifer die geistlichen Grundlagen der Kirche lebendig. Das Papsttum wird der Reihe nach die gesellschaftliche Revolution, die Freimaurerei, den Liberalismus, den Sozialismus und Atheismus, den Modernismus bekämpfen und verurteilen. Man ist von Bewunderung hingerissen, wenn man die Rundschreiben der Päpste des 19. und 20. Jahrhunderts liest, die eine stillschweigende Verschwörung nicht nur aus den Seminarien und Fakultäten, sondern sogar aus den Buchhandlungen verschwinden gelassen hat! Als Meisterwerke des Glaubens, Meisterwerke des Denkens, lebendige Zeugnisse der durch den Glauben erleuchteten Vernunft, bestätigen alle diese Enzykliken die Weisheit des Nachfolgers Petri und die übernatürliche Quelle ihrer Inspiration. Keine Mehrdeutigkeit, keine Sprunghaftigkeit bei den Stellvertretern Christi . . . (außer auf politischer und taktischer Ebene, aber das ist eine andere Geschichte).

Diesem Wiedererstarken der Kirche wird Satan mit einer fürchterlichen geistigen Waffe begegnen, die so heimtückisch ist, daß sie in unserer Epoche selbst die besten Köpfe verwirren, so wirksam und faszinierend, daß sie sicher ein Werkzeug der Wahl zur Herbeiführung des bevorstehenden Anbruchs der Ära des «coagula» sein wird: die materialistische Dialektik, Quelle sämtlicher materialistischen und spiritualistischen Evolutionismen, die es durch unmerkliche Verschiebungen gestatten wird, dem neuen, zum Meister seines Geschicks erhobenen Menschen der Renaissance vorzuschlagen, nach seiner fortschreitenden kollektiven und individuellen Vergöttlichung zu greifen.

Diese hegelianische Dialektik, Grundlage der marxistischen Philosophien, war übrigens latent schon in der Renaissance vorhanden. Sagt nicht Karl Marx im wesentlichen:

*«Da aber die sogenannte Weltgeschichte nichts anderes ist als die Hervorbringung des Menschen durch die menschliche Arbeit, mithin das Werden der Natur für den Menschen, hat dieser den offenbaren, unwiderleglichen Beweis seiner Geburt, seines Ursprungs aus sich selbst.»*

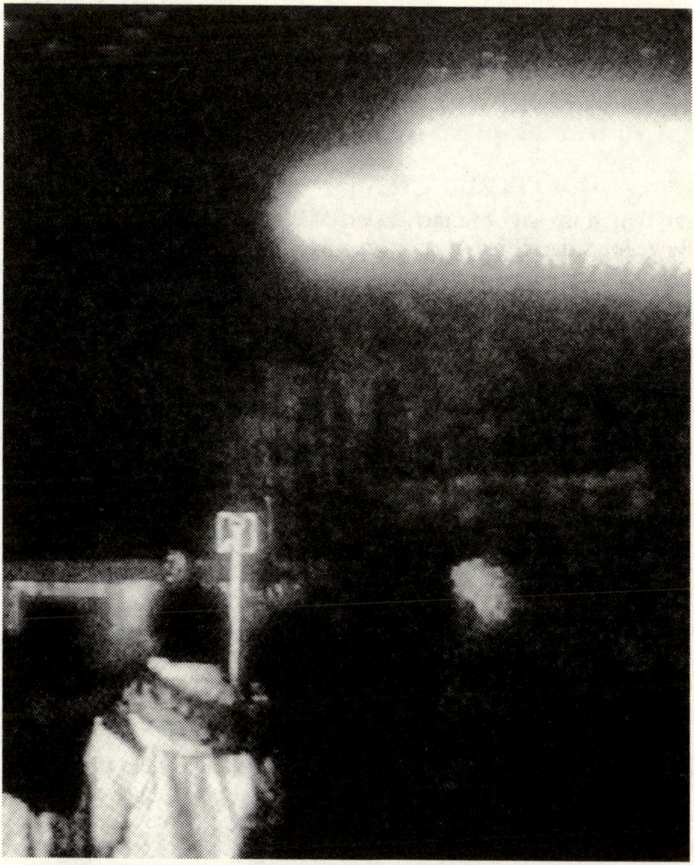

**«Eine richtige fliegende Stadt», so die Zeugen (in der Presse erschienen im November 1990)**

# VI

# Das Geheimnis der Bosheit in der modernen Welt

Wir sind angekommen! Der Marxismus ist Bestandteil der Bewegung der Wiedergeburt des Menschen. Durch den Marxismus läßt sich die Renaissance, das Auge der Pyramide, vorläufig von den Höhen der Einweihung herab, um die leibliche Basis des Menschen und der bürgerlichen Gesellschaften zu erobern, um den Fuß der luziferischen Pyramide aufzustellen. Tatsächlich ist es evident, daß Luzifer dank der Dialektik über zwei wichtige Trümpfe verfügt.

Mit dieser Dialektik besitzt er das bevorzugte Instrument zur Einebnung und Zerstörung sämtlicher geistlichen und sittlichen Werte auf der Erde, insbesondere der christlichen. In der Tat:

*«Die letzte Etappe der proletarischen Revolution ist die Konstituierung des Proletariats zur herrschenden Klasse, die Eroberung der Demokratie. Das Proletariat wird sich der politischen Herrschaft bedienen, um der Bourgeoisie Zug um Zug alles Kapital zu entreißen, um alle Produktionsmittel in den Händen des Staates, das heißt des als herrschende politische Klasse organisierten Proletariats zu zentralisieren und um die Masse der Produktionskräfte so schnell als möglich zu vermehren.»*

Durch diese selbe Dialektik verfügt er ständig über die Fähigkeit, sich die Zukunft zum Zweck der Vorbereitung seiner Ankunft vorzubehalten. Denn die Diktatur des Proletariats ist in der marxistischen Perspektive mitnichten die letzte Etappe. Sie ist lediglich eine Übergangsphase, in deren Verlauf jegliches Privateigentum liquidiert werden muß. Das dialektische Ferment wird dann zwar abgeschafft sein, aber dafür wird es nunmehr möglich sein, die höchste Stufe der kommunistischen Gesellschaft zu erreichen. Drücken wir dasselbe anders aus: Durch aufeinanderfolgende, die bürgerliche Gesellschaft erschütternde Walpurgisnächte wurde es möglich, den hübsch horizontalen Fuß der okkulten luziferischen Pyramide, das Proletariat, zu errichten. Was die Spitze dieser besagten Pyramide betrifft, so wird es anderen als den Marxisten zukommen, sie zu installieren, sind doch die letzteren unfähig, die «Schwarze Ordnung», die aristokratische und hierarchisch gegliederte Ordnung, die wahrhaftige Ritterschaft des Allertiefsten, aufzubauen.

Welch schwarzer Humor! Die Marxisten wären also selbst nur ein simpler dialektischer Moment der Geschichte, zum Aussterben verurteilt wie die seitdem versteinerten Monstren des Tertiär? Die allerjüngste geheime Geschichte hat bestätigt, was noch nicht mehr als eine starke Vermutung war, als wir das vorliegende Werk verfaßten. So fügen sich der Fall der Berliner Mauer, die Wiedervereinigung Deutschlands, sodann die Demontage Sowjetrußlands, alle diese fortschreitenden Verwandlungen, logisch in den Plan der Bosheit ein. - Vierzig Jahre nach dem Manifest der Kommunistischen Partei beginnen sich die Werke der schwarzen Magier des 19. Jahrhunderts, dieser authentischen Abgesandten des luziferischen Ritterordens, auszubreiten, denen Marx, ein schlichter, verächtlicher Diener, in seiner naiven Arglosigkeit den Weg bahnen mußte[21]: Stanislas de Guaïta, Papus, Saint Yves d'Alveydre . . . um nur die großen Meister zu zitieren. Wie schaurig-schallend muß das Gelächter Luzifers gewesen sein, mit dem er die durch seine Diener des Augenblicks Marx und Engels enthüllte «endgültige Lösung» begrüßte!

---

21 Seit der Abfassung unseres Werkes hatten wir die Gelegenheit, das Büchlein von *Richard Wurmbrand* «Karl Marx und der Satanismus» («Karl Marx et le Satanisme» [offenbar die französische Version von Wurmbrands Buch «Das andere Gesicht des Karl Marx», 7. erw. u. revid. Aufl. Uhldingen/Seewis 1987]) zu lesen, worin der Autor, gestützt auf Texte und Korrespondenzen von Karl Marx, die Zugehörigkeit dieses letzteren zu einer geheimen satanistischen Gesellschaft nachweist. Karl Marx wäre also zwar ein Knecht der hohen Eingeweihten gewesen, aber ein zustimmender und der ihm zugewiesenen Rolle bewußter Knecht. Erinnern die vom Autor zitierten Gedichte (vgl. die Seiten 13-30 der deutschen Ausgabe) nicht an die «Schwarze Muse» des Stanislas Guaïta, die wir weiter oben angeführt haben?

## Das Entscheidungsjahr: 1917

Beim Heraufdämmern des 20. Jahrhunderts sind also alle aus dem Humanismus der Renaissance stammenden Gifte extrahiert, wenn nicht gar schon eingeimpft worden. Und die Gifte, die künftig bei jenen Nationen Anwendung finden, wo die katholischen Kräfte noch lebendig bleiben, behalten dieselbe zersetzende Wirksamkeit wie der Lutheranismus oder der Calvinismus im 16. Jahrhundert. Selten sind dagegen jene Menschen, die bei der Auslösung des ersten Weltkriegs mit einem unumkehrbaren Niedergang, der Voraussetzung eines sicheren Sterbens Europas, rechnen. Selten sind jene, die sich damals vorstellen können, daß das Ende dieses Krieges mit dem Ende des Zeitalters der Nationen, dem Ende der Ära der Heidenvölker, dem Ende der formell dem Willen Jesu Christi entsprechenden Organisation, dem Ende der Stadt des Guten zusammenfallen wird. Denn präzise im Jahre 1917 wird die Stadt des Bösen errichtet, woran uns Gheorgiu erinnert:

«*Die moderne Welt wird in einem Oktobermonat, noch im Oktober 1917, aufhören. Im Augenblick des Zusammenbruchs der modernen Welt und des Anbruchs der russischen Revolution. Mit dem Tod der modernen Gesellschaft hören sämtliche Arten von Tätigkeiten auf, unabhängig zu sein. Sie werden der zentralen, absoluten und als unverletzlich betrachteten Idee untergeordnet. Im Oktober 1917 greift man die Lebensformel des Mittelalters wieder auf. Soweit die Konzeption der gesellschaftlichen Organisation betroffen ist, setzt Karl Marx Thomas von Aquin fort. Ebenso wie man im Mittelalter nur eine christliche Philosophie, eine christliche Mathematik, eine christliche Medizin und eine christliche Liebe kannte, existieren auf der Hälfte des Planeten, wo die Regeln der neuen Gesellschaft Anwendung finden, ausschließlich eine marxistische Philosophie, eine marxistische Literatur, eine marxistische Moral und eine marxistische Armee. So wie ehedem kein Zweig menschlicher Tätigkeit ohne die Stellungnahme und Gutheißung der Religion existierte, gibt es in der marxistischen Gesellschaft keine Tätigkeit, die nicht von der zentralen marxistischen Idee kontrolliert und gelenkt wäre. Die Gesellschaft, die im Oktober 1917 aufgetaucht ist, ist eine Fortset-*

*zung des Mittelalters unter Weglassung Gottes und Hinzufügung der technischen Ausrüstung. Alles übrige ist vollkommen gleich, identisch.»*[22]

Doch das Jahr 1917 ragt nicht bloß durch das Auftauchen der kollektiven Basis der Stadt des Bösen hervor. Es erscheint tatsächlich als ein entscheidendes, einzigartiges Datum, dessen eschatologische Tragweite für das Geschick der Menschheit in Erinnerung gerufen zu werden verdient. Denn vier grundlegende Ereignisse treten ein, welche die alte Ordnung, die durch den Krieg erschütterte Organisation der Welt über den Haufen werfen.

1) In Umkehrung der Monroe-Doktrin treten die Vereinigten Staaten unter dem Druck der okkulten Mächte in den Krieg ein und führen so die Ära wirtschaftlich-politischer Unabhängigkeit sämtlicher Völker herbei. Überdies betrachtet und geriert sich der Präsident der Vereinigten Staaten Woodrow Wilson, inspiriert von den Freimaurerlogen, als ein Prophet (der Prophet des Westens, der entschlossen ist, die Kaiserreiche und Monarchien Mittel- und Osteuropas zu stürzen[23] und das Wohlergehen der Menschheit durch die Umgestaltung der bürgerlichen Gesellschaften sowie die Errichtung supranationaler Regierungsstrukturen [Völkerbund etc.] zu fördern), der zur Ankündigung der Einen Welt berufen ist.

2) Am anderen Ende der Welt steht, im Rahmen einer dialektischen Aufrollung des Planeten, ein anderer Prophet auf (der Prophet des Ostens), Lenin, dessen Machterlangung übrigens durch die amerikanische Regierung, den Geheimdienst und faktisch durch die gesamte jüdisch-angelsächsische Freimaurerei ermutigt und finanziert wurde.

Die beiden Pole der unerbittlichen Maschinerie, welche die alte Ordnung der europäischen und im Mittelmeerraum beheimateten Nationen, der Erben einer durch monarchische Regie-

---

22 Zit. n. *Jacques Ploncard d'Assac*, L'Église occupée (Die besetzte Kirche), Chiré-en-Montreuil 1975, Seite 24.

23 Oder jedenfalls das, was davon noch übrig war! Beim Vertrag von Versailles, einem freimaurerischen Vertrag, wurden die drei großen Meister (Clémenceau, Lloyd George und Wilson), die als Totengräber der Beerdigung der letzten Trümmer der europäischen Monarchie göttlichen Rechtes vorstanden, bei ihren Arbeiten von ihren hierarchischen Oberen in der Maurerei vertreten (z.B. Mandel für Clémenceau!).

rungen mit Gott verbundenen Völkerschaft, niederwalzen wird, sind an Ort und Stelle. Binnen weniger als fünfzig Jahren wird diese Maschinerie den geistlichen und zeitlichen Einfluß des christlichen Abendlandes zum Erliegen bringen.

3) Aber 1917, das Jahr der Inkarnation unseres 20. Jahrhunderts, das dazu berufen sein wird, die Auflösung der gottgewollten Ordnung zu vollenden, ist durch den Willen des Schöpfers zugleich das Jahr der Hoffnung, das Jahr, in dem der zwischen Gott und den Menschen geschlossene Bund ihnen in wunderbarer Weise ins Gedächtnis gerufen werden wird.

Tatsächlich ein scheinbar ganz unbedeutendes Ereignis, das inmitten der Kriegsberichte völlig unbeachtet bleibt: die Juden erlangen in diesem selben Jahr 1917 wieder ihre Rechte auf die palästinensische Erde . . . genau 2520 Jahre nach dem Edikt des Cyrus, das die babylonische Gefangenschaft praktisch beendete. Nun wird aber, woran Raoul Auclair in seinem Werk «Geschichte und Prophetie» erinnert, die Geschichte des von Gott auserwählten Volkes durch zwei Grenzsteine markiert: am Anfang durch den Niedergang, die Verbannung und Gefangenschaft in Babylon, am Ende durch seine Wiederaufrichtung, der notwendigerweise seine Wiederzusammenführung voraufgeht. Und dort stehen wir jetzt. Die Sammlung des jüdischen Volkes fällt tatsächlich genau zusammen mit der Etablierung der beiden Arme - im Osten und Westen - des Motors, der «die Heiden», d.h. die Nationen zermalmen und versklaven wird. So erfüllt sich die Heilige Schrift:

*«Jerusalem wird von den Heiden zertreten werden, bis die Zeiten der Heiden vollendet sind»* (Lk 21, 24).

Angesichts der scheinbar von Erfolg gekrönten Bemühungen des Fürsten der Lüge, dem unerbittlichen Voranschreiten der hochmütigen materialistischen Ideologien sein Gesetz der Bosheit aufzuerlegen, offenbart die Vorsehung den Fortbestand des göttlichen Planes durch Akte, deren stille Zurückhaltung ihnen vollends ihren bewundernswerten übernatürlichen und schöpferischen Charakter verleiht. Und wie dreißig Jahre später Stalin, ein satanisches Werkzeug, unwissentlich dem göttlichen Plan dient, indem er die endgültige Geburt Israels garantiert, so entgeht auch die symbolische Bedeutung der Gründung Palästinas den verworrenen Verhandlungen ihrer Urheber, insbesondere der damaligen

Botschafter Frankreichs und Englands, die wahrscheinlich voller tagespolitischer Hintergedanken waren.

4) Und wie immer, wenn Gott zu den Herzen der Menschen reden will, wendet er sich an die reinsten und unschuldigsten Wesen, die Kinder. Es waren auch einfältige und ungebildete Kinder gewesen, denen die Allerseligste Jungfrau Maria, vor allem in La Salette und in Lourdes, bereits die Strafen angekündigt hatte, die sich die Menschen der damaligen und künftigen, von ihrer apostatischen Torheit und ihrem Stolz überwältigten Generationen zugezogen hatten. Besonders in La Salette hatte sie Melanie den Plan Gottes für das Ende der Zeiten geoffenbart. So waren es auch wiederum drei portugiesische Hirtenkinder, denen sie 1917 in der Cova da Iria von Fatima die von Gott selbst ihm zugewiesene Rolle des Kommunismus (namentlich des russischen) enthüllte, nämlich, wenn die Menschen sich nicht bekehren und die göttliche Liebe erwidern würden, «seine Irrtümer über die ganze Welt zu verbreiten». Und diese selben Hirtenkindern erinnerte die Allerseligste Jungfrau Maria an die ihr von Ewigkeit, von Anbeginn der Schöpfung, zugefallene Rolle: den Kopf der Schlange zu zertreten, damit schließlich ihr Unbeflecktes Herz triumphieren kann, damit schließlich das Heiligste Herz Jesu und ihr Unbeflecktes Herz, damit die Vereinten Herzen Jesu und Mariä die Segnungen ihrer Herrschaft in unsere eigenen Herzen ausgießen.

1917 wird zweifellos das Schlüsseljahr des 20. Jahrhunderts sein, und dies umso mehr, als es auf die Jahre 1914 bis 1916 folgt, also genau diejenigen, in deren Verlauf die Völker die bitteren Früchte ihres Abfalls ernten. Denn Verdun besiegelt durch das Blut und die Tragödie endgültig das «einfältige» 19. Jahrhundert. Für jene, die von dort zurückkehrten (und ist es nicht symbolträchtig, daß fast die Gesamtheit der französischen wie der deutschen Armee dort vorbeizog?) und, wie man damals sagte, «nie mehr waren wie zuvor», war die Welt der Illusionen des wissenschaftlichen Sozialismus und des Fortschritts gestorben, wenn nicht nach außen hin, so doch zumindest innerlich[24].

---

[24] Dieses vom linearen und utopischen Fortschritt charakterisierte Weltbild ist von Abbé Arminjon in seinem Werk «Ende der gegenwärtigen Welt» perfekt beschrieben worden, und zwar wie folgt:

Wenn fortan keine Nation auf Erden[25] mehr ihre Pflichten gegen Gott anerkennt, denn die letzten Kaiserreiche, Österreich-Ungarn und das zaristische Rußland, brechen zusammen, wissen die Völker, deren Seele christlich geblieben ist, daß sie eine Arche des Bundes haben, die Allerseligste Jungfrau Maria, und daß Sie über die gegenwärtigen Übel triumphieren wird.

Voller düsterer Vorahnungen, reich an Drohungen wie an Hoffnungen, läßt das Jahr 1917 alle übrigen seitdem verflossenen Jahre dieses 20. Jahrhunderts verblassen, denn 1944-1945 und das Abkommen von Jalta; 1956 und die Suez-Expedition, die einmal mehr das Zusammengehen der beiden Blöcke gegen das kleine Europa erlebt; die von der Destabilisierung gefolgte Entkolonialisierung solcher Kontinente wie Afrika und Asien; die totale Zerstörung des christlichen Abendlandes durch den Marxismus und den Islam, das Vorspiel zu seinem Untergang, alle diese Zwischenschritte sind lediglich die Konsequenz des Abfalls der katholischen Nationen, der Perversion und des Niedergangs des christlichen Glaubens, mit ihrem Korollarium, der Errichtung von Zivilisationen, die Gott offen bekämpfen. Diese Ereignisse wurden schon 1917 angekündigt.

## Die Revolution von 1968

Eine Frage bleibt derzeit offen. Wird es ein viertes dialektisches Moment der Renaissance geben oder nicht? Die Antwort darauf muß differenziert ausfallen. Sie wird uns womöglich nahegelegt durch die Deutung der Studentenrevolten der 1960er

---

*«Die durch das Genie (des Menschen) vollständig unterworfene Natur wird sich dann wie ein Füllhorn öffnen, um über eine neue Menschheit alle begehrenswerten Güter im Überfluß auszugießen; und wenn es den gegenwärtigen Generationen nicht gelingt, dieses hingebungsvoll angestrebte Ideal zu erreichen, haben sie zu ihrem Trost die Aussicht, daß es das Erbe einer fernen Nachkommenschaft sein wird, ein für diese umso glorreicheres Erbe, als sie es unabhängig und ohne den Beistand Gottes erlangt haben und als es das ausschließliche und persönliche Ergebnis ihrer Ausdauer, ihrer Anstrengungen und ihrer Geschicklichkeit sein wird.»*

25 Keine oder fast keine. Vergessen wir jedoch nicht die glorreiche Ausnahme der iberischen Halbinsel. Spanien und Portugal sind bis 1974 oder 75 katholisch geblieben . . . Solange, bis Rom selbst von ihnen fordert, es nicht mehr zu sein!

Jahre und vor allem derjenigen vom Mai 1968 in Frankreich. In mehrfacher Hinsicht entfernt sich diese Revolution von einer simplen dialektischen und materialistischen Konzeption der menschlichen «Evolution». Sie gehört nicht mehr zu Etappe des «solve». Sie ist bereits ein Element der Etappe des «coagula», denn sie macht dem Marxismus und der Konsumgesellschaft den Prozeß und beschuldigt sie, den Menschen «eindimensional» zu verstümmeln. Sie hat schon den Geruch der Einweihung und der Magie.

Wir können nur auf das verweisen, was wir bereits hinsichtlich der Rolle der UFOs im kollektiven Besessenheitszustand der Menschheit gesagt haben. Das UFO ist die treibende Kraft des Übergangs vom «solve» zum «coagula». Wir haben gesehen, welche Rolle die Medien bei der Verbreitung dieser kollektiven Besessenheit auf dem Niveau der Masse spielen. Diese Rolle spielen, insbesondere seit 1968, die neuen Wissenschaften auf dem Niveau der Intelligenzia, die ihrer Vermittlung bedürfen wird, um gleichfalls vom UFO-Phänomen besessen zu werden. So preist Marcuse die «Erotisierung der gesamten Persönlichkeit», eine Andeutung des universalen «Eros» der großen Eingeweihten, dieses Aufstiegs der Materie zum Geist, dieser Geistwerdung des Fleisches. Jawohl, die Revolution vom Mai 1968 erscheint in ihren Parolen wie z.B. «Nehmt eure Wünsche für die Wirklichkeit!» sehr wohl als Strahlenglanz einer selbstmörderischen Magie. Es ist deshalb kein Zufall, wenn Marcuse jenseits eines Menschenrechts auf irdisches Glück von einem Menschen träumt, der «seinen Tod» zu wählen, der es nach einem erfüllten Leben auf sich zu nehmen vermag, im Augenblick seiner Wahl zu sterben! Ist es ein Zufall, wenn infolge dieses völligen Mangels an zeitlicher Autorität im Mai 1968 die um sich greifende Wirklichkeit einer Spaltung zwischen der verborgenen Macht, die auf der zeitlosen Ebene durch unsichtbare Wesen ausgeübt wird, und der zeitlichen Autorität entstanden ist? Ist es ein Zufall, wenn angesichts dieser Demission der religiösen und bürgerlichen Eliten Verbindungen vom Typ «Annäherung zwischen Studenten- und Arbeiterschaft» erprobt werden konnten, die bereits die Errichtung der gesellschaftlichen Pyramide der Eingeweihten ankünden? Ist es endlich ein Zufall, wenn all das mit der offenkundigen

Unterstützung Chinas «bewerkstelligt» wurde, das die antike Wissenschaft hütet?

Nein! Der Mai 1968, ein gewolltes Unternehmen zur gesellschaftlichen Destabilisierung, war sehr wohl ein erster Versuch zum pyramidalen Aufbau der Organisation der französischen Gesellschaft. Unter dem Deckmantel von Folklore, Auflockerung und Permissivität («panem et circenses - Brot und Spiele») ist das Gebäude der Nation zusammengekracht und die drei Etagen der neuen Hierarchie sind aufgetaucht.

Da ist nun die Spitze mit ihren eingeweihten unbekannten Oberen, die aus einer nunmehr allgegenwärtigen Freimaurerei hervorgegangen sind und die neue Allianz zwischen Politik und Kultur zustandebringen, Agenten einer neuen, noch zu bauenden Religion, der sich ein Teil der modernistischen Christen meist unbewußt anschließen und welche die Geister durch die endgültige Übernahme der Kontrolle über die Massenmedien neu orientiert. Diese Eingeweihten, vollkommen unterschieden von der legitimierten zeitlichen Regierungsmacht, «informieren» und agieren tatsächlich auf der mittleren Stufe der Pyramide, bestehend aus einer neuen Priesterschaft, die sich zumeist aus den Eliten der Intellektuellen, der Künstler, des Lehrkörpers, etc. rekrutiert, umrahmt von Geistern, die abgehärtet sind durch eine erbarmungslose marxistische und mithin dialektische Sicht der Welt.

Es ist bemerkenswert, daß das Beinahe-Verschwinden der katholischen Eliten, in einem wohlgemerkt quantitativen und nicht qualitativen Sinne, die Abnahme der Zahl liberaler und bürgerlicher Ehrenmänner des 19. Jahrhunderts sowie die fortlaufende Verwandlung des französischen Volkes in eine vor allem auf intellektueller Ebene homogene und proletarisierte Masse die Errichtung dieser mittleren Etage erleichtert haben, was vor dem endgültigen Abschluß der Periode des «solve» nicht vorstellbar war.

Schließlich ist da die Basis, die einzig das Recht besitzt, von dieser neuen Priesterschaft, die ihr nicht sichtbar ist, eine angeblich volkstümliche Kultur und Information entgegenzunehmen, das heißt eine solche, die im wesentlichen eindimensional und platt ist und wo jede Bezugnahme auf die tieferliegenden Ursachen gnadenlos eliminiert wird, so daß sich die Ereignisse als ein fortwährendes «happening» darstellen, als Ergebnisse des Chaos und des Zufalls, des Aufeinanderprallens der Menschen und Ideen. Es ist evident, daß es, sobald der Tag gekommen ist, möglich sein wird, diese Basis durch die Massenmedien rasch zu mobilisieren, mittels okkulter Themen, die sie aus ihrem geistlichen Tod herausführen werden. Die von dieser Gegenkultur des Todes hervorgerufene Enttäuschung, deren versteckte Absicht es ist, jeden «naiven obskurantistischen Glauben» (lies: jeden echt christlichen Restbestand) auszureißen, wird diese Masse noch am selben Tag empfänglich für jeden Versuch «geistlicher» oder «vergeistigender» Wiederbelebung machen. Die außergewöhnliche Entwicklung der kosmogonischen Sekten in Frankreich ist ein unwiderleglicher Beweis dafür.

Wir sind also schleichenderweise auf dem Weg zu einer globalen Planung der Kultur, der politischen Institutionen und sämtlicher Religionen, die zu einer einzigen verschmolzen werden: der Universalen Kirche.

Ja, der Mai 1968 war infolge seines universalen und historischen Charakters vielleicht doch der erste Versuch einer allgemeinen Offenbarung, einer Ausgießung des luziferischen «coagula». Und einmal mehr war zu ihrem Unglück die *älteste Tochter der Kirche*[26], rebellisch und ungehorsam wie vor zweihundert Jahren, das Werkzeug!

---

26 Von den Päpsten bestätigter Ehrentitel des seit den Tagen Chlodwigs katholischen Frankreich.

# VIERTER TEIL

# DAS GEHEIMNIS DER BOSHEIT

## Die Problematik des Jahres 2000

# I

# Warum über das Jahr 2000 sprechen?

Ausgehend von der realen Gegenwart, ja sogar von der Gegenwart der Fliegenden Untertassen, der UFOs, der Außerirdischen, die ja im Fernsehen reichlich kommentiert und neuerdings auch seziert werden[1], sind wir nach und nach zu jenem gigantischen Kampf («magnum praelium») gelangt, der einzigen logischen Erklärung dieser Gegenwart und der gesamten menschlichen Geschichte überhaupt. Ein Kampf, dessen Einsatz nichts geringeres als das Heil der Menschen durch die Herrschaft Christi ist.

Wir haben die großen Linien dieses Kampfes in Erinnerung gebracht: diejenigen des **Geheimnisses der Bosheit**, das heißt, des Widerstands der gefallenen Engel und der ihnen dienenden Menschen gegen die Inkarnation, die Menschwerdung Gottes; sodann die Hindernisse, die Christus nach seinem Kommen von jenem Menschen in den Weg gelegt wurden, der Opfer der Fallstricke des Dämons geworden war; endlich den aktuellen scheinbaren Triumph dieses Geheimnisses der Bosheit, das sich durch die baldige Herrschaft des Sohnes des Verderbens, des Antichristen, bestätigen zu müssen scheint.

Dürfen wir hier ein persönliches Zeugnis ablegen? Diese systematische Studie, die von der Natur sowie dem Sinn und Zweck

---

[1] Mehrere Fernsehsendungen der jüngeren Zeit waren dem berühmten «Fall Roswell» gewidmet, der auf der Erbeutung eines sogenannten Außerirdischen beruht; dieser wäre angeblich bei einem galaktischen Verkehrsunfall abgestürzt und 1947 durch die amerikanischen Geheimdienste geborgen und seziert worden!

der UFOs ihren Ausgang nahm, war der providentielle Weg, der den Verfasser dieser Zeilen zu seiner Bekehrung und zurück zur Tradition führte. Es ist nicht überflüssig, das zu sagen. Denn nichts ist falscher, als zu glauben, die UFOs, die Außerirdischen und «all das» seien nichts Ernstzunehmendes oder nichts von Bedeutung.

Sie sind ganz im Gegenteil extrem ernst zu nehmen, so wie jede teuflische Kundgebung von einigem Gewicht, die ja ihren Ort im «Geheimnis der Bosheit» hat.

Das Wesentliche dieses Werkes scheint gesagt.

Doch die Geschichte der Menschheit ist nicht zu Ende. Sie scheint sogar in diesem Moment eine erstickende Phase dieses Geheimnisses der Bosheit zu durchlaufen. Was wird morgen sein?

Wir wissen nichts darüber.

Wir sind keine Propheten.

Aber wenn es auch vergeblich ist, in Erfahrung bringen zu wollen, was morgen sein wird, so bleibt es doch unsere Pflicht, unseren Verstand, den Gott uns gegeben hat, dazu zu benutzen, den vor uns liegenden Weg soweit auszuleuchten, als es uns die Kenntnis der Pläne Gottes und diejenige des Geheimnisses der Bosheit gestatten.

Gewiß, die Zukunft gehört Gott allein.

Aber wir kennen den göttlichen Plan, obgleich wir nicht wissen, auf welchen Wegen er in Erfüllung gehen wird. Wir kennen ebenso den Plan Luzifers wie auch die Mittel, die er anwendet, um seine Zwecke zu erreichen. Zudem sind wir in der Zeit und in der Geschichte weit genug fortgeschritten, um auf die letzten Ziele des Affen Gottes schließen zu können. Zwischen der Wahrnehmung der unermeßlichen Barmherzigkeit Gottes und der Erkenntnis der Absichten Luzifers existiert ganz unbezweifelbar die Möglichkeit, mit einem hinlänglich hohen Wahrscheinlichkeitskoeffizienten wenn schon nicht die geschichtliche Zukunft, so doch wenigstens die möglichen entscheidenden Durchgangsstationen der weiteren Entwicklung der Menschheit zu bestimmen, einzig in den Blick genommen unter metaphysischen und übernatürlichen Vorzeichen. Dabei bleiben die etwaigen katastrophenhaften Aspekte dieser Entwicklung bedingt - in Abhängigkeit von der vollen Unterwerfung der Menschen oder von ihrer Weigerung, die Warnungen der Allerheiligsten Jungfrau Maria, namentlich in Fatima, zu hören: «*Wenn die Menschen sich nicht bekehren, wird Rußland seine Irrtümer verbreiten; es wird Kriege geben . . . etc.*»

Man mag überrascht sein, daß wir in unserem Titel Bezug auf das Jahr 2000 nehmen. Denn letztlich sollte das Jahr 2000 uns weder sonderlich interessieren noch beunruhigen. Für uns Katholiken gibt es keinen speziellen Grund, warum die Jahre 2000 oder 2001 etwas anderes sein sollten als das Jahr 1000 oder das Jahr 1901!

Nun, wir sprechen davon im Hinblick auf den außerordentlichen Rummel, den die Hierarchie der Amtskirche seit einiger Zeit um dieses Jahr 2000 macht, das zum Angelpunkt ihres «*Advents des dritten Jahrtausends*» («Tertio Millennio Adveniente»[2]) geworden ist. Ein «Advent», für den das derzeitige Rom eine Vorbereitungszeit von drei Jahren angeordnet hat, die der «Rückbesinnung» auf den Sohn (1997), den Heiligen Geist (1998) und den Vater (1999) gewidmet sind, in einer möglicherweise bedeutsamen Umkehrung der Heiligsten Dreifaltigkeit, wie sie symbolisch im Kreuzzeichen ausgedrückt wird («Im Namen des Vaters und des Sohnes und des Heiligen Geistes», wobei dieser letztere vom Vater und vom Sohn ausgeht; wird man nunmehr den Vater vom Sohn und vom Heiligen Geist ausgehen lassen?).

«*Die Zeit, die vergeht und uns* ***verborgenerweise*** *dem Jahr 2000 zuführt, treibt die Menschheit* ***geheimnisvollerweise*** *einem* ***neuen Advent*** *entgegen.*»[3] So reden die von Johannes Paul II. inspirierten Bischöfe.

Aber wieso soviel *Geheimnis* und *Verborgenheit*, wenn es sich bloß um den Ablauf der Zeit handelt? Der uns der glorreichen Ankunft Christi, nicht aber einem *neuen Advent* näherbringen muß?

Advent von was?

---

2 Enzyklika Johannes Pauls II. von 1994.

3 So drückt sich *Kardinal Etchegaray* auf dem Umschlag eines Buches aus, das die Enzyklika «Tertio Millennio Adveniente» kommentiert und vom «Präsidentschaftsrat des Großen Jubiläums des Jahres 2000» veröffentlicht worden ist.

Ist man nicht berechtigt, sich solche Fragen zu stellen, wenn man weiß, daß der ganze Rummel in interreligiösen Zeremonien des Jahres 2000 gipfeln soll, die sich in Jerusalem unter dem Vorsitz von Johannes Paul II. abspielen sollen und die im Plan des Geheimnisses der Bosheit durchaus mit der Konstituierung der synkretistischen Universalreligion enden könnten . . .?

Sollte sich die derzeitige Kirche am Ende auf ihr eigenes, von ihr selbst vorprogrammiertes Verschwinden hin entwickeln? Zu ihrer Auflösung in einer gigantischen allumfassenden Interkommunion aller Religionen, wozu die Versammlungen von Assisi, Brüssel, und so weiter, lediglich das Vorspiel wären?

Es ist nur logisch, daß Johannes Paul II. schon seit seiner ersten Enzyklika *Redemptor Hominis* das Potential eines **neuen Advents**, das beherrschende religiöse Merkmal der gegenwärtigen Epoche, gemäß dem eigentümlichen Vokabular der Eingeweihten «entdeckt» bzw. sich dessen «bewußt wird»! Diese Entdeckung hatte der Kardinal Wojtyla schon 1972 in seinem Werk mit dem Titel «Quellen der Erneuerung» vorgestellt. Namentlich schrieb er: «*Der Weg der Bereicherung des Glaubens, den das II. Vatikanische Konzil wiederentdeckt hat, verläuft über die Bewußtwerdung dessen, was die Kirche ist*», die neue, noch zu schaffende Kirche, wohlgemerkt. «*Damit*», schreibt Professor Dörmann, «*wird von vornherein der heilsgeschichtliche Horizont der alten Parusie-Erwartung auf die gegenwärtige Epoche reduziert. Diese beginnt mit dem 2. Vatikanum und geht "mit dem nahen Ende des zweiten Jahrtausends parallel" (Redemptor Hominis 7,1).*»[4]

Der Neue Advent umfaßt also eine bestimmte Periode, diejenige, die vom II. Vatikanum bis zum Jahr 2000 reicht! Das Jahr 2000 ist für Johannes Paul II. eine «deadline» [Grenzlinie] für die Parusie. Und der Gegenstand dieser Erwartung? Es handelt sich um nichts weniger als eine neue Etappe, in deren Verlauf das Volk Gottes sich dem «Pater futuri saeculi», dem «Vater der künftigen Welt» nähern soll. Aber der Kontext der Enzyklika zeigt, daß das neue Kommen des Herrn nur den Beginn eines

---

4 Hier zit. n. d. deutschen Originalausgabe: *Johannes Dörmann*, Der theologische Weg Johannes Pauls II. zum Weltgebetstag der Religionen in Assisi, Bd. II Tl. 1, Senden 1992, Seite 57.

messianischen Reiches innerhalb dieser Welt beim Anbruch des Dritten Jahrtausends bedeuten kann.

Wir nähern uns mit jedem Tag entschieden dem Höhepunkt der fünfunddreißig Jahre von La Salette. Denn der «Neue Advent der Kirche» mündet in die «Kirche des Neuen Advents» oder vielmehr in den «Neuen Advent der Menschheit». Die Kirche und die Menschheit leben beide in einer Erwartung, die sich auf dieselben Ziele richtet und denselben Inhalt hat. Die Kirche und die Menschheit fallen in einer kosmischen Ausdehnung des Menschen in eins! Das ist die Lehre und die sonderbare Theologie Johannes Pauls II.!

Wie Maria und die Jünger zwischen der Himmelfahrt und Pfingsten im Abendmahlssaal im Gebet verharrten, um von oben den **Heiligen Geist** zu empfangen, so muß auch die Kirche von heute in diesem «Neuen Advent der Menschheit» mit Maria beten, um den Heiligen Geist (oder einfach den Geist?) zu empfangen.

Die noch ganz junge Kirche des Neuen Advents, die auf dem Konzil, einem wahrhaft «zweiten Pfingsten», geboren wurde, muß mit einer neuen göttlichen Sendung versehen werden und sich zur Dolmetscherin dieser neuen Erwartung der Menschheit machen. Der (Heilige) Geist in der Version Johannes Pauls II. ist der lebendigmachende Geist des Konzils, der die Kirche bis zum Eintritt der Menschheit in das Neue Reich des Geistes, bis zur Selbsterlösung der Menschheit, erleuchtet.

Ist es angesichts einer so schrecklichen Verwirrung, beim Herannahen solcher Entwicklungen, in Anbetracht der ungeheuren Einsätze dieses Kampfes, nicht unerläßlich, daß wir wachsam bleiben und über die zahlreichen Fallen nachdenken, in die wir nicht geraten dürfen, die uns zu stellen die Kräfte des Geheimnisses der Bosheit jedoch nicht versäumen werden?

Denn wenn die Stunde der Mächte der Finsternis sehr nahe zu sein scheint, müssen auch wir bereit sein für die Stunde Gottes und in den kommenden Ereignissen wissen, welches Lager wir zu wählen haben!

# II

# Die Weltlage im Jahr 2000

## Der programmierte Untergang Frankreichs und der Nationen

Das Jahr 2000 ist nahe genug, um von der aktuellen Weltlage und ihrer gegenwärtigen Entwicklung darauf schließen zu können, wie es sein wird! Wir sehen es nur zu gut.

Auch müssen wir auf dem Ursprung und der inzwischen lähmenden Entwicklung der politischen, wirtschaftlichen, finanziellen, gesellschaftlichen, religiösen und moralischen Krise beharren, die wir in diesem Augenblick erleben. Von nun an wird die vollkommenste Verwirrung herrschen, denn dem Zusammenbruch der Ideologien entspricht zwangsläufig das Scheitern auch der Ersatzsysteme. Der liberale Kapitalismus beweist, daß er genau so pervers ist wie sein marxistischer Zwillingsbruder.

Was aber seit einigen Jahren am meisten frappiert, ist die Planetarisierung oder, wenn man lieber will, die Entmaterialisierung der menschlichen Tätigkeiten. Dem Mystischen Leib Christi, nämlich der Kirche, entspricht ein mystischer Gegenleib, der ebenso allumfassend und unsterblich zu sein beansprucht. Wir stehen vor einem Prozeß der umgekehrten Vergeistigung, einer Vergeistigung der Materie, die nichts als der Tod des Geistes ist.

Diese «Zersetzung» der Zivilisation ist vor allem gekennzeichnet durch:

- **Den Übergang zum virtuellen Universum**: Der Mensch gibt mehr und mehr die reale Welt auf, zugunsten symbolischer oder virtueller Darstellungen wie der Videospiele, Simulatoren, Video-Clips. Zudem betrachtet man die Welt zunehmend durch zwischengeschaltete Medien wie Bildschirme, Modelle, mathematische Abstraktionen (Statistiken, Wahrscheinlichkeiten) oder «Experten»systeme, die einen Filter für die Wahrnehmung der Wirklichkeit bilden. Zur gleichen Zeit breitet sich die Manie des

«Zappens»[5] aus, geht die Fähigkeit zum Gespräch und zum zusammenhängenden Berichten verloren, schwinden sämtliche Fixpunkte.

- **Den Abbau jeglicher natürlichen Organisation** (Landwirtschaft, Industrie: die berühmten Primär- und Sekundärsektoren) zugunsten eines Überbaus (Dienstleistungen, Finanz: der Tertiärsektor). Man verläßt das Konkrete, die materielle Welt (Entwurzelung, Aufgabe industrieller und landwirtschaftlicher Aktivitäten, etc.) zugunsten des berühmten Tertiärsektors, der nie mehr ist als eine zerbrechliche Blase und darum ohne das Vorhandensein der produzierenden und veredelnden Aktivitäten niemals überleben könnte. Man erschafft Zug um Zug eine Welt, die nicht mehr auf konkreten, soliden Grundlagen ruht, sondern auf «Information», Gegebenheiten der Informatik, Papier, auf dem Ungreifbaren, dem Unkörperlichen, dem Wind, dem Bild, der Elektronik.

- **Die Globalisierung auf planetarischer Ebene**. Alles ist miteinander vernetzt. So die Währungs- und Finanzsysteme, in denen die leiseste Krise einer untergeordneten Währung Kettenreaktionen im gesamten Weltwährungssystem hervorruft, eine entfesselte Spekulation nach sich zieht, unmerkliche Verschiebungen großer Geldmengen erzeugt und den Fall oder den unwiderstehlichen Anstieg einer Währung verursacht. Genauso die Banken- und Finanznetze, in denen die geringste Krise, der kleinste Bankrott katastrophale Auswirkungen haben kann. Mit den Telekommunikations- und Computernetzen (die berühmten Datenautobahnen, das Internet) ist das System einem Kollaps, einer Sabotage, einer nicht mehr beherrschbaren, den ganzen Planeten erfassenden Abtrift hilflos ausgeliefert. Dasselbe gilt mittlerweile vom Energietransfer, denn der Totalausfall, vormals auf eine Region oder ein Land beschränkt, kann sich jetzt auf einen ganzen Kontinent erstrecken. Was die satellitengestützten Datenübertragungsnetze angeht, die das berühmte «globale Dorf» bilden, muß man fürchten, daß sie vorrangig an der Inszenierung von geistigen «Vergiftungen» im Weltmaßstab beteiligt sind, wofür uns die rumänische «Revolution» und der Golf«krieg» schon ein paar Kostproben geliefert haben.

---

[5] Ständiges Umschalten von einem Fernsehprogramm zum nächsten.

Was wird in diesem Zusammenhang des «Verschwindens» des Menschen und der natürlichen Ordnung speziell aus unserem Land werden? Bezüglich Frankreichs schrieb Léon Daudet vor 70 Jahren, es könne ungeachtet der Anstrengungen der Republik nicht verschwinden, weil diese letztere niemals die Seele seines Volkes zu morden vermöchte, die insbesondere durch die Landbevölkerung und, natürlich, durch die nationale Rechte vertreten werde! Teurer Léon! Man möchte meinen, die Subversion hätte Sie zu viel gelesen, denn es ist ihr unter der Herrschaft der fünften Republik gelungen, diese beiden Elemente so gut wie zu vernichten. Die Action Française ist 1945 aus der Seele der Franzosen ausgetilgt worden. Und das Europa von Maastricht hat die Landbevölkerung endgültig zur Bedeutungslosigkeit verurteilt. Wahnsinn!

Überdies steht - wir zögern nicht, es zu sagen - Frankreich, nachdem diese beiden seine Identität wahrenden Säulen nahezu vernichtet sind, am Rande eines totalen geistigen, moralischen, wirtschaftlichen und gesellschaftlichen Zusammenbruchs. Die fünfte Republik erreicht gegenwärtig ihren Gipfelpunkt «im Gold, Dreck und Blut». Aber es ist wichtig, zu begreifen, wie es der Subversion gelungen ist, ein allgemeines Wiedererstehen Frankreichs, wenigstens menschlicherweise, alchemistisch unmöglich zu machen.

Für die jüngere Vergangenheit muß man sagen, daß Frankreich seit 1945 voll unter der doppelten, nämlich sozialistisch-marxistischen wie liberalen, Entfremdung von Jalta zu leiden hat. Diese Situation hat es mehr und mehr dazu geführt, staatliche, parallel-staatliche und gesellschaftliche Strukturen zu errichten, die auch Stalin uns hätte schicken können! Sie sind übertrieben groß im Verhältnis zu seinem wirtschaftlichen Gewicht, wobei es sich auch noch dem weltweiten freien Kapital-, Waren- und Personenverkehr öffnet und in «fairen Wettbewerb» mit Ländern ohne Staatsapparat tritt, wo die Arbeitskräfte unterbezahlt werden und mafiöse Strukturen regieren, die sich allen Steuern und sonstigen Zwängen entziehen! Diese Zweigleisigkeit gipfelt derzeit in den Verträgen, die es ratifiziert hat, von Maastricht und Schengen bis zu den «agreements» auf Weltebene (z.B. Welthandelsabkommen), eine Zweigleisigkeit, die es übrigens dazu verpflichtet, in allen Punkten vorbildhaft und «politisch korrekt» zu sein, an der Spitze der Modernität zu marschieren und somit ständig eine messianische und heroische Haltung an den Tag zu legen - gegenüber mächtigen (der deutsche Block und die Satellitenstaaten Osteuropas), mehr oder weniger korrupten und durchtriebenen Partnern!! (Es gibt keinen hohen europäischen Funktionär, der nicht kräftig geschmiert würde, und die Mafia hat offiziell das Versorgungswesen der Brüsseler Kommission in der Hand!) Dieses sinnlose Gebaren erwächst aus den vereinten Anstrengungen unserer liberalen Technokratenstruktur und unserer kleinen Jakobinerfunktionäre. Es wird Frankreich dazu nötigen, eine selbstmörderische Währungs-, Finanz-, Wirtschafts- und Sozialpolitik fortzusetzen, die stark riskiert, noch vor der endgültigen Realisierung von Maastricht in sich zusammenzufallen.

Außerdem hat sich Frankreich, infolge seiner eigenen Vergangenheit anfällig für nostalgische Regungen und den schalen Nachgeschmack des Sozialismus/Marxismus kostend, auf die Anklagebank gesetzt vom Politik- und Medienkomplex (der selbst wiederum nach zwei Seiten - durch die Sekten an der Spitze und das «geklonte» Sansculotten-Fußvolk an der Basis - abgeriegelt ist), auf eine Politik der ungebremsten und unbeschränkten Inteigration des Elends der Dritten Welt wie der ganzen Welt überhaupt eingelassen, und zwar bis zu dem Punkt, die «Mutter Schlampe» der Menschheit zu werden, die sämtliche Ethnien der Welt auf- und sämtliche Religionen oder Ideologien annimmt. Dieser Wille zur Beglückung der Menschheit, der (gerade durch die Integration) zu ihrer Desintegration führt, ist einzig in Europa und in der Welt. Deutschland verfügt über eine Gesetzgebung, die sich, wie in der Schweiz oder Israel, auf das «jus sanguinis» (den Abstammungsnachweis) gründet. Italien, das keinen zentralen Staatsapparat, sondern effektive Regionalverwaltungen besitzt, hat praktisch keine Einwanderer. Trotzdem stehen auch diese Länder im Begriff, sich im selben Sinne zu entwickeln . . .

Die zweite Hälfte des laufenden Jahrzehnts beginnt also für Frankreich unter erschreckenden Auspizien, sagen wir es geradeheraus. Schon hat Frankreich keine Grenze, bald auch keine Armee, morgen keine Währung mehr! Das ist der gnadenlos programmierte Untergang der ältesten Tochter der Kirche. Und im

Grunde genommen ist das der ganzen Welt offenstehende Europa von Maastricht hauptsächlich organisiert worden, um auf die «sanft»möglichste Weise die erste der Nationen aus der Landkarte zu radieren! *«Der Feind wird kein Risiko eingehen wollen»*, sagte Christus zu Marie-Julie Jahenny, *«keinerlei Risiko bis zum Endstadium der Verwirrung»* . . . der wir um das Jahr 2000 herum nicht entgehen werden und die er zu seinem Vorteil auszuschlachten verstehen wird.

Wenn aber, wie Pius XI. sagte, die Welt das Spiegelbild Frankreichs ist, dann läßt sich eine ähnliche Analyse für alle Nationen, vor allem für jene des alten katholischen Europa, erstellen.

Wir werden uns also dem Jahr 2000 in einem Zustand des allgemein gewordenen Chaos nähern, wenn Gott bis dahin nicht in sichtbarer Weise eingreift!

**Am 5. November 1990 über Manhattan**

# III

# Ein mögliches Szenario?

## Wird ein europäischer Flughafen Schauplatz der Landung von UFOs mit Außerirdischen sein?

Wird die Verwirrung der Geister, die wir momentan erleben, noch größer werden? Und kann nicht, da unsere Geister sich bereits von der «Realität» entfernt haben, die Zeit der großen «geistigen» Massenmanipulationen beginnen?

Wir meinen, daß nunmehr eine Reihe von Naturereignissen, die allerdings womöglich durch die dafür bereitstehenden Zauberer magisch verstärkt würden, geeignet wären, als Wunderzeichen aufgefaßt und den Massen auch als solche präsentiert zu werden: Erdbeben, Wirbelstürme, Flutwellen, Überschwemmungen, Vulkanausbrüche und Umweltkatastrophen könnten also mit einer nie gekannten Gewalt und in nie dagewesenen Umfang auftreten. Infolgedessen könnten chiliastische und apokalyptische Bewegungen Zulauf erhalten, die den Anbruch der letzten Tage, das Weltende vorhersagen; parallel dazu wäre eine Vervielfachung paranormaler Phänomene festzustellen: epidemische Massenhalluzinationen, kollektive Hysterie, «Wunder», «Erscheinungen» und apokalyptische Prophezeiungen. Dieses ganze Programm könnte von einer Zunahme der Zeichen am Himmel begleitet sein: Kometen[6] oder von ihrer Bahn abweichende Sterne, spürbare Vermehrung der UFO-Sichtungen. Paranormale Kundgebungen und chiliastische Reden würden sich somit wechselseitig

---

6 Dieser Text war bereits geschrieben, als der Komet Hale-Bopp auftauchte, den kein Observatorium kommen gesehen hatte und in dessen Schweif Sekten ein UFO erblickten, in welchem ein kollektiver Selbstmord sie zum «Himmel» . . . oder zur «Hölle» (?) führen sollte.

verstärken, indem jeweils die einen aus den anderen eine verdoppelte Energie schöpften!

Wäre dieser Cocktail aus Verwirrung und kollektiver Beklemmung erst einmal gut gemixt, könnte der «Fürst dieser Welt» sodann die Endphase des Szenarios herbeiführen. Vorstellbar ist, daß folgendes zeitgleich geschähe:

*Das Erscheinen einer über Rennes-le-Château schwebenden Stadt*[7]. Sie ist ein riesiges UFO im Stil der Begegnungen der dritten Art. Es begnügt sich damit, lautlos zu schweben, und ist Dutzende von Kilometern im Umkreis sichtbar. Das ist der erste psychische Bruch: die Menschheit ist unrettbar mit **dem Anderen** konfrontiert. Stimmen werden laut, um die Geheimpolitik der Regierungen anzuprangern, die schon seit dem Ende der 40er Jahre (siehe den Zwischenfall von Roswell) von der Existenz der UFOs wußten[8]. Dank einer psychologischen, von langer Hand orchestrierten Vorbereitung der Massen (durch die Literatur und die Lehrmeinungen über die «fliegenden Untertassen» ebenso wie durch die Science-fiction, vor allem im Kino und im Fernsehen . . .) akzeptiert die Bevölkerung das augenscheinlich Gegebene: das Dasein nicht-menschlicher bzw. über-menschlicher Wesen. Diese Akzeptanz zieht eine beginnende Infragestellung der philosophischen und religiösen Wahrheiten sowie ein wachsendes Mißtrauen gegenüber den (politischen, wissenschaftlichen, moralischen, religiösen, etc.) Autoritäten nach sich.

---

[7] Rennes-le-Château, eine kleine Ortschaft südlich von Limoux, brüstet sich mit nicht mehr und nicht weniger als dem Privileg, - irgendwo verborgen - den Leib Christi (der nicht auf dem Kalvarienberg gestorben wäre) wie auch Maria Magdalenas zu besitzen, die er geheiratet hätte und deren Nachkommenschaft die Linie der Merowingerkönige wäre, aus welcher der Große Monarch hervorgehen soll. In Rennes-le-Château sind angeblich auch der von Cyrus im Jahre 70 weggeschaffte Schatz des Jerusalemer Tempels . . . ebenso wie der Schatz der Templer, die Überlieferung der Katharer, etc. aufbewahrt und versteckt.
Wie können solche Fabeln Gehör finden? Aufgrund der Verwirrung der Geister und des Verlustes der religiösen, sittlichen, historischen Bezüge, ja sogar des schlichten gesunden Menschenverstands! Bleibt bestehen, daß dieser «inspirierte» Ort einen beträchtlichen Einfluß ausübt, Hunderttausende von Leuten vorüberziehen sieht und eine ausufernde Literatur (Tausende von Büchern!) anregt. Und daß man unter seinen «Pilgern» Persönlichkeiten bis hin zu einem Mitterrand und vielen weiteren tonangebenden Politikern erblickt hat!

[8] Ein mit seinem UFO in Roswell (USA) «verunglückter» Außerirdischer ist in französischen Fernsehsendern «seziert» und «wissenschaftlich» untersucht worden.

*Ein Appell unumstrittener Persönlichkeiten von internationalem Ruf*, die ein Ereignis ankündigen, das dazu angetan ist, die Geschichte umzustoßen. Schon sehr lange Zeit vorher hat ein geheimer Zirkel im Schatten, um der Verfolgung zu entgehen, den Auftritt eines Mittlers zwischen der Menschheit und den nichtmenschlichen Wesen vorbereitet, die seit der Nacht der Zeiten über der Welt wachen. Die betreffenden Persönlichkeiten präsentieren sich als das Sprachrohr des erlauchten Zirkels und des Mittlers. Es ist - noch verblümt - die Offenbarung des Großen Monarchen, der zugleich Maitreya, der Messias, der zwölfte Imam oder die Auferstehung Jesu Christi ist . . . Das ist der zweite psychische Bruch: nach der Infragestellung ihres geozentrischen und anthropomorphen Weltbilds steht die Menschheit vor einer Infragestellung ihrer politischen und religiösen Geschichte. Bevor man noch den Mittler befragen könnte, eilt dieser nach - Rennes-le-Château.

(Nochmals: wir haben keinerlei messianischen Ehrgeiz. Wir stellen lediglich, in sehr geraffter Form, ein Szenario vor, das auf dem Plan der Bosheit der Hochgradlogen - im Lichte der laufenden Vorbereitungen, insbesondere der tragischen und mythischen Possenreißerei von Rennes-le-Château - fußt. Nichts weiter!)

Dort angekommen, enthüllt er einen zweiten Teil seines Geheimnisses. Der Mittler ist von königlichem Stamm, denn er ist geheimer Abkömmling der Linie der seit dreizehnhundert Jahren verfolgten und verborgenen Merowingerkönige. Diese sind nicht etwa lediglich kleine germanische Duodezfürsten, sondern Nachfahren sowohl der Könige von Troja als auch der Linie König Davids. Er ist darum der letzte Erbe des Äneas und des königlichen Stammes, mit dem Jahwe seinen Bund geschlossen hat. Wenn er nach Rennes-le-Château gekommen ist, dann deshalb, weil sich dort, seit Jahrhunderten verborgen, die formellen Beweise dessen finden, was er vorbringt: die Schätze, die Archive, die Stammtafeln. Man gräbt also auf die Weisungen des Mittlers den Schatz der Wisigoten, den Schatz der Katharer, den Schatz der Templer, antike Dokumente aus.

Ein neuer psychischer Bruch: sämtliche geschichtlichen Bezugspunkte fallen weg und stellen dadurch die offizielle Geschichtsschreibung radikal in Frage.

Jetzt signalisieren deutliche Zeichen von Aktivität im Raumschiff der Außerirdischen das Bevorstehen der Enthüllung des dritten Geheimnisses. Der Mittler stammt von der Linie Davids ab, weil Jesus sein direkter Vorfahre ist. Jesus, der ein großer Eingeweihter wie Buddha und Pythagoras war, ist nicht am Kreuz gestorben. Dank eines geheimen Zirkels, der sich aus Lazarus, Joseph von Arimathäa und Nikodemus zusammensetzte, ist er gerettet worden und hat sich mit seiner Frau Maria Magdalena, ihren Kindern und ein paar Vertrauten nach Gallien geflüchtet. Und sein «Grab» ist hier in Rennes-le-Château! Der Mittler wird sich nun, begleitet von einigen bevorzugten Journalisten, in die Krypta zurückziehen, wo viele seiner merowingischen Vorfahren ruhen. Der psychische Bruch ist total.

In diesem Augenblick löst sich eine Raumfähre vom Mutterschiff und setzt zur Landung auf dem kleinen Plateau unterhalb von Rennes-le-Château an. Der Mittler begibt sich mit großem Pomp zu dem UFO. Ihm entsteigen leuchtende Gestalten, die sich ehrerbietig vor dem Mittler verneigen. Dieser betritt die Maschine, die sogleich abhebt, um zum Mutterschiff zurückzukehren. Während der Abwesenheit des Mittlers herrschen Verwirrung und Bestürzung auf der Erde.

Nach einer längeren Weile kommt dasselbe UFO wieder, um auf demselben Platz zu landen. Der Mittler steigt aus, eskortiert von mehreren Lichtwesen. Auch er selbst ist jetzt von Licht umflossen. Er wendet sich an die ganze Welt, um das vierte Geheimnis zu verkünden. Jesus war ein Großer Eingeweihter, ein Prophet außerirdischen Ursprungs, auf die Erde gesandt, um die Menschheit zum Glück zu führen. Seine Wunder: Heilungen, Totenerweckungen, Gehen über das Wasser, Sieg über den Tod, Verklärung, waren die offenbaren Wahrzeichen, die Beweise seiner gleichzeitig menschlichen und nicht-menschlichen Natur. Doch die Schlechtigkeit der Menschen verhinderte ein weiteres Mal die Verwirklichung des Großen Werkes. Paulus und die übrigen Apostel haben nichts von der wahren Natur und der wirklichen Sendung Jesu begriffen; sie haben alles falsch interpretiert und sind darum die Ursache der Perversion und der Abirrungen des Christentums. Aber die authentische Lehre Christi ist von seinen Nachkommen bewahrt und weitergegeben worden, und der

Mittler ist sein letzter Erbe. Ihm kommt also die Ehre und das Amt zu, die Menschheit in das Reich zu führen. Er ist mithin der *Große Monarch*, der jetzt das tausendjährige Reich einläuten wird. Und zu diesem Zweck wird er nun Jerusalem zur Wiege seines Stammes, zur Hauptstadt seines universalen Reiches machen und den seit der Verwüstung Roms durch Alarich untergegangenen Tempel der Menorah wiederherstellen.

Doch es handelt sich erst um die psychologische Vorbereitung auf die Entschleierung des fünften Geheimnisses: den Besuch der «Gräber» Christi und Maria Magdalenas . . .

In diesem Moment fallen alle verstandesmäßigen Schranken und es bricht die totale Verwirrung, das absolute Chaos aus. Sämtliche Philosophien, sämtliche Religionen, sämtliche Weltbilder kippen augenblicklich um. Die christlichen Kirchen werden bis in ihre Fundamente erschüttert. Eine Revolution schüttelt den Vatikan: ein von einer Gruppe progressistischer Kardinäle organisierter Staatsstreich «entläßt» den Papst (bzw. denjenigen, der seinen Platz einnimmt), der sofort durch ein kollegiales Leitungsgremium ersetzt wird. Man erklärt die Dogmen von der Gottheit Christi, von der heiligsten Dreifaltigkeit, vom eucharistischen Opfer der Messe für hinfällig, man verkündigt die Vereinigung bzw. Verschmelzung sämtlicher christlichen Kirchen und des Judaismus. Unter dem Druck der Ereignisse erkennen die höchsten rabbinischen Autoritäten den Messias in der Person des Mittlers, des Nachfahren des Königs David, an.

Nun wird man das totale Durcheinander ausnützen, um das sechste Geheimnis zu lancieren. Jesus ist nicht lebendig, aber er ist auch nicht tot. Er befindet sich seit zweitausend Jahren in einem starrkrampfartigen Zustand. Um ihn wiederzuerwecken und ihm die Krone wiederaufzusetzen, die ihm von Rechts wegen zusteht, muß der (falsche) Große Monarch, mit Hilfe der Außerirdischen und an der Spitze einer aus den Super-Eingeweihten bestehenden Elite sowie subversiver Stoßtruppen, das universale Reich nebst Frieden und Ordnung wiederherstellen. Angesichts der allgemeinen Desorientierung und der erweckten Hoffnungen akzeptiert der ganze Planet alles: eine globale Diktatur, einen absoluten gnostischen Kommunismus!

Da haben wir ein alptraumartiges und luziferisches «mögliches» Szenario. Es gibt viele weitere vorstellbare, aber alle kreisen sie unseres Erachtens um dasselbe Gravitationszentrum, um denselben Endzweck, den wir gerade dargelegt haben.

Noch einmal: das soeben von uns entwickelte Szenario erhebt keinerlei prophetischen Anspruch. Umso weniger, als, wenn auch der Plan des «Geheimnisses der Bosheit» tatsächlich solche Mittel ins Spiel zu bringen vermag, seine Verwirklichung doch vollständig der Zulassung Gottes unterworfen bleibt und nicht über das hinausgehen wird, was zu gestatten die göttliche Vorsehung für gut befinden wird, um die Gerechten zu heiligen.

Uns fällt es zu, diesbezüglich klar zu sehen und ruhig zu bleiben. Zumal wir ja wissen, daß es uns wahrscheinlich nicht möglich sein wird, einzugreifen, wenigstens öffentlich, denn, wohlgemerkt, der Plan beinhaltet auch, die Widerstrebenden zum Schweigen zu bringen.

Selbstverständlich sind überdies viele andere Szenarien denkbar: Bürgerkriege, Invasionen, Katastrophen . . . nicht zu vergessen ein wunderbares göttliches Eingreifen, das alles in einem Augenblick wenden kann.

**Entwurf des Botschaftsgebäudes der Außerirdischen, konzipiert und im Bau begriffen seitens der Raël-Sekte**

# IV

# Stehen wir vor dem Weltende?

Kommen wir auf gewisse Aspekte dieses «Magnum Praelium» zurück, des «großen Kampfes», der sich unter unseren Augen abspielt.

Es ist offenkundig, daß wir seit dem Beginn des derzeitigen Jahrzehnts auf allen Ebenen, der geistlichen, intellektuellen, sozialen, etc., dem Unvorhersehbaren anheimgefallen sind. Alles begann mit dem Zusammenbruch der UdSSR. Seither hat das christliche Abendland keinen Feind mehr, sämtliche intellektuellen und moralischen Anhaltspunkte haben sich verflüchtigt. Die Begriffe des Guten und des Bösen verschwimmen, dulden jede *Manipulation* und bereiten so die größte des Jahres 2000 vor, die religiöser Art ist und das Tor zu einem Versuch der Verwirklichung des kollektiven Pseudo-Heils der Menschheit unter der «Autorität» und dem «Schutz» des Dämons öffnet! Von daher die drei von der Kirche angeordneten Jahre der Praxis und Rückschau 1997 bis 1999! Man sollte die Bedeutung dieser Initiative nicht unterschätzen. Sie stellt ohne Umschweife vor das Problem der Legitimität Roms. Ist Rom noch die Hauptstadt der katholischen Kirche? Erinnern wir uns daran, was bereits vor mehreren Jahrzehnten, präzise im Jahre 1957, Lucia, die Seherin von Fatima, zu Pater Fuentes sagte:

*«Pater, erwarten wir nicht, daß von Rom ein Aufruf zur Buße seitens des Heiligen Vaters für die ganze Welt kommt; erwarten wir auch nicht, daß er von unseren Bischöfen für ihre Diözesen oder von den Ordensgemeinschaften kommt. Nein. Unser Herr hat schon sehr oft diese Mittel benützt und die Welt hat sich nicht darum gekümmert. Deshalb muß nun ein jeder von uns seine eigene geistliche Reform in Angriff nehmen; jeder soll nicht bloß seine Seele, sondern auch alle Seelen retten, die Gott ihm begegnen läßt.»*

Die letzten Zeiten der Welt? «*Pater, die Allerseligste Jungfrau hat mir nicht gesagt, daß wir in den letzten Zeiten der Welt sind, aber Sie hat sie mich aus drei Gründen schauen lassen:*

DIE LETZTE SCHLACHT. «*Erstens, weil Sie mir gesagt hat, daß der Dämon im Begriff steht, eine Entscheidungsschlacht und einen Endkampf zu liefern, von dem man weiß, welche Seite den Sieg davontragen und welche Seite unterliegen wird. Auch gehören wir ab jetzt entweder Gott oder dem Dämon; es gibt keine neutrale Position.*»

DIE LETZTEN HEILMITTEL. «*Zweitens, weil Sie mir gesagt hat, meinen Vettern genauso wie mir, daß Gott der Welt die beiden* ***letzten*** *Heilmittel gegeben habe: den heiligen Rosenkranz und die Andacht zum Unbefleckten Herzen Mariens; und wenn dies die beiden* ***letzten*** *Heilmittel sind, heißt das, daß es keine anderen mehr geben wird.*»

DIE SÜNDE GEGEN DEN HEILIGEN GEIST. «*Und drittens, weil in den Plänen der göttlichen Vorsehung jedesmal, wenn Gott die Welt bestrafen wird, Er zuvor alle anderen Mittel ausschöpft. Da er nun aber gesehen hat, daß die Welt sich um keines von ihnen gekümmert hat, bietet er uns - wie wir in unserer unvollkommenen Redeweise sagen würden - mit einer gewissen Furcht das letzte Mittel des Heiles an, seine Heiligste Mutter. Denn wenn wir dieses allerletzte Mittel verachten und abweisen, werden wir kein Erbarmen vom Himmel mehr erlangen, weil wir eine Sünde begangen haben werden, die das Evangelium die Sünde gegen den Heiligen Geist nennt und die darin besteht, offen, mit vollem Wissen und Willen, das Heil abzulehnen, das uns angeboten wird. Denken wir daran, daß Jesus Christus ein sehr guter Sohn ist und daß Er es nicht zuläßt, daß wir Seine Heiligste Mutter beleidigen und verachten. Wir haben zum sprechenden Zeugnis die Geschichte mehrerer Jahrhunderte der Kirche, die uns anhand schrecklicher Beispiele zeigt, wie Unser Herr Jesus Christus stets die Verteidigung der Ehre Seiner Mutter übernommen hat.*»[9]

---

9 Zit n. *Frère Michel de la Sainte Trinité*, Toute la Vérité sur Fatima - Le 3ème Secret (Die ganze Wahrheit über Fatima - Das dritte Geheimnis), Teil 3, Seite 337.

# V

# Stehen wir vor der Ankunft des Antichristentums?

Um auf den Plan der geheimen Gesellschaften zurückzukommen: es läßt sich nicht leugnen, daß ihr Sieg über die Geister unserer Zeitgenossen total zu sein scheint und daß ihnen logischerweise nur noch übrigbleibt, diesen Sieg über die Geister zu einem sichtbaren Sieg . . . über die Leiber zu konkretisieren, anders gesagt, die «Errungenschaften» der Revolution aus der Zeitlosigkeit in die Zeitlichkeit herabsteigen zu lassen. Wir wiederholen es: es möchte sich, gemäß ihrem Plan, durchaus im Verlauf der drei Jahre der Vorbereitung der katholischen Kirche auf die berüchtigten interreligiösen Zeremonien des Jahres 2000 die große alchemistische Verwandlung des Sohnes, des Heiligen Geistes und des Vaters vollziehen, um die Krönung eines - noch zu enthüllenden! - Menschen zu «gestatten», der zum universalen «Papst» und zum Herrscher über eine (Unter-)Menschheit ausgerufen werden könnte, die ihre gesellschaftliche, wirtschaftliche, finanzielle und «intellektuelle» Zusammenballung («Koagulation»!) vollzogen hat. Dieser Mensch wäre kein anderer als . . . der von der Heiligen Schrift vorhergesagte Antichrist!

Ist das möglich? Handelt es sich um einen Alptraum? Sind wir Opfer krankhafter Neurosen? Führt unsere Ablehnung Maastrichts und des Internets uns ins geistige Delirium? Sind wir dem Endstadium der Konstituierung des Mystischen Leibes Satans wirklich schon so nahe? Und doch, sagte nicht der **heilige Pius X.** schon 1904, vor beinahe einhundert Jahren: «*Wer diese Dinge erwägt, fürchtet mit Recht, daß eine derartige Pervertierung der Geister bereits der Anfang der für die Endzeit angekündigten Übel und gleichsam ihre Kontaktaufnahme mit der Erde sei.*»

Zur selben Zeit schrieb **Abbé Augustin Lémann**, über die Bedingungen des Kommens des Antichristen nachdenkend:

*«Aber die Ankunft des Antichristen setzt die vorherige Konstituierung seines "Mystischen Leibes", das heißt einer abgefallenen Menschheit voraus, einer revoltierenden Menschheit, die an der Seite der früheren Antichristen Platz nimmt und den außerordentlichen Antichristen, den Antichristen im eigentlichen Sinne, vorbereitet.»* Und von seiner Logik fortgerissen, zog er den Schluß: *«Das wird dann die Katholizität des Antichristentums gegenüber der Katholizität der Kirche sein.»*

Eigenartig, diese Vision von Abbé Lémann! Ist das nicht genau das, was wir beim Lesen der sehr hochgeistigen Enzyklika Johannes Pauls II. *«Redemptor Hominis»* empfinden? Ist das nicht die beste Beschreibung, die man von gewissen charismatischen Bewegungen, Speerspitzen der gegenwärtigen Kirche, geben kann: die Katholizität des Antichristentums?

Gerade eben sind wir auf eine «christliche» Zeitschrift mit charismatischer Tendenz gestoßen. Was sehen wir da: einen Artikel von «Bruder Ephraim» (?), Propagandist der berühmten «Gemeinschaft des Löwen von Juda und des Geschlachteten Lammes». Was sagt der Bruder (?), ein konvertierter vormaliger protestantischer Pastor, in diesem Artikel mit dem Titel *«Die Hoffnung dieser letzten Zeiten ist Maria»*? Daß Medjugorje die Fortsetzung von Fatima ist, daß wir einer weltweiten Erneuerung der Spiritualität entgegengehen, daß wir vor der Stunde eines neuen Kanaa stehen. Und was sieht man da? Ein schönes Farbphoto, das die Ankunft von tausend Pilgern im herrlichen Rahmen des Schloßparks von Croptes zeigt, mit im Wind wehenden *Bannern*, «traditionalistische» Lieder singend und fromm eine prächtige Marienstatue tragend. Und die Bestrebungen dieser Gemeinschaft? Ein schönes Anwesen in der Nähe des Schlosses zu erwerben und daraus eine «Stadt der Immaculata» zu machen . . . nach dem Vorbild dessen, was Maximilian Kolbe getan hat.

Mein Gott, wie ist das alles so zweideutig, so zusammengewürfelt! Sicherlich - seien wir keine «Nörgler» - ist unsere Heilige Mutter am Werk und bereitet irgendwo die Erlösung der gutgläubigen Leute vor, die diesen Bewegungen folgen. Vielleicht sind diese «Wandernde Madonnen» Initiativen, die eine große Hoffnung ankünden. Aber bleiben wir im Moment bei unserem Thema. Haben wir nicht einen Ausschnitt dieser Katholizität des Antichristentums vor uns? Selbst dann, wenn Satan ein Risiko eingeht, indem er Wahres mit Falschem, Wahrheit und Lüge vermischt und in schiefer Weise eine gewisse «marianische Frömmigkeit» fördert.

Doch Abbé Lémann präzisiert, daß sich während dieser Periode des Antichristen die wahre Katholizität derjenigen des Antichristentums entgegenstellen wird. Indessen sehen wir aber gegenwärtig, namentlich in Rom, keine gegenrevolutionäre und gegenreformatorische Katholizität in Erscheinung treten und amtlich werden. Was also nun?

Wir sind weit entfernt vom Aufeinanderprallen zweier einander entgegengesetzter Kreuzzüge. Die Kirche ist wie tot, da sie nicht mehr bekehrt und die Anwendung der Prinzipien des Ökumenismus und der Religionsfreiheit jeden Bekehrungswillen ausschließt.

Gibt es in der Heiligen Schrift noch andere Kennzeichen, die mit den Bedingungen der Ankunft des Antichristen verbunden sind und uns möglicherweise erleuchten können? Jawohl. Genau Abbé Augustin Lémann hat ein Werk verfaßt, das soeben neuaufgelegt worden ist. Es trägt den Titel *«Der Antichrist - Sicheres, Wahrscheinliches, Unentschiedenes, Phantastisches»*[10]. Es ist in mehrfacher Hinsicht interessant, denn Abbé Lémann kannte die Heilige Schrift und die Kirchenväter perfekt. Überdies verliehen ihm seine Gelehrsamkeit und seine unmittelbare Anschauung des jüdischen Messianismus einen speziell geschärften Sinn für die Auslegung der Prophezeiungen. Das erschöpfende Studium dieser Frage würde den Rahmen der vorliegenden Untersuchung sprengen; wir verweisen jedoch unsere Leser darauf, desgleichen auf die Lektüre des Werkes von John Henry Newman «Der Antichrist».

---

10 «L'Antéchrist, choses certaines, choses probables, choses indécises, choses fantaisistes».

# VI

# Stehen wir vor dem Wunder einer Erneuerung?

Dennoch, wenn auch die Logik der aktuellen Geschehnisse und des Verfalls der Welt es gestatten, zu glauben, daß wir in der Tat - sei es nun auf dem Wege der UFOs oder auf noch brutalere Weise - der Zeit des Antichristen entgegengehen; wenn wir auch nichts anderes zu verdienen scheinen; ist es nicht gleichwohl erlaubt, sich einen Funken von Hoffnung für die nahe Zukunft zu bewahren?

Vor dieser schrecklichen Zeit des Antichristen eine Wiedergeburt des Christentums - ist das möglich? Gehört das zum Plan Gottes?

Menschlich gesehen, in einem kühlen, klaren Blick auf den gegenwärtigen Zustand der Welt, ist nur eines evident: alles ist verloren! Die Menschheit versinkt unerbittlich im «Geheimnis der Bosheit», das sie ohne Möglichkeit der Umkehr auf den Wegen der universalen, einseitigen und eindimensionalen Demokratie ins Reich der Finsternis führen soll. Kein Entrinnen ist möglich, kein anderer Weg in Sicht. Die Herrschaft des Dämons ist der (einzige) Weg, die Wahrheit (totaler Irrtum) und der unvermeidliche TOD als Folge der totalen Verkehrung der Schöpfung und des Willens des Schöpfers.

Menschlich gesehen vermag die Menschheit demjenigen nicht zu entrinnen, den sie - zu ihrem Unglück - zu ihrem «Fürsten» erkoren hat.

Aber Gott herrscht - durch seine Abwesenheit, wenn man nicht will, daß er es durch seine Anwesenheit tut. Und er gebietet der Hölle ebenso wie dem Himmel. Sein Plan für die Zukunft ist also radikal verschieden von demjenigen des Fürsten dieser Welt, und er ist vollkommen unvorhersehbar selbst für seine ihm ergebenen Getreuen, die wir ja sein wollen! «Meine Wege sind nicht eure Wege»!

Nichtsdestoweniger können wir andeutungsweise doch etwas von den Plänen Gottes erkennen, und zwar anhand der Prophezeiungen und Offenbarungen, die er uns zuteil werden lassen wollte. Allerdings müssen wir auf diesem Gebiet äußerst klug sein. Denn die teuflische Subversion ist allgegenwärtig und die mystischen Phänomene entgehen dieser Allgegenwart noch weniger als die Politik oder die Wirtschaft. Auf *eine* echte göttliche Offenbarung kommen 10 oder 100, die vom «Allertiefsten» stammen. Und Gott weiß, bis zu welchem Punkt seine höllische Verschlagenheit imstande ist, selbst die Seelen guten Willens zu hintergehen.

Eine einzige allgemeingültige und erprobte Regel kann uns auf diesem Gebiet leiten. Das ist das Urteil der Autorität, also der katholischen Hierarchie, geleitet vom irdischen Stellvertreter Christi.

Weil aber sie seit dem II. Vatikanum schrecklich entwertet erscheint, obendrein auch gar nicht mehr zu den außergewöhnlichen mystischen Phänomenen Stellung nimmt, halten wir es für klüger, uns an jene Offenbarungen oder Erscheinungen zu halten, die von den Bischöfen und Päpsten der Kirche vor dem besagten II. Vatikanischen Konzil ordnungsgemäß festgestellt, geprüft und gebilligt worden sind.

Unsere diesbezügliche Vorsicht läßt sich in dem folgenden Auszug aus einem Artikel von Phazaël zusammenfassen, der an die Klugheitsregeln erinnert, die das vom heiligen Pius X. vorbereitete und von Benedikt XV. veröffentlichte Kirchenrecht in seinen Kanones 1399 und 2318 aufstellt.

*«Kanon 1399 untersagte, irgendetwas zu veröffentlichen, was mit Offenbarungen, Erscheinungen, Weissagungen oder Wundern zu tun hatte. Die Untersuchung dieser Dinge blieb denjenigen vorbehalten, die in der Hierarchie der Kirche von Gott selbst die Vollmacht zur Unterscheidung der Geister erhalten hatten.*

*«Und Kanon 2318 betraf die kirchlichen Strafmaßnahmen für jene, die ihre "mystischen Tatsachen" ohne Genehmigung der kirchlichen Hierarchie publizierten, wie auch für jene, die von*

*dieser selben Hierarchie nicht anerkannte Erscheinungsorte aufsuchten.*

*«Diese Kanones wurden im selben Jahr abgeschafft, in dem auch der Index (am 14. Juni 1966) aufgehoben wurde. Nachfolgend die Daten, welche die Abschaffung der genannten Kanones markierten.*

*«Das Abschaffungsdekret wurde am 14. Oktober 1966 von Paul VI. gebilligt, der gleichzeitig seine Veröffentlichung anordnete, und zwar im Rahmen einer dem Pro-Präfekten der "Heiligen Kongregation für die Glaubenslehre", Kardinal Ottaviani, gewährten Audienz.*

*«Das besagte Dekret wurde in Rom am 15. November 1966 mit den Unterschriften des Kardinal-Pro-Präfekten und des Sekretärs, Monsignore Parente, erlassen.*

*«Es wurde am 29. Dezember 1966 in den amtlichen "Akten des Apostolischen Stuhles" (A.A.S.) veröffentlicht.*

*«Es trat schließlich am 29. März 1967, also drei Monate nach seiner Veröffentlichung, in Kraft.*

*«Und Kardinal Ottaviani legte Wert auf die Feststellung: "Jene, die sich die Strafen zugezogen haben sollten, von denen in Kanon 2318 die Rede ist, gelten durch die bloße Tatsache der Abschaffung dieses Kanons als davon freigesprochen."»*

So hat also die zuständige Autorität, die sich auch bis 1966 als solche bezeichnete, auf die Ausübung dieser Autorität verzichtet. Wir sind mithin, aufgrund dessen, allein auf unsere kluge Vorsicht angewiesen bzw. ihr überantwortet. Es ist folglich angezeigt, sie zu verdoppeln!

Halten wir uns auch an die Prophetien von La Salette, Lourdes, Fatima sowie an diejenigen, welche die kirchliche Hierarchie gebührend untersucht und gutgeheißen hat, solange sie ihre Autorität noch ausübte!

Was aber finden wir da?

Eine bestimmte Zahl von bedingten Alternativen, von denen gewisse nunmehr verwirklicht sind oder teilweise noch ausstehen:

«*Wenn*» man nicht Buße tut, wird Rußland fortfahren, seine Irrtümer zu verbreiten, wird es neue Kriege geben . . . werden Nationen verschwinden . . . (Fatima).

Aber auch Aussagen, die nicht bedingt sind und die sich noch nicht erfüllt haben . . . und die in Erfüllung gehen werden, weil sie nicht bedingt sind und weil sie die Allmacht Gottes bestätigen!

So kündigte zum Beispiel 1846 Unsere Liebe Frau von La Salette eine Zeit von «*25 Jahren überreichlicher Ernten*» noch vor dem Auftreten «*eines Vorläufers des Antichristen*» an, während der «*man Jesus Christus dienen, ihn anbeten und verherrlichen wird*»; in der «*die Liebe überall neu aufblühen wird*», «*das Evangelium überall gepredigt werden wird*», «*die neuen Herrscher der rechte Arm der Kirche sein werden*», etc.

Und Unsere Liebe Frau von Fatima sagte 1917 die Herrschaft des Unbefleckten Herzens Mariens über eine durch Prüfungen gereinigte Erde voraus, von denen viele bereits eingetreten sind.

Diese Ereignisse stehen noch bevor.

Werden sie eine wunderbare Wiederherstellung der katholischen Nationen und vor allem der Römischen Kirche mit sich bringen?

Weil diese Wiederherstellung fortan notwendigerweise einen göttlichen und außerordentlichen Charakter besitzt, muß sie absolut unabwendbar sein, das Komplott der «Weisen» seit dem Fall Jerusalems aufdecken und die Bösen und den Irrtum erbarmungslos zuschanden machen. Die weichlichen und angesichts des Jahres 2000 erschlafften Christen bleibend zu beeindrucken . . . das verlangt nach übernatürlichen . . . nach unerhörten Ereignissen!

Aber genau das mahnt uns auch zu allergrößter Vorsicht bezüglich der Berechnung dieser möglichen Geschehnisse, die aus dem Rahmen des normalen Ablaufs der Dinge fallen. Es verbietet uns, unser Tun oder unsere Glaubensüberzeugung auf die Hypothese dieser außerordentlichen Ereignisse zu gründen . . . vor allem dann, wenn dieser Gedanke uns durch zweifelhafte «Offenbarungen» nahegelegt wird . . . Und sie müssen allesamt als zweifelhaft gelten, solange eine ordentlich funktionierende Kirche sich nicht zugunsten ihrer Glaubwürdigkeit ausgesprochen hat . . . Ein Urteil, das der Krisenzustand, in den die Kirche gegenwärtig geraten ist, unmöglich gemacht hat.

Noch vor fünfzehn Jahren konnte die konziliare Abtrift als ein kurzer Einschub in der Geschichte der Kirche erscheinen, menschlicherweise gebunden an einen oder zwei Päpste. Das hat sich geändert, seit wir an der Schwelle eines Versuchs zur zynischen Liquidierung der Kirche stehen, selbst wenn Johannes Paul II. bei den Gläubigen immer noch über ein charismatisches Potential verfügt, das bisweilen die Papolatrie[11] streift bzw. sogar erreicht. Heute ist offenkundig, daß einzig ein übernatürlicher Eingriff von kollektiver Tragweite, der die Seelen, Geister und Leiber erschüttert, den gegenwärtigen Niedergang aufzuhalten und die Voraussetzungen für eine Umkehr zu schaffen vermag. Die prophetische Vision von Joseph de Maistre muß uns zwangsläufig verblüffen, so exakt trifft sie auf unser Jahrzehnt zu:

«*Wir müssen uns für ein gewaltiges Ereignis in der göttlichen Ordnung bereithalten, dem wir immer rascher entgegeneilen und das alle Beobachter frappieren muß. Furchterregende Orakel künden bereits an, daß die Zeit gekommen ist.*»

In einem den Geheimgesellschaften gewidmeten Artikel[12] erinnert Christian Lagrave in einer sehr gedrängten Formulierung daran, daß es das letztendliche Ziel der Sekten ist, «*zuerst den Menschen an die Stelle Gottes zu setzen, dann an dessen Stelle den Dämon*», eine notwendige Folge der berüchtigten Devise «*Solve ac coagula*». Der Autor verweist zugleich auf einen der Widersprüche in der Befindlichkeit des Bösen. «*Wenngleich Gott die menschliche Freiheit respektiert, wenngleich Er es manchmal zuläßt, daß die Pläne der Bösen Erfolg haben, wird doch keine menschliche oder dämonische Tätigkeit Seinen Willen daran hindern können, zu triumphieren. Niemals ist Gott mehr Sieger, als wenn Seine Sache verloren scheint, und niemals ist der Dämon radikaler unterlegen, als wenn er die Partie gewonnen zu haben scheint. Geradeso wie auf dem Kalvarienberg, als der Sohn Gottes tot am Kreuzesholz hing, angenagelt* ***gemäß dem Willen der Führer und der Priester des auserwählten Volkes****, der Triumph Satans total schien und doch seine Niederlage total war, weil das Werk der Erlösung des Menschengeschlechts durch das Opfer des Herrn vollendet wurde.*»

---

11 Papstanbetung.

12 *Christian Lagrave*, Réflexions sur les Sociétés Secrètes (Überlegungen zu den Geheimgesellschaften), in: «Lecture et Tradition», Mai/Juni 1995.

Satan weiß, daß er gerichtet und verdammt ist, aber sein Stolz muß umso mehr aufgestachelt und gedemütigt werden, als er sich besiegt weiß, noch während die Menschen ihm momentan zu Diensten sind. Auf dem Gipfel seines «Triumphes» über die katholische Kirche und somit über Jesus Christus, und während er noch im Begriff steht, als vollendeter «Affe Gottes» unrechtmäßig den Platz des Sohnes Gottes einzunehmen, weiß Satan bereits im voraus, daß er total gescheitert ist. Der scheinbare Triumph in der Schicksalhaftigkeit und dem Fehlschlag der Verfluchung! Ist es nicht das Schicksal des Fürsten dieser Welt, dazu verurteilt zu sein, niemals König der Welt zu werden und ein von vornherein besiegter Thronräuber zu bleiben . . . da er den König nicht zu töten vermag? Das ist der Mythos des Sisyphus. Und bilden wir uns nicht ein, die Zeit des «Triumphes» des Antichristen bräche mit dieser Regel. Wenn der heilige Paulus uns sagt: «*Und dann wird sich der Gesetzlose offenbaren, den der Herr Jesus hinwegnehmen wird mit dem Hauch seines Mundes und vernichten wird mit dem Aufleuchten seines Kommens*» (2 Thess 2, 8): täuschen wir uns diesbezüglich nicht und weisen wir jede manichäische Anschauung zurück! Satan wird erneut geistigerweise zuschanden gemacht und besiegt werden durch Unseren Herrn Jesus Christus; so wird er aufs Neue unfreiwillig zum unübertrefflichen Glanz Seiner Herrlichkeit beitragen! O Felix Culpa - o glückliche Schuld!

# VII

# Eine katholische Wiedergeburt noch vor der Herrschaft des Antichristen?

So bestätigt uns diese Anwendung der Heiligen Schrift auf die Bedingungen der Ankunft des Antichristen die Problematik, die wir im Vorhergehenden dargelegt haben. Um das Jahr 2000 herum erleidet Luzifer, unmittelbar vor einem scheinbaren Sieg stehend, eine vernichtende Niederlage und die seit dem II. Vatikanum in Ketten liegende katholische Kirche triumphiert über die Schlange. Die Zeiten der Vollendung des Geheimnisses der Bosheit werden durch einen außerordentlichen und allerletzten Gnadenerweis Jesu Christi und die Fürbitte Seiner heiligsten Mutter aufgeschoben. Wir befinden uns also, woran Schwester Lucia von Fatima wiederholt erinnert hat, nicht am Ende der Zeit, sondern in der Zeit des Endes.

Aber könnten diese Zeiten nicht auf den Versuch der Zubereitung eines Vorläufers des Antichristen, eines gewissermaßen unvollendeten Antichristen hinauslaufen? Das Geheimnis von La Salette nimmt tatsächlich Bezug darauf, und dort wird sich vielleicht mehr als je zuvor die Unterscheidungsgabe der «Gläubigen» bewähren müssen.

Denn aus Klugheit empfiehlt es sich, Geduld zu haben und wenigstens einen Teil der drei Jahre der Vorbereitung auf das Jahr 2000 abzuwarten, dieser drei Jahre der zusammenfassenden Rückschau auf den Neuen Advent des II. Vatikanums, um ihre Zielsetzung und ihre Grenzen herauszufinden. Die Gestaltannahme eines eventuellen Vorläufers des Antichristen hängt ja von der Natur des unergründlichen Geheimnisses ab, das gegenwärtig im Vatikan herrscht, dessen teilweise Enthüllung jedoch eine unumgängliche Vorbedingung darstellt.

Wie auch immer dem sei, es existiert eine perfekte Übereinstimmung zwischen der Auslegung der Heiligen Schrift und der Botschaft von La Salette. So nennt uns die Allerseligste Jungfrau zum Beispiel bezüglich bestimmter Aspekte der Einweihung der Priester Satans Einzelheiten, die uns schnurgerade zu dem führen, was wir mit Rennes-le-Château und der letzten Phase des UFO-Szenarios vorauszuahnen beginnen. Greifen wir den Text des Geheimnisses von La Salette nochmals auf:

«*Es wird Kirchen geben, um diesen Geistern zu dienen. Personen werden durch diese bösen Geister von einem Ort zum anderen getragen werden* (man vergleiche das mit den UFO-Kundgebungen vom Typ "Transport durch den Teufel"), *sogar Priester* (die Nachfolger des Abbé Saunière[13] in der Wissenschaft der Engel und in der Königlichen Kunst), *weil sie nicht mehr vom guten Geist des Evangeliums geleitet sein werden, der ein Geist der Demut, der Nächstenliebe und des Eifers für die Ehre Gottes ist. Man wird Tote und Gerechte auferstehen lassen ..., die auf Erden gelebt haben, um die Menschen besser verführen zu können. Diese angeblich wiederauferweckten Toten, die nichts anderes sein werden als der Dämon unter diesen Gestalten, oder auch die Seelen der Verdammten, werden ein anderes Evangelium verkünden, das demjenigen des wahren Jesus Christus entgegengesetzt ist und die Existenz des Himmels leugnet. Alle diese Seelen werden wie mit ihren Leibern vereinigt erscheinen.*»

Das UFO-Phänomen also gipfelnd im Abstieg des Pantheons der Götter und der großen eingeweihten Menschen auf die Erde, mittels des «Inspirierten Hügels»[14], sodann weiterer «privilegierter» Stätten, der Jakobsleiter aus der Tiefe, die der Abbé Saunière so sehr ersehnte ("Terribilis est Locus Iste - Furchtbar ist dieser Ort")! Aber ja doch! Und dieses ganze auf der Erde gelandete Pandämonium revidiert vollständig die Geschichte der Menschen, um ihnen eine auf den Kopf gestellte Parodie der Odyssee, des menschlichen Endzwecks zu präsentieren, einen neuen Himmel, ein irdisches Jerusalem auf dem Weg zur Eroberung des Himmli-

---

13 Dieser merkwürdige Priester hat bereits vor Jahrzehnten die kleine Kirche des heute fast weltberühmten New Age-«Wallfahrtsortes» Rennes-le-Château mit einer Vielzahl esoterisch-okkulter bzw. freimaurerischer Symbole ausgestattet.

14 Rennes-le-Château liegt auf einer Erhebung.

schen Jerusalem. Das alles kündigt eine Gesamtheit unerhörter, aber zusammenhängender Scheinwunder an, denen die weltlichen und geistlichen Führer des Zeitenendes möglicherweise kaum zu widerstehen vermöchten. Von daher der Mythos von Rennes-le-Château, von der Pseudolegitimation einer höheren, kosmischen königlichen Rasse, die dem Menschen die Selbstvergöttlichung in Aussicht stellt und ihn ein Gegen-Evangelium lehrt, das selbst die Besten, ja sogar die Heiligen verführt ... Alles ist klar! Eine schreckenerregende, aber schon greifbare, eine, wenn man so sagen darf, in unserer Reichweite liegende Vision, der wir jedoch, wie schon angedeutet, durch die unendliche Barmherzigkeit Jesu Christi um das Jahr 2000 herum zu entrinnen hoffen dürfen.

Doch, wir wissen es, dieser letzte Sturm und diese letzten Verfolgungen werden das Vorspiel zum schlußendlichen Scheitern und zum Sturz Luzifers bilden. Beschließen wir also diese Überlegungen mit dem Zeugnis der Zuversicht und des Trostes, das die Allerseligste Jungfrau von La Salette uns im vergangenen Jahrhundert übermitteln wollte:

*«Dann wird Jesus Christus, durch einen Akt seiner Gerechtigkeit und seiner großen Barmherzigkeit für die Gerechten, seinen Engeln befehlen, alle seine Feinde zu töten. Mit einem Mal werden die Verfolger der Kirche Jesu Christi und alle der Sünde ergebenen Menschen untergehen, und die Erde wird wie eine Wüste werden. Dann wird der Friede eintreten, die Wiederversöhnung Gottes mit den Menschen; man wird Jesus Christus dienen, ihn anbeten und verherrlichen; die Liebe wird überall blühen. Die neuen Könige werden der rechte Arm der heiligen Kirche sein, die stark, demütig, fromm, arm, eifrig und eine Nachahmerin der Tugenden Jesu Christi sein wird. Das Evangelium wird überall verkündet werden und die Menschen werden große Fortschritte im Glauben machen, weil Einigkeit unter den Arbeitern Jesu Christi herrschen wird, und die Menschen werden in der Furcht Gottes leben.»*

*«Dieser Friede unter den Menschen wird nicht lange anhalten: fünfundzwanzig Jahre überreicher Ernten werden sie vergessen lassen, daß die Sünden der Menschen die Ursache aller Übel sind, die über die Erde kommen.»*

# SCHLUSS

## Die siebente Morgendämmerung oder Die Geheimnisse des Reiches der Gnade

*«Freut euch nicht darüber, daß euch die Dämonen untertan sind, freut euch vielmehr, daß eure Namen im Himmel eingeschrieben sind.»*

*Lukas, 10, 20*

*«Siehe, ich mache alles neu.»*

*Apokalypse 21, 5*

*«Denn ich halte dafür, daß die Leiden der Gegenwart nichts bedeuten gegenüber der künftigen Herrlichkeit, die an uns offenbar werden wird.*

*Die sehnsüchtige Erwartung der Schöpfung geht auf die Offenbarung der Söhne Gottes.*

*Denn die Schöpfung ist der Vergänglichkeit unterworfen, nicht freiwillig, sondern durch den, der sie ihr unterworfen hat, aber in der Hoffnung, daß auch die Schöpfung aus der Knechtschaft der Vernichtung zur Freiheit der Herrlichkeit der Kinder Gottes befreit wird.*

*Wissen wir doch, daß die gesamte Schöpfung bis jetzt in Geburtswehen seufzt, aber nicht bloß sie, sondern auch wir, die wir die Erstlingsfrüchte des Geistes besitzen, erwarten mit Seufzen im Herzen die Einsetzung als Söhne und die Erlösung unseres Leibes.»*

*St. Paulus, Römerbrief 8, 18-23*

Uns, denen es gegeben worden ist, die Spuren Luzifers freizulegen, eines seiner Massen-Szenarien, wahrscheinlich das verderblichste der kommenden Zeit und das an Lehren reichste, das jemals existiert hat, zu durchkreuzen, unzweideutig und ohne Gefahr eines Irrtums die Gegenwart zu begreifen und vielleicht ganz logischerweise, durch eine schlichte Gegenüberstellung der Tradition und der Ränke der Gegen-Tradition, die Abfolge der Ereignisse vorherzusehen, die wir selbst und unsere Nachkommen möglicherweise erleben werden: uns erscheint es unabdingbar, fortan diese so wunderbar aktuelle und fruchtbare Mahnung Jesu Christi: «*Himmel und Erde werden vergehen, aber meine Worte werden nicht vergehen*» (Mt 24, 35), zu überdenken, als wären diese Worte an unsere Generation gerichtet!

Und gleichzeitig gewinnen diese Worte des heiligen Paulus von so vollkommener Demut und Tiefe eine, wie uns scheint, neue Dichte:

«*Wenn ich mit Menschen- und mit Engelszungen redete, hätte aber die Liebe nicht, so wäre ich ein tönendes Erz und eine gellende Zimbel.*»

«***Und wenn ich die Gabe der Weissagung hätte und alle Geheimnisse und alle Wissenschaft kennte**, und wenn ich allen Glauben hätte, so daß ich Berge versetzen könnte, **hätte aber die Liebe nicht, so wäre ich nichts.***»

«*Und wenn ich meine ganze Habe den Armen gäbe, und wenn ich meinen Leib zum Verbrennen hingäbe, hätte aber die Liebe nicht, so nützte es mir nichts.*»

«*Die Liebe ist großmütig, die Liebe ist zuvorkommend, sie ist nicht eifersüchtig; die Liebe prahlt nicht, bläht sich nicht auf, verstellt sich nicht; sie sucht nicht das Ihre, wird nicht verbittert, trägt das Böse nicht nach, freut sich nicht am Unrecht, sondern hat ihre Freude an der Wahrheit*» (1 Kor 13, 1-6).

Die göttliche Tugend der Liebe soll ab jetzt unser Ziel sein.

«*Wenn jemand mich liebt*», hat Jesus gesagt, «*wird er mein Wort halten, und mein Vater wird ihn lieben, und wir werden zu ihm kommen und Wohnung bei ihm nehmen*» (Joh 14, 23).

Denn die Liebe setzt den Glauben voraus, der uns Christus so erkennen läßt, wie er ist, und die Hoffnung, die uns seinen vollen Besitz mit einer unerschütterlichen Gewißheit erwarten läßt. Dieser vollkommene Besitz wird den Auserwählten während des siebten Schöpfungstages vorbehalten sein. Erhoben zur Ehre der Teilnahme am göttlichen Strahlenglanz, wird der dreipersönliche Gott zu ihnen kommen, und sie werden dem Eingeborenen Sohn, dem Erlöser, gleichgestaltet werden. Eine übernatürliche Freundschaft, von oben geschenkt in Jesus Christus durch eine unendliche Freigiebigkeit des Vaters. Als ewiges Geschenk Gottes, fortwährende Mitteilung seiner Herrlichkeit, wird Christus ihnen sagen, was er seinen Jüngern gesagt hat:

«*Von nun an nenne ich euch nicht mehr Knechte, denn der Knecht weiß nicht, was sein Herr tut. Euch aber habe ich Freunde genannt, weil ich euch alles mitgeteilt habe, was ich von meinem Vater gehört habe*» (Joh 15, 15).

Diese Herstellung der Gemeinschaft des Lebens und der Wahrheit wird die Auserwählten auf die Seligkeit Gottes selbst ausrichten, indem sie die Betrachtung des Geliebten, den Liebesaustausch mit dem Geliebten unter dem Anhauch des Heiligen Geistes erlaubt.

Der Rest, also das, was Luzifer in den UFO-Szenarien des ersten Grades als das Wesentliche suggeriert und zum angeblich Wesentlichen verdreht, die Herrschaft über die sichtbare Schöpfung, dieser nebensächliche, aber reale Rest «wird ihnen hinzugegeben werden». Wir sagen bewußt 'nebensächlich, aber real', vielleicht sogar unerläßlich, denn alles deutet darauf hin, daß Gott zwar «alles neu machen» und die Erde erneuern, die Materie jedoch bleiben wird, weil die Auserwählten ihre verklärten Leiber wiedererlangen werden. Ungewollt verbürgt uns Luzifer diese Wahrscheinlichkeit durch seine aktuellen UFO-Szenarien, die um zwei einander dialektisch entgegengesetzte Pole kreisen: das Universum der Sinne, der sichtbaren Schöpfung, und das Universum des Intellekts, der pervertierten Macht. Die Kinder Gottes werden darum diese christliche Schönheit besitzen, die den ganzen Menschen einschließt, indem sie das Fleisch nicht verleugnet, sondern verklärt. Alle Forscher, die ernsthaften oder auch weniger ernsthaften, welche die fliegenden Untertassen oder die Außerirdischen untersucht haben, haben es getan, weil sie geahnt haben, daß der Schlüssel zu diesem Geheimnis ihnen gleichzeitig den Schlüssel sowohl zum Geheimnis des Menschen und seiner Endbestimmung als auch zu demjenigen der Schöpfung liefern würde.

Dieser Schlüssel war ein ganz einfacher, derart einfach, daß er wahrscheinlich nur durch die Übung zweier Tugenden entdeckt werden konnte, die im 20. Jahrhundert im Begriff stehen, zu verschwinden: Demut und Liebe.

Denn aus Hochmut haben diese Forscher, ebenso wie beinahe die Gesamtheit der Zeitgenossen, im allgemeinen sämtliche Lösungen, auf die man kommen konnte, ins Auge gefaßt, - außer derjenigen, die sich einschlußweise aus der Offenbarungslehre des Christentums ergibt, die man jedoch als naiv und von einem unhaltbaren Obskurantismus befleckt betrachtete.

Ihr vages Streben nach einem von magischen Kräften beherrschten Universum und die konsequente Zurückweisung der übernatürlichen Liebe waren so fest in ihnen verankert, daß ihr Geist auf Anhieb jede Hypothese verwarf, die sich auf die Relativität der Welten und der materialisierten Energien sowie auf die unendliche Herrlichkeit der göttlichen Liebe zum Menschen gründete.

Und wenn es eine Lehre aus dieser Fortdauer des Rätsels der UFOs zu ziehen gibt, dann paradoxerweise genau diese. Wie konnten Tausende von Schriftstellern, die in dieser Welt, wo die Masse und der Informationsüberfluß herrschen, seit über fünfzig Jahren Zehntausende von Büchern oder Zeitschriften über dieses Thema publizierten, ein Szenario verfehlen, das von einem unserer frommen Landpfarrer von ehedem sofort durchschaut und angeprangert worden wäre?

Sogar heute noch von orthodoxen Priestern[1], während Bischöfe, die sich katholisch nennen, sich am Fernsehen über die Außerirdischen und über die anderen Welten verbreiten, für die gleichfalls zu kommen Jesus Christus vielleicht vergessen habe!

Welche Erniedrigung! Ist dieser Sachverhalt nicht äußerst beunruhigend? Man denke nur an die überreichlichen Informationsquellen, an die manchmal sogar hochentwickelten Ausrüstungen, über welche diese Schriftsteller verfügen! Und wie haben, am anderen Ende der Kette, Millionen von Lesern eine solche Literatur zu schlucken vermocht, ohne jemals eine derartige Hy-

---

[1] Siehe den nachfolgenden Anhang.

pothese aufzustellen, sie sodann zu vertiefen!? Das alles ist eigentlich unglaublich. Und man muß daraus den folgenden traurigen Schluß ziehen: Wenn es demjenigen, dessen größter Kunstgriff es bleiben wird, erfolgreich glauben gemacht zu haben, daß er gar nicht existiert, gestattet worden ist, das Gesichtsfeld von Milliarden vorgeblich «befreiter» und «aufgeklärter» Menschen bis zu einem solchen Grad zu verengen, dann deshalb, weil ihr Glaube, dieser Glaube, der ihre Erkenntnis erleuchten soll, seltsam schwankend ist. Und da dieser Glaube, der das menschliche Bewußtsein nur noch so schwach erhellt, ihnen offenbar nicht mehr erlaubt, irgendeine höhere Wahrheit zu durchdringen, muß der Irrtum auf allen Gebieten, auf dem sozialen, politischen, wirtschaftlichen, moralischen, etc., zur Regel werden . . .

Wie lange noch wird dann Gott eine Menschheit aufrechterhalten können, die ihre Ankertaue gekappt hat und der Wahrheit den Rücken kehrt? Niemand weiß es! (Der von der katholischen Kirche zu verantwortende Bruch in der Lehre, der seinen Höhepunkt im Jahr 2000 findet, stellt eine beachtliche Vorwegnahme des allgemeinen Bruchs der Menschheit [mit Gott] dar, gerade wegen der göttlichen Vorrechte, deren sie sich erfreut: *«Alles, was du auf Erden binden wirst, wird auch im Himmel gebunden sein, und»* - umgekehrt! - *«alles, was du auf Erden lösen wirst, wird auch im Himmel gelöst sein!»* Allerdings bleiben wir hier auf dem Feld der Wahrscheinlichkeiten und nicht der Gewißheiten.) Und diese Unsicherheit, die letztgenannte, genügt, um die meisten unserer Zeitgenossen zu beruhigen! «Zeit zu gewinnen», scheint das nicht die letzte Zuflucht des modernen Menschen angesichts der ablaufenden Fristen zu sein, die ihn unausweichlich bedrängen? Wir haben bereits die prophetische Vision von Joseph de Maistre angeführt. Der Leser wird uns verzeihen, wenn wir dieses Zitat nochmals bringen, - so sehr paßt es auf das Ende unseres gegenwärtigen Jahrzehnts. Tatsächlich verdient jedes einzelne Wort, unserem Gedächtnis eingemeißelt zu werden.

*«Wir müssen uns für ein gewaltiges Ereignis in der göttlichen Ordnung bereithalten, dem wir immer rascher entgegeneilen und das alle Beobachter frappieren muß. Furchterregende Orakel künden bereits an, daß die Zeit gekommen ist.»*[2]

---

[2] *Joseph de Maistre*, «Les soirées de Saint Petersbourg» («Die Abende von Sankt

Es sei uns gestattet, uns anstelle eines Schlußworts dieses wunderbare Gebet zu eigen zu machen, das wir von Msgr. Gaume entlehnt haben[3]:

*«Möge der Glanz Deiner Werke Deine Feinde verwirren, die Augen der Blinden öffnen, die Gleichgültigen aufwecken, die Verhärteten erweichen, die modernen Magier nötigen, sich für besiegt zu erklären, auf daß das Feld der Seelen, den Dienern der Wahrheit zurückgegeben, endlich jene Bebauung erhalte, die allein Früchte des Lebens an die Stelle der Früchte des Todes zu setzen vermag, deren widerlicher Gestank bis zum Himmel fürchterliche Katastrophen hervorrufen wird. Du Finger Gottes, schreibe tief ein in unser Herz das königliche Gesetz der Stadt des Guten: den starken Glauben, die unerschütterliche Hoffnung, die unsterbliche Liebe; gib einem jeden von uns die undurchdringliche Waffenrüstung, deren wir bedürfen, um die feurigen Pfeile eines Feindes abzuwehren, der verwegener ist als je zuvor.»*

---

Petersburg»).

3 *Msgr. Gaume*, Traité du Saint Esprit (Traktat über den Heiligen Geist), 2 Bde., Éditions Gaume et compagnie 1890, Teil I, Seite 99.

# ANHANG

## Die Kennzeichen der Außerirdischen

Hier ist ein ganz schlichter Text, der mehr Hellsichtigkeit bezüglich des UFO-Phänomens an den Tag legt als die Gesamtheit der üppigen Literatur, die es bei den Ufologen, ja sogar bei genug derzeitigen Kirchenmännern hervorgebracht hat und immer noch hervorbringt.

Diese Beschreibung stammt aus der Feder eines orthodoxen Priesters, Vater Rodion, aus Sankt Petersburg und wurde 1992 verfaßt; der Text wird auf den Seiten 200f des Buches von Wladimir Fedorowski «Die Abteilung des Teufels» zitiert[1].

*«Kennzeichen der Außerirdischen:*

*1. Sie können sich sehr aggressiv zeigen, indem sie Menschenwesen verwunden oder töten oder technisches Material zerstören.*

*2. Manchmal entführen sie Menschen.*

*3. In diesen Fällen mißbrauchen sie sie und nehmen ihnen Blut oder ein Stück Haut ab.*

*4. Sie hypnotisieren die Leute und verkehren mit ihnen durch Telepathie.*

*5. Angesichts einer kategorischen Weigerung, mit ihnen zu verkehren, verschwinden sie.*

*6. In gewissen Fällen verschwinden die Krankheiten jener, die in Kontakt mit den Außerirdischen gestanden haben.*

*7. Ihnen gegenüber verspürt das Menschenwesen ein Gefühl der Verzweiflung und der Angst.*

---

[1] *Vladimir Fedorovski*, Le département du diable, Éditions Plon 1996.

*8. Der äußere Anblick der Außerirdischen wechselt. Sie können unter der Gestalt von Zwergen wie von Riesen, von Männern oder Frauen erscheinen oder sogar Monstern gleichen.*

*9. Ihre Erscheinungen werden von Lichteffekten begleitet.*

*10. Sie erscheinen und verschwinden in einem Augenblick.*

*Kennzeichen des Teufels:*

*1. Als Feind des Menschen bricht der Teufel die Zellen der Mönche auf und zerstört ihre materiellen Güter. Er schlägt und verletzt die Heiligen und die Einsiedler.*

*2. Die Heiligen Schriften erwähnen Fälle von Entführungen von Einsiedlern durch den Teufel.*

*3. Er erscheint häufig unter der Gestalt einer Frau oder eines Mannes und profitiert von der Situation.*

*4. Er versucht, seinen Gedanken Eingang im Kopf des Einsiedlers zu verschaffen.*

*5. Sobald er mit einer kategorischen Weigerung seitens eines Menschen, mit ihm zu verkehren, oder mit einem Gebet konfrontiert wird, verschwindet er.*

*6. Die Heiligen Schriften erwähnen, daß die magischen Praktiken gewisse Krankheiten des Menschen heilen können, aber um den Preis, jegliche Hoffnung auf das ewige Leben zu verlieren.*

*7. Die Erscheinung des Teufels erregt ein Empfinden von Unbehagen und Angst (siehe besonders das Leben des heiligen Antonius).*

*8. Er erscheint unter verschiedenen menschlichen, tierischen oder monströsen Gestalten (siehe das Leben des heiligen Antonius und des heiligen Brechnikow).*

*9. Er ist Lichtträger.*

*10. Er verschwindet augenblicklich, wenn man ihm ein Kruzifix vorzeigt oder ihn mit Weihwasser besprengt.»*

# INHALTSVERZEICHNIS

Sind die neuen Sakramente noch gültig? .......................... 4,80 DM
Falsche und echte Papstweissagungen .......................... 2,50 DM
Die 13 satanischen Blutlinien .......................... 21,80 DM
Der Lügenprophet .......................... 19,80 DM
Sichere Zeichen der Endzeit .......................... 3,20 DM
Hl. Eucharistie u. Kommunionspendung/-empfang 10 Expl. 5.— DM
Die Irrlehren im neuen Weltkatechismus .......................... 24,80 DM
Der Ökumenismus-Schwindel .......................... 9,80 DM
Engelwerk und Kabbala .......................... 9,80 DM
Die "Zeugen Jehovas" - Judaisierung des Christentums ...... 16,80 DM
Die geheime Macht hinter den Zeugen Jehovas .......................... 24,80 DM
Der jüdische Messianismus .......................... 7,80 DM
Zweites Vatikanum und Judenfrage .......................... 9,80 DM
Das Affentheater .......................... 19,80 DM
Der Teufel in seinem Wirken .......................... 17,80 DM
Der Antichrist .......................... 12,80 DM
Die Hölle existiert .......................... 19,80 DM
Die Lügen von Medjugorje .......................... 9,80 DM
Das Geheimnis von Medjugorje .......................... 19,80 DM
Die ganze Wahrheit über das OPUS DEI .......................... 25,80 DM
Don Stefano Gobbi – ein Werkzeug des Himmels? .............. 6,80 DM
Prophezeiungen im Lichte der katholischen Glaubenslehre .. 5,90 DM
Zeichen der Zeit .......................... 9,80 DM
Furchtbar wie ein Heer in Schlachtbereitschaft .......................... 3,50 DM
Das hl. Bild und die Botschaft U.L. Frau von Guadalupe ..... 9,80 DM
Das „dritte Geheimnis" von Fatima .......................... 7,50 DM
Fatima, der Herzensruf der Himmelsmutter .......................... 2.— DM
Der Kindermord des 20. Jahrhunderts .......................... 2,50 DM
Wohin "treiben wir ab" - §218 die gesellschaftsfähige
tödliche Gewalt .......................... 8,80 DM
Das Wunder des hl. Meßopfers .......................... 10,80 DM
Das Wunder der hl. Beichte .......................... 10,80 DM
Das St. Benediktuskreuz oder die Medaille des hl. Benedikt 2.— DM
Die wundermächtige Kraft des Namen Jesus .......................... 12,80 DM
Gebete mit Verheißungen .......................... 11,50 DM
Das gnadenreiche Prager Jesulein .......................... 2.— DM
Die Geheimnisse des hl. Rosenkranzes .......................... 14,80 DM
Pater Paul von Moll - ein belgischer Wundertäter
des 19. Jahrhunderts .......................... 19,80 DM
Das selige Kind Andreas von Rinn - ein wahrer Märtyrer
der katholischen Kirche .......................... 13,80 DM